U0899432

本书为国家社会科学基金项目“数字化背景下‘三链融合’缓解专精特新中小企业融资约束问题研究”（项目批准号：22BGL064）的阶段性研究成果

科技金融

全球城市经验与中国实践

黄国妍 ◎ 著

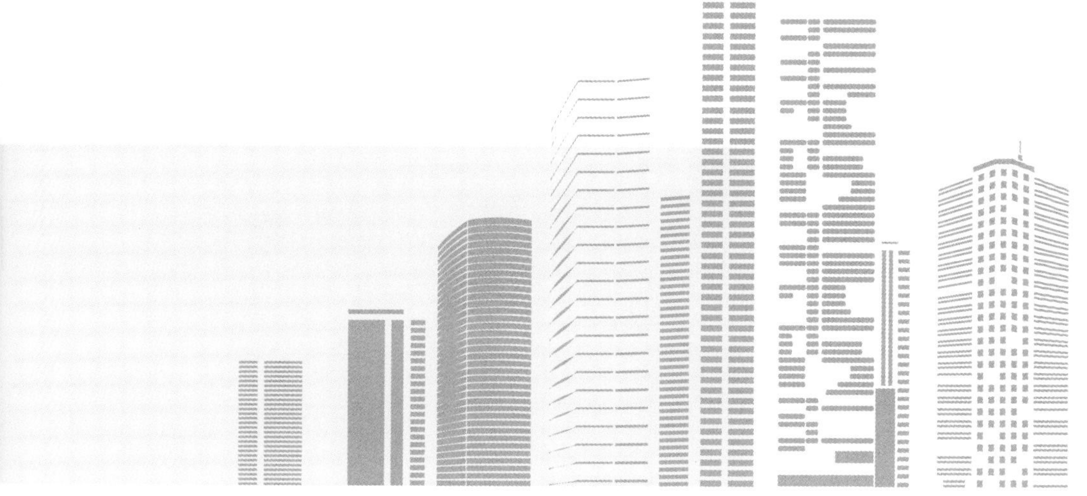

中国财经出版传媒集团
经济科学出版社
Economic Science Press

图书在版编目（CIP）数据

科技金融：全球城市经验与中国实践/黄国妍著
. --北京：经济科学出版社，2023.7
ISBN 978-7-5218-4902-8

Ⅰ.①科… Ⅱ.①黄… Ⅲ.①科学技术-金融-研究
-中国 Ⅳ.①F832

中国国家版本馆 CIP 数据核字（2023）第 120925 号

责任编辑：王柳松
责任校对：齐 杰 郑淑艳
责任印制：邱 天

科技金融：全球城市经验与中国实践
黄国妍 著
经济科学出版社出版、发行 新华书店经销
社址：北京市海淀区阜成路甲 28 号 邮编：100142
总编部电话：010-88191217 发行部电话：010-88191522
网址：www.esp.com.cn
电子邮箱：esp@esp.com.cn
天猫网店：经济科学出版社旗舰店
网址：http://jjkxcbs.tmall.com
北京季蜂印刷有限公司印装
710×1000 16 开 14.5 印张 240000 字
2023 年 7 月第 1 版 2023 年 7 月第 1 次印刷
ISBN 978-7-5218-4902-8 定价：68.00 元
（图书出现印装问题，本社负责调换。电话：010-88191545）

序

当今，全球创新发展呈现出以全球城市科技创新中心引领、全球城市区域作为创新共同体代表所在国参与全球科技创新竞争的新格局。党的二十大报告明确提出，坚持创新在中国现代化建设全局中的核心地位，统筹推进国际科技创新中心、区域科技创新中心建设，形成具有全球竞争力的开放创新生态。金融支持，是科技发展的重要推动力。科技金融作为技术、资本、产业深度融合的高度结合体，受到广泛关注。

传统意义上的科技金融问题研究，主要围绕创新活动和科技创新主体的高投入、高风险、信息不对称等特点导致的融资约束问题，尤其是大量中小科创企业面临的融资难、融资贵问题。实际上，科技金融问题不仅是科技创新企业层面的融资约束问题，更是城市层面和区域层面的科技金融问题。本书尝试探讨并回答四个经典问题：科技金融为什么在全球城市和全球城市区域大发展？全球城市科技金融问题的独特性？全球城市（区域）科技金融问题呈现出哪些共性规律？中国的全球城市（区域）实践探索以及中国特色的发展思路和发展路径？

全球城市是新国际劳动分工、金融国际化的产物，也是跨国公司网络全球化战略的产物。全球城市不仅具有管理全球经济的指挥功能和控制功能，而且，是金融服务和专业服务的生产基地，更是国际金融中心与科技创新策源地，承载全球资源配置的独特功能，也决定了全球城市的科技金融问题的独特性：第一，全球城市是以高科技产业、现代金融服务业等高端产业部门为主导的现代产业综合体，使得科技金融内生于全球城市；第二，高度集聚的功能性机构，产生了科技金融的重要服务主体，例如，银行、风险投资等金融机构，以及会计师事务所、律师事务所、评估担保机构等中介机构；第三，高质、高效的全球网络化平台，是科技金融服务的空间载体，也是配置科技金融资源的基础设施，推动资本和技术的有机结合；第四，大规模的流量经济，汇聚并配置了资金、技术等关键科技金融要素；第五，充满活力的创新创业氛围以及良好的制度和营商环境，推动形成良好的科技金融生态。因此，全球城市的科技金融问题，是一个包含广泛内容的开放式系统。

伴随全球城市向全球城市区域这一更广泛的全球化战略空间拓展演化，全球城市的科技金融问题，已经超越了全球城市本身，需要在更大的空间尺度框架下探讨。因此，本书进一步从全球城市区域视角研究科技金融问题，其独特性突出体现在跨区域科技金融合作会面临更严重的信息不对称和风险识别难、风险定价难，而且地区行政分割导致科技金融跨区域合作的市场失灵。全球城市区域科技金融合作和科技金融联动要解决四个核心问题。第一，促进科技金融资源要素在区域内充分流动和合理配置。这是区域科技金融联动发展的基本前提条件。这要求克服资金、技术等资源要素流动的物理性障碍，削弱行政性边界障碍，消除市场准入障碍。第二，资源要素流动的主要空间载体是城市，因此，区域内城市之间要形成基于网络连接的合理功能分工，这是区域科技金融一体化发展的显著标志。第三，形成有效的区域利益协调机制，是区域科技金融一体化发展的根本保障。第四，促进落后地区平衡发展，促进发达地区充分发展，增强区域整体科技创新和金融发展的实力和竞争力，是区域科技金融一体化发展的目标。

构建全球城市科技金融理论框架之后，本书运用案例研究法，从主要全球城市科技金融生态圈构建的典型案例，探讨主要全球城市解决科技金融问题的典型做法与典型经验，总结全球城市科技金融问题的一般规律。将良好的科技金融生态圈评价要素总结为：富有活力和创新能力的多层次创新主体、丰富多元的科技金融供给主体、良好的政府与市场关系和强有力的科技金融外部支撑环境四个方面。

近年来，伴随中国全球城市与全球城市区域的崛起，中国代表性的全球城市，如上海、北京；代表性的全球城市区域，如长三角区域、粤港澳区域等正走向全球城市体系舞台的中央，在全球科技金融发展实践中贡献中国智慧和中国特色经验，在全球合作与竞争中发挥日益重要的作用。长三角区域一体化发展，是中国进入高质量发展新阶段的必然要求，科技金融与创新生态的紧密结合，是建设创新型国家和区域经济高质量发展的重要基础和先决条件。无论是从双循环新发展格局的核心要义，还是全球产业链重构背景下长三角区域的战略地位，都要求打破科技金融资源要素流动的行政壁垒，打通区域资金链、创新链、产业链，实现科技金融资源与创新资源的深度耦合与优化配置。区域科技金融的最终发展水平及协同联动发展程度，取决于区域内核心全球城市与其他城市之间的集聚扩散关系和网络外部性表现。长三角区域科技金融联动，在很大程度上要发挥上海作为核心全球城市的引领辐射作用，带动长三角区域科技金融要素的流动与科技金融资源的优化配置。

本书作者是金融学博士，长期深耕科技金融领域，主持了相关的国家社会科学基金项目、上海市人民政府决策咨询研究重大课题、上海市“科技创新行动计划”软科学重点项目等相关项目，既有扎实的理论功底，又有基于国内外全球城市和区域科技金融实践的现实研究基础。能够兼收并蓄，从全球城市和全球城市区域这一独特视角，将目前的科技金融问题研究延伸至更广阔的战略空间。本书的研究为中国全球城市和全球城市区域的实践提供了新视角，提供了扎实的理论基础和丰富的国际经验支持，具有一定的现实意义和研究价值。

上海全球城市研究院院长
上海市人民政府决策咨询特聘专家
国家“万人计划”领军人才

2022 年 10 月

目　　录

第一章　科技金融理论与研究现状

首先，基于国内外关于科技金融的既有研究，阐释科技金融概念沿革、科技金融内涵以及科技金融范畴；其次，总结梳理科技金融相关理论，主要从金融功能观与金融支持、信息不对称与信贷配给、公共金融理论与科技金融政策三个方面进行阐述；最后，在梳理科技金融研究现状的基础上，提出本书的研究框架和研究思路。

第一节　科技金融概述

一、科技金融概念沿革

在外文文献中，对于科技金融的研究起步较早。格利和肖（Gurley and Shaw）指出金融与科技之间的关系，认为以银行为代表的金融体系会支持科技创新及经济发展。[①] 佩蕾丝（Perez，2002）进一步描述了金融资本与技术创新之间的互动关系：风险投资家为获取高额利润，选择投资于新兴技术领域，使得金融资本与技术创新高度耦合，最终导致金融资产倍增和技术创新高度繁荣。但从科技金融的研究内容和研究范畴来看，外文文献并未形成独立而完整的科技金融研究体系，多是研究科技金融的某一方面或某一组成部分与科技创新的关系。因此，缺少直接与科技金融对应的英文表述。在中文文献中，赵昌文等（2009）将科技金融的英文表述为 science and technology finance（sci-tech finance）。

科技金融的概念，更多的是植根于中国科技体制改革和金融体系发展历程，而逐渐形成和发展起来的一个中国特色的概念。伴随中国的改革开

---

① Gurley J. G., Shaw E. S. Money in a Theory of Finance [M]. Washington D. C.: Brookings Institution, 1960.

放和经济发展，科技和金融作为生产力中最活跃的两大要素，加速相互融合、相互促进，为科技金融产生和发展创造了良好条件。

改革开放初期，中国金融支持科技创新发展仍然面临诸多问题，代表性的问题，如科技创新与研发投入不足、科技成果难以转化及市场化、科技与经济未形成良性互动，存在“两张皮”等。在实践中，科技金融被表述为需要开展各项工作推进科技与金融结合。科技金融作为专有名词，最早出现于1988年马希良和刘弟久共同撰写的《对建立科技金融市场的构想》一文，该文初步提出科技金融的概念，并提及科技金融的重要组成部分：风险投资、科技贷款、科技保险和科技银行。① 1992年，中国科技金融促进会成立。1994年，中国科技金融促进会首届理事会首次正式使用科技金融概念。但学界一直没有形成科技金融的统一定义。

二、科技金融内涵

科技金融涉及的内容层面较多，内涵与外延难以明确界定，因此，对科技金融的内涵并未达成共识。不同学者侧重于从不同角度提出对科技金融的理解，如政府行为角度、金融行为角度及创新综合体系角度等。代表性观点主要有以下内容。

《关于印发国家“十二五”科学和技术发展规划的通知》指出科技与金融结合的重要性，还在重要指标和名词解释中将科技金融概念界定为：“科技金融是指，通过创新财政科技投入方式，引导和促进银行业、证券业、保险业金融机构及创业投资等各类资本，创新金融产品，改进服务模式，搭建服务平台，实现科技创新链条与金融资本链条的有机结合，为初创期到成熟期各发展阶段的科技企业提供融资支持和金融服务的一系列政策和制度的系统安排”。②

赵昌文等对科技金融的界定被广泛引用，即科技金融是，促进科技开发、成果转化和高新技术产业发展的一系列金融工具、金融制度、金融政

---

① 马希良，刘弟久．对建立科技金融市场的构想［J］．科学管理研究，1988（4）：4－9.

② 关于印发国家“十二五”科学和技术发展规划的通知［EB/OL］.（2011－07－13）［2023－02－05］. https：//www. most. gov. cn/xxgk/xinxifenlei/fdzdgknr/qtwj/qtwj2011/201107/t20110713_88228. html.

策与金融服务的系统性、创新性安排，是国家科技创新体系和金融体系的重要组成部分。①

房汉廷认为，科技金融的主旨是引导金融资本支持科技创新工作，并总结了科技金融的四个本质特点：科技金融是将创新活动转化为商业活动的融资行为的综合；科技金融是科学技术资本化的过程；从技术经济范畴来看，金融与技术革命相互推动，构成新经济模式的动力源；科技金融是以科学技术重新配置资本并提升资本附加值的增值过程。② 曹颢和尤建新（2011）根据赵昌文等（2009）对科技金融的定义，构建了科技金融发展指数。李心丹和束兰根（2013）指出，科技金融是将现有金融资源充分整合后为科技创新主体提供全周期金融服务，从而推动高新技术产业发展的一种金融业态。也有文献从科技金融演化视角，分析科技金融理论的继承与发展，进一步厘清科技金融概念，并初步构建科技金融的理论体系（张明喜等，2018，2019）。

从上述研究中可以看出，尽管中文文献从不同视角对科技金融予以界定，但均认同其基本功能是以金融支持、促进科技创新。虽然在科技金融活动的主体、客体与内涵等方面，不同文献的观点和表述不尽相同，但是，对科技金融的核心任务取得了共识，即解决科技型中小企业融资难问题。

既有文献对科技金融的理解主要聚焦于四个方面：一是科技与金融的互动逻辑，科学技术发展离不开金融支持，而金融发展同样需要科技创新提供创新工具和创新产品，更好地解决风险识别、风险定价等问题，因此，科技金融的实质是科技与金融互动演进、相互促进、深度融合发展的过程；二是科技对金融的需求，强调科技创新活动、科技成果转化等需要相应的金融产品和金融服务，支持科技创新主体的融资、咨询服务等需求，而这种需求往往是单向的；三是科技金融服务产业，强调从产业视角，将科技金融服务视作高技术服务产业的重要组成部分，将其视作独立

---

① 赵昌文，陈春发，唐英凯．科技金融［M］．北京：中国科技出版社，2009.

② 房汉廷．关于科技金融理论、实践与政策的思考［J］．中国科技论坛，2010（11）：5－10，23.

的产业分类，例如，《国家科技服务业统计分类（2015）》《国家科技服务业统计分类（2018）》，明确界定了科技金融服务业的统计范围；四是科技金融被视为一个范畴广泛、庞杂的开放式系统，组成部分多元、内容复杂。

三、科技金融的范畴

科技金融的本质是科学技术和经济金融互动融合发展的产物，是创新型经济的高级形态，不能简单地将科技金融视作科技产业的分支或金融业的分支，科技金融更应该被视为科技与金融高度发展、有机结合的产物。一方面，金融为科技创新提供金融资本、金融服务，解决科技创新活动的融资约束问题，有助于有效地完成技术变资本的过程；另一方面，在推动科技创新的同时，技术进步也赋能金融创新，技术进步成为推动金融产品、金融服务不断推陈出新的重要动力。技术进步也为准确识别科技创新活动的风险及风险定价提供依据和支撑，更好地解决科技创新活动的信息不对称问题和风险问题。金融与科技创新是相辅相成的关系，从而也使得科技金融的范畴不断扩展。

中国科技金融快速发展，始自 2011 年全国第一批科技金融试点的开展，政府大力推动科技与金融相结合，加强对科技体系的融资支持，强调发展科技信贷、风险投资、资本市场等相关金融服务，科技金融逐步发展成为独立的行业。因此，中国对科技金融范畴的界定，更多的是将其作为科技服务业的重要分支，是为科技创新提供专业化、综合化的信贷、资本、保险、支付等金融服务的总称和系统集成。对科技金融进行科学界定和统计分类的是国家统计局发布的《国家科技服务业统计分类（2015）》，将科技服务业的范畴确定为七大类，其中，科技金融服务产业具体分为四大类，货币金融科技服务、资本投资科技服务、保险科技服务和其他科技金融服务。2018 年 12 月，国家统计局发布的《国家科技服务业统计分类（2018）》，扩展、界定了科技服务业和科技金融的统计范围。科技金融服务范畴在 2015 年的基础上，增加了融资租赁、汽车金融、小额贷款、消费金融公司、网络借贷、保险公估、保险资产管理等科技金融服务。科技金融服务产业范围，见表1－1。

表1－1　　科技金融服务产业范围

名称	说明	行业分类代码
1 货币金融科技服务		
货币银行科技服务	仅包括各类银行为科技活动提供的存款、贷款和信用卡等货币媒介服务	662 *
融资租赁科技服务	仅包括为科技活动提供的金融租赁服务	6631 *
财务公司科技服务	仅包括为科技活动提供的财务公司融资服务	6632 *
汽车金融公司科技服务	仅包括为科技活动提供的汽车金融公司融资服务	6634 *
小额贷款科技服务	仅包括为科技活动提供的小额贷款服务	6635 *
消费金融公司科技服务	仅包括为科技活动提供的消费金融公司融资服务	6636 *
网络借贷科技服务	仅包括为科技活动提供的网络借贷服务	6637 *
其他非货币银行科技服务	仅包括为科技活动提供的融资、抵押等非货币银行的服务	6639 *
2 资本投资科技服务		
资本投资科技服务	仅包括为科技活动提供的证券投资机构自营投资活动、直接投资活动和其他投资活动等服务	6760 *
3 保险科技服务		
财产保险科技服务	仅包括为科技活动提供的财产保险、责任保险、保证保险、信用保险等服务	6820 *
保险公估科技服务	仅包括为科技活动提供的保险公估服务	6853 *
保险资产管理科技服务	仅包括为科技活动提供的保险资产管理服务	6860 *
其他保险科技服务	仅包括为科技活动提供的其他保险服务	6890 *
4 其他科技金融服务		
金融信托与管理科技服务	仅包括为科技活动提供的金融信托与管理服务	691 *
控股公司科技服务	仅包括与科技活动相关的控股公司服务	6920 *
非金融机构支付科技服务	仅包括非金融机构为科技活动提供的网络支付、第三方支付、预付卡的发行与受理等服务	6930 *
金融资产管理科技服务	仅包括与科技活动相关的金融资产管理服务	6950 *
其他未列明科技金融服务	仅包括为科技活动提供的外汇交易、黄金交易等金融服务	699 *

资料来源：国家统计局．国家科技服务业统计分类表（2018）．http：//www.stats.gov.cn/xxgk/tjbz/gjtjbz/202008/t20200811_ 1782345.html.

第二节　科技金融理论

一、金融功能观与金融支持

金融是现代经济的核心，是经济增长的助推器。最早提出金融功能定义并被广泛采用的是博迪和莫顿（Bodie and Merton）的金融功能观，其指在不确定的环境中，对资源进行时间、空间上的配置以及拓展，能够达到资源高效利用的效果。基于金融功能观，金融在现代经济中发挥着资源跨期分配、集聚资源、支付清算服务、提供信息、风险管理、有效地解决信息不对称问题六大功能。① 白钦先和谭庆华（2006）以及白钦先和白炜（2009）等，对金融功能的界定和分类进行相关研究，虽然分类不同，但总体上都肯定了金融的本质是一种跨期的资源优化配置机制，其题中之义就是管理风险与分散风险。②

科技创新离不开发达金融体系的支持。科技创新是经济增长的动力和源泉，对提升国家经济实力和科技创新能力意义重大。创新型国家建设以及科技创新不仅涉及富有活力的创新主体，能够开展高效的科技创新活动，还涉及科技成果的成功转化，这些都要求科技与资本的有机结合，必然要求科技金融为科技创新提供有效支持。从科技创新活动、科创企业的生命周期来看，从初期的项目孵化（种子期）到产品的出现（初创期），再到产业化（成长期和成熟期），每个阶段都需要充足而持续的资金支持。如果资金链断裂，没有大规模的原始资本投入和可持续的资本市场融资，无论是基础技术研发还是产品推广，都无法做到规模化、产业化发展。由此可见，高新技术产业的高收益、高投入和时效性的特点，金融的资源配置功能和风险管理功能等都完美地适配了科技创新产业的发展需求，金融可以有效地解决科技创新融资难等问题，支撑科技创新。

根据风险识别与定价原理，科创企业具有“三无”属性，即无抵押资产、无担保、无健全的财务报表，银行难以识别其风险且难以对其风险定

① Bodie Z. , Merton R. C. Finance [M]. New Jersey: Prentice Hall, 2000.

② 易纲. 再论中国金融资产结构及政策含义 [J]. 经济研究，2020，55 (3)：4-17.

价，因此，银行就会惜贷、慎贷，使得科技创新中小微企业面临融资难和融资约束。根据现代比较金融理论，高科技企业的资金需求特征与银行的风险偏好之间存在错配，需要科技金融体系有效地解决信贷配给问题。

二、信息不对称与信贷配给

作为创新理论的开创者，熊彼特（Schumpeter，1982）指出，创新是“创造一个新的产品功能”，并通过组合创新实现对生产要素的再配置。从历史发展演变来看，创新本质上是一个持续不断的过程。创新包括渐进式创新和颠覆性创新。创新活动与其他投资活动的显著差异在于，收益的不确定性和高风险性（徐飞，2019）。创新活动具有研发投入高、知识技术密集度高等特性，而创新成果产出具有不可预知性、未来结果不确定性等特点，因此，收益的不确定性和高风险性成为创新活动的本质属性，容易导致科技创新活动主体与科技金融服务主体之间的信息不对称。

斯蒂格利茨和威斯（Stiglitz and Weiss，1981）指出，金融机构与科技企业之间的信息不对称会导致逆向选择，是造成信用配给的根源。科技企业缺乏可抵押的有形资产，以技术、专利和知识产权等无形资产为主，无形资产占比高，未来商业前景存在巨大的不确定性。科技企业在创业和获得商业上的成功之前，银行难以对科技创新的活动和结果进行准确评估和精确定价，因此，创新活动与资金的提供者——金融机构之间存在严重的信息不对称。金融机构要收集并有效地甄别与创新活动密切相关的各种信息，如项目前景、成功概率等，才能对科创企业的创新行为有发言权。因为缺乏提供担保的具体信息和可靠的财务报表，所以，银行主要通过人工收集有关中小企业及其企业家的软信息（如创业业绩、声誉等），在此基础上考虑能否提供贷款，还需要通过人工进行贷后管理。

因为信息不对称，所以，在传统信贷模式下，银行通过抵押物减少信息不对称并降低风险。信贷风险管理最常用的办法是采用不动产抵押贷款，然而，在现实中，大多数中小企业缺乏可抵押资产，会增加交易前的逆向选择问题和交易后的道德风险问题（Stiglitz，1981；黄益平和邱晗，2021）。因此，在以抵押贷款为主的模式下，银行不愿意对中小企业和科技创新企业提供信贷，逆向选择使得对中小企业进行信贷配给成为银行的理性选择。银行贷款是科创企业赖以持续性发展的关键资金渠道，但目前中国银行体系主要由国有大型银行主导，大型银行组织架构比较复杂，决策链长，有效地处理难以验证、不易传递的软信息的难度较大，因此，与信息不对称的中小科创企业相比，大银行更偏好为拥有充足硬信息的大企业发放贷款（张一林等，2021），由此带来科创企业融资难的问题。

三、公共金融理论与科技金融政策

科技金融具有极强的公共金融属性（赵昌文等，2009）。公共金融是伴随政府的职能转变与国家经济制度变迁而产生的，其目标是通过发挥政府作用来弥补市场失灵，支持经济发展与科技创新。科技研发与科技创新是经济增长的引擎，是提升经济实力的持久动力，对经济社会发展具有显著的正外部性和溢出效应，具备公共物品的属性。持续创新需要大量持续的资本支持，然而，研发活动具有投入高、周期长，未来不确定性大等特点，尤其是研发成果的正外部性容易导致企业投入动力及研发投入资金不足，从而导致“市场失灵”（Arrow，1962）。

政府通常采用多种手段解决研发与创新活动的“市场失灵”问题，如财政政策或税收优惠等直接措施，以及优惠贷款、贷款贴息、专项基金、政府引导基金等各种融资计划（Douglas，2007；Hsu et al.，2013；解维敏和方红星，2011）。政府的任务之一，是推动科技创新发展。因此，政府一般以公共财政投入支持科技创新发展。此外，科技创新的公共性、正外部性导致科技创新的市场失灵和信息不对称问题，二者的共同作用直接导致了金融对科技创新融资的“麦克米伦缺口”（王伟和王硕，2021）。科技金融政策体系，需要为科技创新活动提供金融政策支持。科技金融是一种公共物品，包括以政府为主导的旨在鼓励和服务科创型企业发展的政府引导基金、融资担保服务以及贷款贴息等公共科技金融政策，同时，带动银行、风险投资等金融资本和社会资金介入，此外，还包括科技信贷、科技保险、风险投资、发行股票或债券融资等市场化的科技金融体系支持（邹克和倪青山，2019）。

第三节　科技金融研究现状

金融支持是科技发展的重要推动力，纵观当今全球科创中心，其背后都有成熟、发达的金融体系为科技创新活动提供足够的支撑。因此，关于金融支持科技创新，国内外有大量研究，主要集中在以下三个话题。

一、金融支持与科技创新

既有研究肯定了金融支持对科技创新的重要作用。熊彼特（Schumpeter，1982）最早关注金融创新对技术创新的重要性。希克斯（Hicks，1969）认为，如果没有金融市场将流动性金融证券转化为长期资本投资，那么，不可能出现以技术创新为推动力的工业革命。圣保罗（Saint-Paul，1992）从分散资本市场风险的角度，分析了金融市场对科技创新的促进作用。金和莱文（King and Levine，1993）认为，发展良好的金融体系可以有效地为企业融资，促进企业 R&D 活动，并推动社会创新进步。因此，作为“第一生产力”的科学技术只有与作为“第一推动力”的金融有机结合，才能从根本上推动科技创新。而建立有效地促进科技创新的新型科技金融供给体系，则是解开“李约瑟之谜”的金钥匙（赵昌文等，2009）。金融支持对国家创新体系建设也有重要意义，国家整体创新能力的提升离不开金融支持，需要探索中国特色的科技金融之路，支持中国的科技创新（张明喜等，2019，2023）。

金融支持的资金来源，包括内源融资和外源融资。对科技创新企业而言，创新活动所需资金先来源于企业积累，即内源融资，之后，是外源融资。卡米恩和施瓦茨（Kamien and Schwartz，1978）指出，内源融资相较于外源融资，具有资金成本低、风险小、受到的约束较少等优点，有利于降低企业创新活动面临的信息不对称。但是，创新活动所需资金巨大且具有短、急、频等特点，而自有资本和留存收益有限，仅靠内源融资难以满足科创企业和创新项目的融资需求，因此，科技创新活动和企业创新需要外源融资的支持（张杰等，2012），包括银行信贷、资本市场、风险投资等的支持（杨凯瑞和申珊，2021）。

二、融资约束、企业创新与科技金融服务

1. 创新活动与高科技企业的融资约束问题

高科技企业具有无形资产和高研发投入的专属特征，在高科技企业生命周期的初始阶段缺乏可抵押的有形资产，更容易产生信息不对称问题，因此，更容易受融资约束的影响（Back，2007；Hall and Lerner，2010）。而中小企业规模小、财务不规范等特点使得其缺少在资本市场上市等直接融资支持，基于信贷配给理论，更容易面临融资约束问题（林毅夫等，2009；张杰等，2012）。融资约束会显著地抑制企业创新，尤其对中小企业、民营企业的影响更显著（张璇等，2017；蔡庆丰等，2020）。

2. 完备、多元的金融服务体系可以有效地缓解融资约束，促进创新活动

银行业的发展水平，会影响科创企业的信贷可得性、信贷成本（Herrera and Minetti，2007；尹志超等，2015；张璇等，2017；吕峻，2021）。资本市场及其结构对科技创新活动具有重要影响（King and Levine，1993；Hall and Lerner，2010；孙伍琴，2004；辜胜阻等，2007）。风险投资经常被视为高科技初创企业的主要资金来源。创新活动面临严重的信息不对称问题，而风险投资专注于服务中小科创企业，相比银行，具备更强的事前审查筛选能力，还能发挥事后的监督功能和激励功能，因此，风险投资等股权投资比银行信贷等债务融资更能缓解科创企业的融资约束，提高创新绩效（Fazzari et al.，2009；叶勇等，2005；Hsu et. al.，2013；冯根福等，2021）。

因此，科技金融服务体系的每一个组成部分，都应给予充分关注。目前，中国科技金融服务供给主要依赖于银行部门，尚未形成较为完备、多元化的科技金融服务渠道和服务体系（赵昌文等，2009；解维敏和方红星，2011；张明喜等，2023），既有文献就金融体系如何解决科技企业融资难问题进行了一系列分析。伯格和乌代尔（Berger and Udell，2006）将银企关系、适配的信贷技术、政府政策引导和制度环境等结合，构建了一个分析框架。也有文献从政策环境、金融结构与信贷技术方面提出化解中小企业贷款难题的系统解决方案（何德旭和姚战琪，2008）。还有文献关

注政策性金融对科技创新活动的促进作用，政府创新补助对企业自主创新投资的异质性影响（李万福等，2017）。从科技金融政策文本分析来看，中国科技金融政策在不断发展，但仍以财政支持为主，金融支持的手段和工具，如资本市场、风险投资等仍有待完善（杨凯瑞和申珊，2021）。

三、文献述评及拓展研究

既有文献主要聚焦于金融体系的不同组成部分与科创企业的融资约束问题，缺少从城市层面和区域层面对科技金融问题的研究，尤其是缺少城市科技金融生态圈视角的系统性研究，包括对全球城市科技金融生态圈的范畴、构成要素、运作机理和运作模式的系统性研究。

基于既有文献，本书将从全球城市视角和全球城市区域视角，拓展对科技金融问题的研究，并把全球城市的科技金融问题放在一个生态系统中探讨，即从全球城市科技金融生态圈视角加以分析。首先，从机理上探讨全球城市和全球城市区域科技金融问题的理论逻辑，对全球城市科技金融生态圈的范畴、构成要素、运作机理和运行模式进行系统界定与分析；其次，对全球城市和全球城市区域科技金融的现实问题进行深入分析，总结主要的全球城市科技金融生态圈构建的规律和成功经验；最后，基于中国全球城市、全球城市区域的科技金融实践，探讨现实中存在的问题与深层次的原因，并提出中国全球城市、全球城市区域构建良好的科技金融生态的对策建议，为全球城市科技创新中心建设和全球城市区域科技创新共同体建设提供有效的金融支持方案，推动科技与金融的有机融合和良性互动，为科技创新提供有效的金融支持。

第二章　全球城市的科技金融问题

近年来，全球城市代表所在国参与全球竞争，其在全球科技、金融、经济等竞争中的影响力日益提升。全球城市以服务经济为主导，是金融和专业服务的生产基地，也是国际金融中心和科技创新中心，具有全球资源配置等独特功能。因此，本章从全球城市的视角，基于全球城市的概念、特征与功能，提出全球城市科技金融问题的理论逻辑。全球城市的独特功能，尤其是全球城市作为科技与金融结合体的互动逻辑，决定了全球城市科技金融问题的独特性，具体可以从五个方面加以阐释。此外，全球城市作为全球城市网络体系的指挥中心和控制中心，有必要进一步从全球城市网络视角探讨科技金融问题。

第一节　全球城市视角选取缘由

一、全球城市概念与特征

1. 全球城市概念

全球城市与世界城市是城市理论中两个相互关联的概念。大多数学者认为，两者概念差异不大。周振华指出，全球城市和世界城市都是全球化的空间载体，内涵差异不大。① 有些学者直接用“全球城市/世界城市”表述（Ghadge，2019）。从既有文献来看，学者们对全球城市、世界城市有着不同的解释，在世界城市相关研究的基础上，拓展并丰富了全球城市的研究。

世界城市的概念由盖迪斯（Geddes，1915）提出，从经济学角度入手，认为世界城市是在全球商业活动中具有领先地位的城市。彼得霍尔（Peter Hall，1966）则将世界城市界定为国际上功能集中的城市，在某些地区拥有

---

① 周振华．全球城市的理论涵义及实践性［J］．上海经济研究，2020，379（4）：99－108.

世界上最主要商业的大城市，但主要是基于传统城市理论的当地研究，而不具备全球城市的特殊含义。1970 年以后，将城市内部经济结构因素和城市外部环境因素都纳入世界城市研究之中，世界城市的形式由新的国际劳动分工决定，世界政治经济发展背景也被纳入世界城市化进程加以考虑（Taylor，2009）。20 世纪 80 年代，全球城市研究开始逐步形成理论框架。其中，弗里德曼（Friedmann，1986）和萨森（Sassen，1991）主导了全球城市理论的发展。

弗里德曼提出的世界城市假说，是全球城市研究的理论基础。萨森是全球城市理论体系的创建者，其阐述的全球城市概念被广泛认可。全球城市概念是萨森基于先进生产性服务业在少数城市集聚的事实提出的，以纽约、伦敦、东京的实证经验为范例，更关注全球城市服务中心以及跨国公司总部集聚起到的战略协调功能和控制功能，从而建立一整套全球城市的理论和检验方法。相比而言，全球城市的概念适用性更强（黄国妍等，2019）。

2. 全球城市特征和主要功能

彼得·霍尔指出，世界城市是重要的国际一流大城市且对全球经济、政治、文化具有重要的影响，是具有全球影响力的政治中心、商业中心、文化中心、人才中心（Hall，1966）。海默（Hymer，1972）则以跨国公司的数量作为界定世界城市的主要指标。弗里德曼（Friedmann，1995）将世界城市定义为全球经济系统的控制中心和指挥中心，也是各种资源要素流入的中心。萨森（Sassen，1991）将全球城市定义为发达的金融中心和商业服务中心，本质上是为全球资本提供服务。

弗里德曼在既有文献的基础上，归纳了世界城市的五大特征：一是链接全球经济体系的中心；二是汇聚全球资本的洼地；三是世界城市与经济、社会的高度互动性；四是依据经济实力和规模进行划分，世界城市有等级之分；五是跨国公司对世界城市的发展有重要影响。①

萨森描述了全球城市的四大特征：一是全球城市是世界经济控制中心；二是全球城市有区别于一般城市的金融服务业和专业服务业；三是全

① John Friedmann. Where We Stand：a Decade of World City Research［J］. World Cities in a World-System，1995：21 -47.

球城市强调拥有创新生产的主导产业；四是相比一般城市，全球城市具有独特的空间、内部动力和社会结构。①

基于既有文献，从全球城市科技金融问题选取的视角，本书认为，全球城市的特征和功能主要表现在以下四个方面。

（1）以服务经济为主导。

全球城市的产业体系以服务经济为主导，服务业在城市产业中占主导地位。萨森（1991）认为，全球城市是“生产者服务综合体”，具有高度专业化的生产者服务，全球城市中的生产者服务公司采用创新性手段为跨国公司提供服务。诺克斯和泰勒（Knox and Taylor，1995）认为，全球投资贸易的壮大带来对金融服务、专业性服务需求的增加，会促使全球城市服务功能极大发展。全球城市形成以战略性新兴产业为引领，保持一定比例的先进制造业，并表现出先进生产性服务业与制造业的协同发展。例如，纽约的经济引擎，由金融、高科技、艺术、时尚等主导产业驱动。

（2）全球资源配置功能。

全球城市能够集聚大量全球功能性机构，包括跨国公司总部及功能性机构、实现全球交互的功能性平台，吸引资金、技术、人才等全球城市发展的各种要素并高度集聚，成为高端要素分配的指挥中心和控制中心，从而被赋予了全球资源配置的独特功能。

（3）金融中心是全球城市的关键功能。

全球城市一般都是具有全球影响力的国际金融中心。金融是现代经济的核心，也是全球城市的关键性功能，金融中心是全球城市的重要标志。里德（Reed，1981）首次开展对全球城市金融中心的研究，分析了美国金融中心的等级演变与等级结构。萨德勒（Sadler，1998）、梅耶（Meyer，1998）等，进一步扩展了全球城市的国际金融中心功能的研究。金融活动是全球城市实现国际控制力的重要主体，全球城市的形成和发展离不开金融业的重要支持。凭借良好的制度环境、金融环境以及与国际接轨的制度等软实力，发挥国际金融中心的集聚辐射功能（徐悦

① Sassen S. The Global City：New York，London，Tokyo［M］. Princeton：Princeton University Press，1991.

和张桥云，2021），通过金融功能，全球城市实现对资源要素的控制和配置（易纲，2021）。

（4）创新能力突出，发挥全球科技创新策源功能。

长期以来，随着全球知识网络的流动，科技创新策源日益成为全球城市的新功能。伴随知识、技术等要素在全球的流动，加速了全球知识网络与全球创新网络的形成与构建。伴随学术全球化，全球城市逐渐发展为知识生成的动态中心，并且，在全球创新网络（GIN）中扮演枢纽角色。跨国公司是推动各种资源要素在全球流动以及技术创新的重要主体，全球城市作为跨国公司总部集聚地、各种创新平台和创新载体的汇聚地，不仅在全球生产、经济、金融、贸易等方面发挥重要的全球资源配置作用，而且，作为全球科技创新中心发挥科技创新策源的重要作用，该功能正成为卓越的全球城市的新功能（周振华，2017）。

二、全球城市在全球竞争中的重要性

在信息技术高度发达、全球市场高度一体化的今天，人流、物流、资金流、信息流构成庞大的网络体系，全球城市作为关键的核心节点，主导着全球生产、流通、投资和金融网络的循环运行。全球城市网络高度互联互通下，作为各种要素流经的核心节点的全球城市，其网络地位、能级和战略价值不断发生结构性调整，对全球城市的功能和地位发生颠覆性影响。在这一庞大而复杂的网络中，全球城市作为全球网络节点的重要城市，其在全球城市网络中的地位不仅决定了一个城市的影响力和竞争力，也代表所在国家参与全球竞争（黄国妍等，2019）。

全球城市在全球层面的影响力日益提升。彼得·霍尔（1966）指出，全球城市与一般城市的主要区别在于，全球城市具有独特的政治功能、经济功能和商业功能。弗里德曼（Friedman，1986）指出，全球经济的本质在于，其具有对全球经济的控制能力，全球城市还是全球生产中心和全球消费中心，具有榜样效应。

全球城市不仅具有强大的创新资源吸收能力，还具有强大的科技创新成果转化能力、科技扩散辐射能力与传播力，使得全球城市作为科技创新中心产生重大而深远的全球影响力。全球城市科技创新策源是基于市场主体和创新体系的共同演化，内生于企业的创新意图和战略利益，以企业主体的创造力为本源，创新链与价值链融合发展，发挥科技创新的驱动力和乘数效应。

全球城市经济发展充满活力和竞争力，也是信息、创新知识理念、商业模式、娱乐活动、文化创意等的生产中心与传播中心。全球城市发挥全球信息中心的作用，得益于全球城市完善的基础设施。伦敦、纽约等全球城市，拥有发达的光纤通信网络和航空运输等高度互联互通的交通网络。全球城市是全球性人才集聚中心，对全球劳动力与专业人才具有吸引力。一般来说，全球城市主要吸引跨国精英和打工阶层，呈现出两极分化的特征。跨国人才集聚是全球城市建设的标志，为全球城市提供重要的生产性服务支持。

第二节　全球城市科技金融问题的理论逻辑

一、全球城市的金融功能与国际金融中心功能拓展

在莫顿的金融功能观基础上，白钦先和白炜进一步将金融功能的拓展分为四个阶段：第一阶段为金融的基础功能，主要是金融的服务功能以及中介功能；第二阶段是在金融的基础功能之上扩展的核心金融功能；第三阶段是金融功能的水平拓展，包括经济调节功能和风险规避功能；第四阶段是金融衍生功能的扩展，包括风险交易、公司治理、财富再分配等功能。① 有效配置金融资源，是金融最核心的功能。虽然学术界尚未对金融功能的分类形成统一看法，但是，对金融功能本质的看法是一致的，即推动实体经济发展。因此，金融功能拓展与金融发展协调一致，全球城市的金融功能和金融发展以国际金融中心及其功能拓展的形式体现，并以此推动经济发展。

金融功能是全球城市的关键性功能，目前，国际金融中心已成为全球经济发展体系建设中的最高层级，世界上具有全球影响力的城市也是主要

① 白钦先，白炜．金融功能研究的回顾与总结［J］．财经理论与实践，2009，30（5）：2－4.

的国际金融中心。配置金融资源是全球城市最重要的功能之一，特别是最高等级的全球城市都强调金融等专业服务的重要性，其在金融领域和专业服务领域的强大竞争力，使得纽约、伦敦等全球城市成为全球城市网络的指挥中心与控制中心。事实上，从主要国际金融中心的演进路径来看，金融功能拓展与国际金融中心建设不断深化的实践过程是相辅相成、互动演进的。在金融中心形成与发展过程中，必将要求金融功能的演进、拓展与提升。在金融中心演进发展过程中，主要金融中心不遗余力地深化资源配置这一核心功能，并在金融业的深度、广度、金融定价、风险规避、金融产品创新等方面不断深化并拓展金融功能，尤其是不断拓展其全球金融资源配置功能、价格发现功能和风险管理功能，从而不断强化其领先国际金融中心的优势和地位（黄国妍等，2020）。

国际金融中心的形成过程，应从微观和宏观两个角度理解。第一，从微观角度，金融机构和金融交易在金融中心相对集中，这种现象通常在金融集聚和金融中心理论中加以描述，而在金融集聚过程中，内部规模经济和外部规模经济是重要的推动力，其机制可以用金融地理学、区域金融增长的动态作用以及产业与金融的相关集聚理论来解释（李刚和高洪民，2020）；第二，从宏观角度，即从供给和需求的角度，帕特里克指出，金融发展与经济增长之间的关系存在需求跟随机制和供给引导机制，两种机制之间的相互作用力推动金融中心不断演进发展，其中，供给引导机制强调金融服务先于金融需求（孙国茂和范跃进，2013）。

二、全球城市作为科技与金融结合体的互动逻辑

1. 科技与金融的互动逻辑

从科技与金融的互动逻辑来看，科技发展中存在对金融的需求，即科技金融。同样，金融业的发展，也对科技提出了一定要求，即金融科技。科技与金融的互动关系，类似于A⇔B（A 作用于 B，B 作用于 A）的结构（赵昌文等，2009）。这也体现在科技金融的“5I 规律”［创新（innovation）、投入（input）、一体化（integration）、制度化（institutionalization）、国际化（internationalization）］中，第三个“I”一体化（integration），体现了科技金融的有机结合与一体化。

徐冠华曾在“2005 年科技与金融创新发展高层论坛”中，论证了科技与金融的辩证关系：一方面，世界上许多国家的丰富经验表明，发展良好的资本市场和金融环境是科学技术快速发展和技术创新能力进一步提高的基础和保障，金融部门不仅是重要的资金来源，而且，为高新技术的商业化、产业化和国际化提供了强有力的支持；另一方面，从某种角度来看，科技对于现代金融的重要性是十分明显的，科技发展为金融服务业提供创新手段和创新工具。①

2. 全球城市——科技创新中心和金融中心的结合体

主要的全球城市往往也是国际金融中心，集聚了大量金融机构和金融资源，在为科技创新提供资本支持和专业化服务的同时，科技也为全球城市的金融业发展带来变革并提供新的增长点。全球城市是科技创新中心，集聚了大量科技创新企业，而这些科技创新主体往往面临一定的融资约束问题。从科技活动的三个阶段来看，科技金融涵盖了对技术研发、科研成果转化到高科技产业化的不同阶段提供的全周期资本服务和金融服务。不同的发展阶段，不同的科技创新主体，都需要适配不同的科技金融服务。

3. 全球城市需要为集聚的科技创新主体提供多样化的金融支持手段

全球城市是多样化的创新主体、创新产业和创新平台等的高度集聚地和空间承载体。比如，大量中小科技创新企业、科技创新引擎企业、孵化器、科技创新产业和重大科学基础设施等，其金融需求多样化，一些重大项目和重点产业的资金需求难以通过单一的银行信贷解决，而且，中小科创企业等创新主体又面临严重的信息不对称问题，银行存在信贷配给、惜贷现象。针对全球城市不同科技创新主体的金融需求，需要适配的多样化的金融支持手段，包括，财政补贴、引导基金、发展基金、科技信贷、风险投资（VC）、资本市场等。

三、全球城市科技金融的显著特征

1. 系统性

全球城市科技金融是一个包含广泛内容的开放式系统。赵昌文等

① 徐冠华部长：加强自主创新是科技工作的首要任务［EB/OL］．［2005－10－10］. http：//www. gov. cn/govweb/gzdt/2005－10/10/content_ 75554. htm.

（2009）对科技金融的经典定义，充分说明了这一点。科技金融作为一个复杂系统，其系统性主要体现在两个方面：一是科技金融是一个跨学科概念。科技金融的许多问题，需要运用跨学科知识加以解决，具有学科交叉性质。比如，科技贷款包含对研发过程的不确定分析，涉及金融工程、金融数学等，而不是单一学科或单一知识所能解决的。二是科技金融是为科技创新服务的理论、政策、工具和服务的系统性安排。科技金融理论是基础，是方向。只有建立了科技金融的系统性理论，才能厘清科技金融与传统科技产业、传统金融业的区别，为政策、工具、服务指明方向。科技金融工具是理论与实践相结合的标志。中小科技企业是科技金融的主要服务对象。因此，只有将全球城市的科技金融当作一个系统工程，从科技金融生态圈视角进行分析，才能从总体上把握科技金融的本质，有效地发挥科技金融对科技创新的支撑作用。

2. 专业性

全球城市集聚了专业性科技金融主体，包括需求主体和供给主体。科技金融需求主体主要是科技创新活动、科技创新企业、科技创新专业基础设施等，专业性科技金融供给主体主要是提供科技金融服务的主体，如银行、证券公司、保险公司等。全球城市具有发达的科技金融专业基础设施，高质、高效的全球网络化、专业化平台，共同形成了全球城市专业化服务环境；集聚了银行、证券公司、保险公司以及会计师事务所、律师事务所、评估机构等专业化的功能性机构，即科技金融服务的重要供给主体；汇聚了跨国公司、科技创新企业等重要创新主体和技术、资本等关键科技金融资源要素；全球城市创新创业氛围浓厚，是专业化的国际金融中心与科技中心。

3. 公共性

全球城市科技金融具有公共性，是城市公共服务的一部分。科技金融属于公共金融范畴。首先，科技金融要为“公共品”创新提供金融支持，比如，通过公共财政支出、财政研发投入资金和政府引导基金等，支持具有“公共品”特征的基础科学研究、技术开发与大型科技基础设施建设；其次，科技金融体系也要为市场化创新提供融资支持，为了促进科创企业创新与科创企业的发展，尤其是中小型科技企业的发展，许多地区都制定了激励性税收政策，政府愿意承担部分科研投入的风险，提高企业科技研发的积极性。

4. 动态演化性

全球城市的科技金融问题的显著特征是动态演化性。科技金融会随着城市的实力、金融发展和科技创新被重视程度等不断演化。以主要全球城市，同时，也是具有全球影响力的国际金融中心与科技创新中心的演化发展为例，体现了全球城市科技金融问题的动态演化性。全球金融中心指数（GFCI）城市排名，见图 2－1；全球城市创新指数排名，见图 2－2。从主要的全球金融中心，同时，也是科技创新中心和科技金融中心的排名演进来看，主要全球城市的排名是不断波动的，但纽约和伦敦始终居于前列。基于前文阐述的科技与金融的互动逻辑以及排名变化，都反映出全球城市的科技金融问题在长期内是动态演化的。虽然科技金融问题在不同全球城市的表现形态不同，演化特征存在差异，但动态演化中也形成了共性的规律和经验。

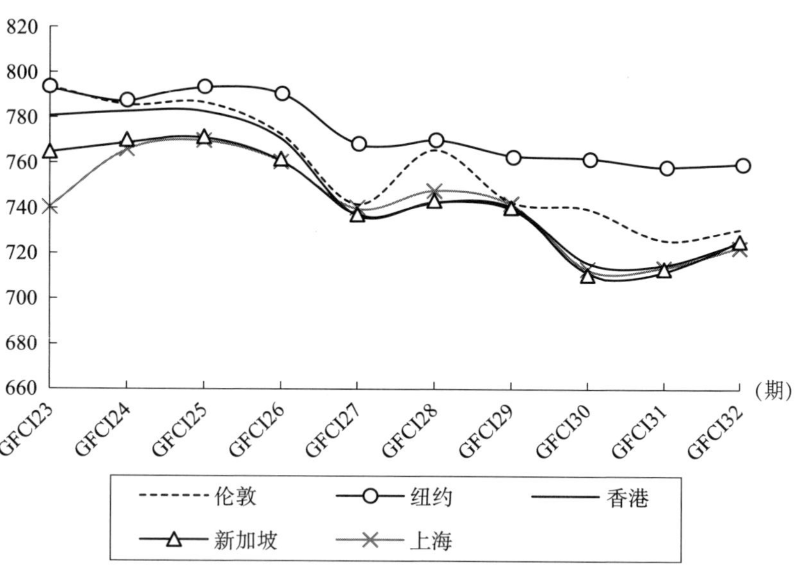

图 2－1　全球金融中心指数（GFCI）城市排名

资料来源：笔者根据英国 Z/Yen 集团，中国（深圳）综合开发研究院．第 23 期～第 32 期全球金融中心指数（GFCI23－GFCI32）［R］．深圳：中国（深圳）综合开发研究院，2017～2022 的相关数据整理绘制而得．

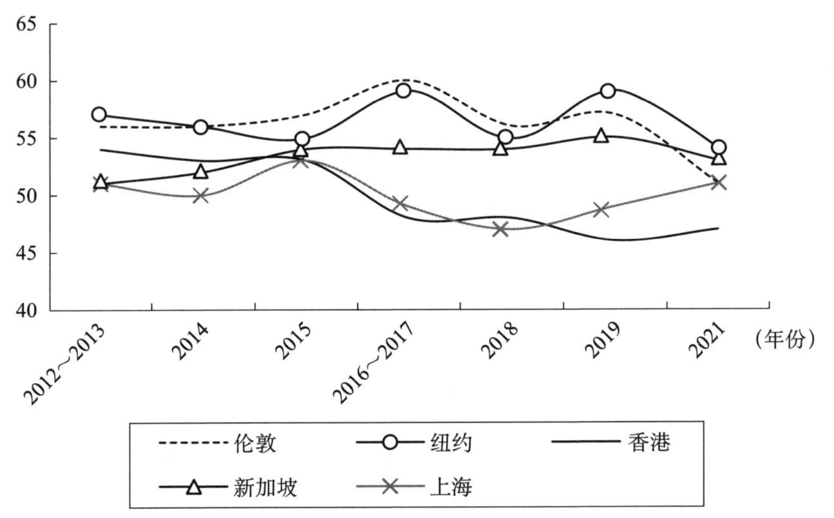

图 2－2　全球城市创新指数排名

资料来源：笔者根据 2thinknow 全球城市创新能力排名整理绘制而得，https：//innovation-cities. com/reference/category/innovation-cities-index/indexes-all-years.

5. 耦合协调性

全球城市科技金融具有耦合协调性、协同性。科技金融生态系统会产生"1+1>2"的协同效应。科技金融是作为"第一生产力"的科技和"第一推动力"的金融的有机结合体，是科技与金融耦合协调的辩证统一体。二者的有机结合产生了协同效应、规模效应，具有显著的正外部性。实际上，科技金融发展有效地推动了科技创新和科技产业发展，促进金融发展，进而促进经济社会的发展，具有示范引领效应。相关研究也表明，中国主要城市和主要区域的科技创新与金融发展的耦合协调度在不断改善并稳步提升（李合龙等，2021；朱佳慧和于丽英，2021）。

第三节　全球城市科技金融问题的独特性

相比一般城市，全球城市具有的独特性是：全球城市以服务经济为主导，具有全球资源配置的独特功能，是国际金融中心与国际创新中心，金融功能、创新功能突出。这决定了全球城市科技金融问题的独特性，主要表现为以下五个方面。

一、服务经济为主导的产业结构使得科技金融内生于全球城市

全球城市拥有高端产业主导的现代产业综合体，形成以服务经济为主导的产业结构。①从主要全球城市的产业结构演进来看，都经历了工业经济向服务经济的产业转型，许多全球城市的服务业占比高达70%以上。全球城市的服务经济主要由三部分构成：一是消费者服务业；二是生产者服务业；三是政府服务，其中，生产者服务业是核心。生产者服务业的服务半径更多是超越本市域范围的，对外有更大辐射力，有助于全球城市资源配置功能的发挥（周振华，2003）。

更重要的是，全球城市的生产者服务业增长不仅基于强大的制造业基础，更围绕着国际金融中心、国际科创中心、国际贸易中心等功能而发展。尽管工业中心也会有相应的生产者服务业发展，如，工业设计、物流和贸易服务、金融服务、科技服务等，但与金融中心的生产者服务业发展有重大的区别。全球城市作为重要的国际金融中心，吸引、集聚了大量公司总部，以及各种金融机构和交易所等金融资源、金融人才，带来丰富的资本以及生产者服务业的迅速增长。因此，全球城市更依赖于围绕国际金融中心、国际科创中心等功能而发展的生产者服务业体系。

全球城市基于服务经济、产业融合而发展，形成以高端产业为主导的现代产业综合体。这些高端产业是面向全球市场、富有竞争力的现代生产者服务业和先进制造业，特别是现代金融业、高科技产业以及战略性新兴产业。正是这种高端产业主导的现代产业综合体，决定了科技金融的内生性，即科技金融内生于全球城市。

二、高度集聚的功能性机构催生了科技金融的重要服务主体

全球城市具有高度集聚的总部型功能性机构，其催生了科技金融服务的重要主体，如，银行、保险公司、基金公司、证券公司、风险投资等金融机构，也是提供科技金融投资、融资服务的重要主体；此外，还有会计师事务所、律师事务所、评估担保、信用中介等第三方服务机构。这些总

① 周振华．现代服务业研究［M］．上海：上海人民出版社，2003.

部型功能性机构高度集聚于全球城市，凭借其控制、指挥、管理、协调的总部职能开展全球性业务，促进全球资源流动、配置，从而赋予全球城市全球资源配置的独特功能。

全球城市通过营造良好的营商环境和生活环境，吸引全球总部型功能性机构入驻和集聚。全球总部型功能性机构都具有广泛的全球网络关联，与其他地方的分支机构相互依赖。因此，当全球总部型功能性机构集聚于某些主要城市，势必会带来广泛的外部联系（黄国妍等，2021），从而推动科技与金融的融合发展，并推动全球城市成为全球科技网络和全球金融网络的指挥控制中心，大大提升全球城市的科技金融发展水平。

1. 跨国公司总部及其分支机构在全球城市的分布

以全球城市集聚的跨国公司为例，跨国公司在全球配置资源，推动要素在城市间流动并促进全球城市结节成网，因此，跨国公司是全球城市网络体系的真正缔造者。纽约、伦敦等全球城市集聚了主要的跨国公司总部，成为全球城市网络的指挥中心和控制中心（黄国妍等，2019）。从历年世界500强公司全球总部所在城市分布来看，主要全球城市企业总部数量对比，见图2－3。纽约最多，有62家；然后是北京，有57家；之后，依次是东京有53家、旧金山有45家、巴黎有35家、伦敦有30家、上海有10家。

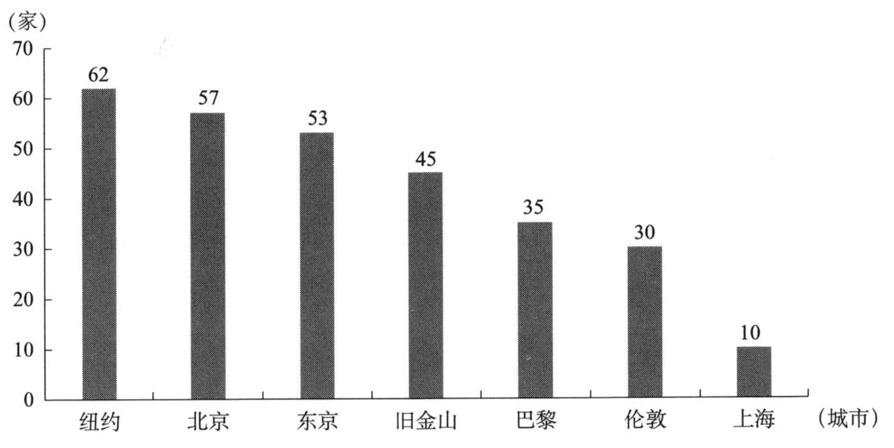

图2－3　主要全球城市企业总部数量对比

资料来源：黄国妍等．全球城市网络关系资产的国际比较与深度拓展研究［J］．全球城市研究（中英文），2021，2（1）：1－20，188.

2. 科技金融服务机构在主要全球城市的分布

主要的科技金融服务机构在全球城市高度集聚。不难发现，在全球城市网络层级最高（Alpha + +）的顶级全球城市纽约、伦敦也拥有全球最多的先进生产者服务业机构，包括国际知名金融机构以及会计师事务所、律师事务所、咨询公司等中介机构。它们也是重要的科技金融服务主体和科技金融服务提供者。纽约、伦敦、新加坡等全球城市，因其在先进生产性服务业（APS）以及金融、保险、房地产（FIRE）领域拥有强大的跨国公司集聚地位，从而在全球城市网络体系中作为主要的指挥中心和控制中心。① 相对而言，中国的全球城市集聚的总部型机构偏少，上海市集聚的多为一些科技金融服务机构的中国区总部，全球著名金融商务机构分布情况，见表2－1。

表2－1　全球著名金融商务机构分布情况

城市	代表性金融商务机构层级分布
纽约	高盛（5）、摩根士丹利（5）、摩根大通（5）、美林（5）、花旗（5）
伦敦	普华永道会计师事务所（5）、德勤会计师事务所（5）、安永会计师事务所（5）、毕马威会计师事务所（5）、汇丰（5）
上海	高盛（2）、花旗（3）、摩根士丹利（3）、摩根大通（2）、汇丰（3）
	普华永道会计师事务所（1）、德勤会计师事务所（1）、安永会计师事务所（1）、毕马威会计师事务所（1）
北京	花旗（2）、高盛（2）、摩根大通（3）、摩根士丹利（2）、汇丰（2）

注：括号内数字代表网络层级地位，不同层级赋值为：跨国公司总部（赋值为5）；亚太总部（赋值为4）；中国总部（赋值为3）；独立的法人公司机构（赋值为2）；办事处（赋值为1）。

资料来源：黄国妍等．全球城市网络关系资产的国际比较与深度拓展研究［J］．全球城市研究（中英文），2021，2（1）：1－20，188.

三、高质、高效的全球网络化平台是科技金融服务的空间载体

科技金融服务，依托于全球网络化平台。全球网络化平台既是流经全球城市的大规模要素流量，是作为科技金融要素的资本流动和技术流动得以实现的重要载体，也是全球城市发挥全球资源配置功能，尤其是科技金融资源配置的重大基础设施。全球城市的承载科技金融活动的全球网络化

① Sassen S. The Global City: New York, London, Tokyo [M]. Princeton: Princeton University Press, 1991.

平台，主要由各类市场及其相关基础设施构成。

从类型看，全球网络化平台主要包括：一是用于海量科技金融信息交换和整合的快速高效的平台，包括金融科技和信息技术运行的智能化互联网信息平台，以及众创空间等交流共享平台；二是高效、规范、标准化、透明的科技金融服务产品和要素交易平台，包括提供科技金融服务交易的证券交易所、期货交易所、保险公司等以及信息集聚的大数据中心、征信服务等服务平台以及知识产权交易和融资等平台；三是提供生产性服务的专业性服务平台，包括提供配套科技金融服务的会计、法律、咨询、评估、信用、担保等服务平台，以及确保各种创新资源和资本自由流动的信息通信等基础设施；四是多元、完善地链接国内外科技创新活动和金融活动的制度性平台，如配套法律、法规等。对于全球城市来说，全球网络化平台是一种基本架构，都是必须建立和具备的。①

以证券交易所为例，全球城市的证券交易所链接全球科技创新资本，吸引优质科技创新企业上市，并为科技创新企业提供上市股权融资、债券融资、并购咨询等服务，是科技金融的重要服务主体。全球网络化平台为投资者提供有秩序的集中竞价交易场所，为企业发展和企业创新提供直接融资支持。全球十大著名证券交易所及其总部所在地，见表 2－2。全球著名证券交易所总部基本上都集中在著名的全球城市，这些高质、高效的全球化、网络化的证券交易所，使全球城市成为主要的国际金融中心和科技创新中心。

表 2－2　全球十大著名证券交易所及其总部所在地

证券交易所	总部所在城市	股票市值（万亿美元）	IPO 数量（家）	交易额（万亿美元）
纽约证券交易所	纽约	23.3	57	18.1
纳斯达克	纽约	13.0	145	39.7
日本交易所集团	东京	6.2	86	5.9
上海证券交易所	上海	5.1	123	8.0
香港证券交易所	香港	4.9	161	2.0

① 周振华．全球化、全球城市网络与全球城市的逻辑关系［J］．社会科学，2006（10）：17－26.

续表

证券交易所	总部所在城市	股票市值（万亿美元）	IPO 数量（家）	交易额（万亿美元）
泛欧证券交易所	巴黎	4.7	28	1.6
伦敦证券交易所	伦敦	4.2	71	4.2
深圳证券交易所	深圳	3.4	78	10.7
韩国证券交易所	首尔	1.5	103	2.0
澳大利亚证券交易所	悉尼	1.5	63	0.9

资料来源：笔者根据两种资料整理而得：①世界交易所联合会．截至 2019 年，https://www.world-exchanges.org/our-work/statistics；②上海证券交易所资本市场部．2019 年度全球资本市场运行盘点，http://www.sse.com.cn/aboutus/research/report/c/5001577.

四、大规模流量经济汇聚并配置了科技金融的关键资源和要素

随着经济全球化以及信息、通信和互联网技术的迅猛发展，各类要素、资源流量化成为必然，流量经济正成为全球城市发展的新趋势和新特征。全球城市是具有全球资源配置功能的核心节点城市，必须具备承载大规模流量的基础设施及容纳条件，并汇聚大规模流量（Sassen，1991）。对于全球城市来说，要发挥全球资源配置功能，汇聚战略资源和关键要素的大规模流量更重要，原因在于，全球城市是在资源、要素流动中实现有效配置的。在此基础上，全球城市形成独特的流量经济。① 要素流量对全球经济的贡献不断提升。

在全球城市发展进程中，一些顶级全球城市，如纽约、伦敦和东京，率先形成了以强集聚、广辐射的大规模要素流量为特征的经济形式，从而能够不断从全球各地聚集资金、信息和人才等要素资源，优化城市的资源配置结构和产业结构（沈彬彬和张志昂，2018），发挥全球城市集聚、配置科技金融关键资源的重要功能。主要全球城市流量经济表现，见表 2－3，从全球城市汇聚、配置的科技金融关键要素流量来看，伦敦、香港、新加坡和纽约这些城市的流量经济，总体上均处于全球领先地位。就具体指标而言，伦敦在文化流量、信息流量、人员流量方面表现较突出。纽约在资

① 周振华．全球城市的理论涵义及实践性［J］．上海经济研究，2020（4）：99－108.

本流量方面最突出，其他方面较均衡。东京、北京在科技流量方面尤为突出。

表2-3　主要全球城市流量经济表现　单位：分

排名	城市	贸易流量	资本流量	科技流量	文化流量	人员流量	信息流量	总得分
1	伦敦	39.59	21.31	49.18	85.63	66.96	76.20	52.60
2	香港	100.00	26.71	8.56	24.76	80.10	40.44	49.20
3	新加坡	64.88	40.87	17.25	24.76	80.10	40.44	49.20
4	纽约	30.67	63.30	24.91	41.20	48.59	39.21	46.48
5	巴黎	21.29	4.91	25.83	52.36	44.84	62.82	33.61
6	东京	31.61	2.04	61.58	41.98	27.73	37.75	31.88
7	北京	31.69	5.44	51.31	49.38	9.55	22.28	25.95
8	上海	41.25	6.02	24.42	45.17	16.15	28.40	25.73
9	迪拜	27.60	4.33	0.66	19.81	60.38	37.36	24.99
10	洛杉矶	36.44	1.04	3.70	21.74	51.50	27.96	23.51

资料来源：盛维，周海蓉，沈彬彬等．全球城市资源要素流量指数研究［J］．全球城市研究（中英文），2020，1（1）：44-61，189.

五、充满活力的创新创业氛围推动形成良好的科技金融生态

纵观所有全球城市，充满活力的创新创业氛围是其必备的基本特征。一般来说，越是拥有充满活力的创新创业氛围的城市，在科技创新、创业和科技金融发展等方面的表现越出色。例如，伦敦、纽约、东京等全球城市，既拥有具有全球影响力的科技创新中心、全球领先的创业生态系统，也是著名的全球金融中心及全球领先的科技金融中心。当然，主要全球城市的具体表现存在差异，发展各有侧重。

全球城市充满活力的创新创业氛围，有利于吸引、集聚各类科技金融资源要素，尤其是推动知识、信息、技术、资本、人才等的集聚，推动各类创新主体的创新发展，推动科技金融服务需求的产生；大量需求刺激、吸引创新资本和金融机构等科技金融服务主体在全球城市的汇聚。刺激并创造流量经济、数字经济等新业态、新模式发展，引领科技革命和新经济发展，使得全球城市充满活力（Malecki，2002）。这种良好的制度与营商环境为全球城市科技金融提供软环境支持，推动全球城市成为科技金融各

种主体的汇聚地并形成良好的科技金融生态。

第四节 全球城市网络视角下的科技金融问题

一、全球城市金融网络

（一）相关理论与研究现状

在全球金融化和全球网络不断演化的过程中，一些特殊的地理单元成为地方参与全球金融网络（GFN）的重要节点，这些全球特殊空间单元即世界城市或国际金融中心，等级越高的国际金融中心具有更高的控制权和支配权。① 以金融企业为核心的高级商业服务业（ABS）充当网络中的行动单元，这些行动单元高度集聚在全球城市，如外资金融机构集中分布在伦敦、首尔、新加坡、东京、纽约等全球城市，② 一方面，ABS 企业建立了世界城市和离岸管辖区与地方经济的全球联系（潘峰华和方成，2019），包括位于欠发达地区的企业（Brown et al.，2002）；另一方面，有研究表明，一些总部位于国际金融中心的 ABS 企业，通过在香港设立的分支机构参与全球金融合作（何紫云等，2022）。

全球城市（国际金融中心）集聚大量金融资源，包括专业金融机构及其提供的专业化金融服务，是 GFN 中资金供给的节点，为地方经济发展提供全球资本通道，也是知识溢出场所，其专业化知识对地方经济产生溢出效应，为其提供全球知识通道③，还是金融信息的集散地和金融创新的前沿场所（王晓阳，2014），因此，全球城市（国际金融中心）为科技发展和科技创新提供了天然的金融功能性支持。

产业是城市竞争力的基石，一个城市处于关键产业链的较高位置，就能集聚人才、资金、技术等各类资源，才能在城市体系中脱颖而出，如主

---

① 潘峰华，方成．从全球生产网络到全球金融网络：理解全球 - 地方经济联系的新框架［J］．地理科学进展，2019，38（10）：1473 - 1481.

② 王成，王茂军．中国跨国城市网络的结构研究——基于外资金融机构母子公司关系的讨论［J］．城市发展研究，2021，28（12）：102 - 109.

③ 潘峰华，蒙莎莎．金融化、金融全球化和金融地理学发展［J］．经济地理，2021，41（10）：106 - 116.

要发挥科技创新中心功能和金融中心功能的中心城市，成为重要的全球城市（沈立和倪鹏飞，2022）。伴随着金融禀赋和科技禀赋的集聚、金融竞争力与科技能力的增长、金融创新与科技创新的同频共振，金融与科技的辐射带动能力日渐凸显。人才和企业不断集聚与融合，形成科技金融中心。推动科技生产力加速转化为现实生产力，科技创新就能得到加速催化，并产生区域性外溢效应（胡苏迪和蒋伏心，2020）。同时，也会进一步加大对科技金融资本的需求，而科技金融资本的供不应求和金融资源的发展不均衡也造成了全球城市的科技金融问题，通过全球网络的扩散和传染，表现为全球金融网络的科技金融问题。

城市网络、金融网络、创新网络与知识网络并不是孤立的，网络之间相互作用、彼此依存、不断渗透，金融网络正是架构在全球城市网络连接之上的。在金融要素随全球城市网络流动过程中，形成了全球金融网络，在知识要素和创新要素随全球城市网络流动的过程中，全球创新网络形成了。反过来，全球金融网络和全球创新网络又会进一步塑造、强化和稳固全球城市网络，加速资源在全球网络中的流动。

（二）全球城市金融网络刻画

全球金融中心指数（GFCI）通过对金融中心的聚类分析和关联度分析，确定金融中心在三个衡量标准（联结度、多元性、专业性）上的表现，对该金融中心进行归类。联结度（connectivity）指标反映主要金融中心的全球知名度，其评价方法是通过接收（inbound）来自其他金融中心的评价数量并发出（outbound）对其他金融中心的评价数量综合考察。根据来自其他金融中心的加权评价比例，将国际金融中心划分为全球性（global）国际金融中心（62%以上）、国际性国际金融中心（international）（36%以上）。① 纽约作为全球城市与更多国际金融中心建立连接，与世界各地的国际金融中心有着广泛联系，包括伦敦、新加坡、首尔以及北京、上海、香港等国际金融中心。

多元性（diversity）主要衡量金融中心各项业务竞争力的丰富性和平

---

① 每期全球金融中心指数（GFCI）的金融中心加权评价划分为全球性金融中心、国际性金融中心的标准均不同，此处仅指第32期全球金融中心指数（GFCI32）。

衡性，表明不仅需要科技信贷，还需要多元化的科技金融服务。专业性（specialty）用以衡量金融中心内不同行业的发展深度：投资管理、银行业、保险业、专业服务业、政府监管，能够提供专业性科技金融服务。第32期全球金融中心指数（GFCI32）金融中心城市分类，见表2－4。根据上述3个标准，金融中心被划分为全球性金融中心、国际性金融中心和区域性金融中心三类，表2－4仅展示了前两类。全球性顶尖金融中心兼具多元性、专业性，与其他金融中心有着密切联系，其中，纽约、伦敦、巴黎、新加坡位居前列。

表2－4　第32期全球金融中心指数（GFCI32）金融中心城市分类

分类	广度及深度	广度较好	深度较好	新兴
全球性金融中心	全球性顶尖金融中心	全球多元化金融中心	全球专业性金融中心	全球竞争者金融中心
	纽约、伦敦	法兰克福	北京	新德里
	巴黎、新加坡	首尔	迪拜	莫斯科
	香港、洛杉矶		深圳	
	苏黎世、旧金山	芝加哥	卢森堡	
	东京等16个城市		阿布扎比	
国际性金融中心	国际成熟性金融中心	国际多元化金融中心	国际专业性金融中心	国际竞争者金融中心
	釜山、马德里	墨西哥城	孟买、广州	武汉
	日内瓦、温哥华	波士顿	大连、青岛	
	吉隆坡等20个城市	曼谷等4个城市	利雅得等20个城市	伊斯坦布尔等17个城市

资料来源：笔者根据英国Z/Yen集团，中国（深圳）综合开发研究院．第32期全球金融中心指数（GFCI32）［R］．深圳：中国（深圳）综合开发研究院，2022－09的相关数据整理而得.

英国拉夫堡大学的全球化与世界城市研究网络（GAWC）是目前世界城市网络研究的主流之一，GAWC采用连通性或联系值衡量某城市在全球城市网络中的地位，主要全球城市都具有较高的联系能级和度中心性，是全球城市网络的指挥中心和控制中心。相关针对科技金融网络和基于先进生产性服务企业金融合作关系的城市网络研究都表明，全球城市具有较高的入度和出度（何紫云等，2022）。

二、全球城市科技金融网络

（一）科技金融网络概述

社会网络分析方法具有广泛的应用，用来研究和分析科技金融系统，所描述和刻画的科技和金融有机结合的复杂系统网络就是科技金融网络。科技金融网络包括，高新技术企业、科技园区等创新主体，也是科技金融服务的需求主体；银行等金融机构，是资本市场等科技金融服务的提供主体；以及评估、担保等第三方中介机构、政府主管部门等（杨宜，2017）。科技金融网络具备复杂巨网络和复杂系统的诸多特征，结构要素众多，相互关系复杂。

（二）科技金融网络构成

科技金融网络结构，见图2－4。科创企业既是科技创新的主体，也是科技金融服务的需求主体，其在网络中的地位以及与网络的联系能级对解决其融资约束具有至关重要的作用，因此，居于科技金融网络的核心。融资的成败由其在网络中的位置、扮演的角色、能力以及对于网络资源的利用效率决定，而科技金融网络内的其他主体可以自主决定构建网络连接。这些主体是网络中金融资源的主要来源，包括政府、信贷机构、投资机构、担保机构以及资本市场。每个主体的集合形成了不同的子系统，所有主体的集合构成了庞杂的科技金融网络（杨宜，2017）。

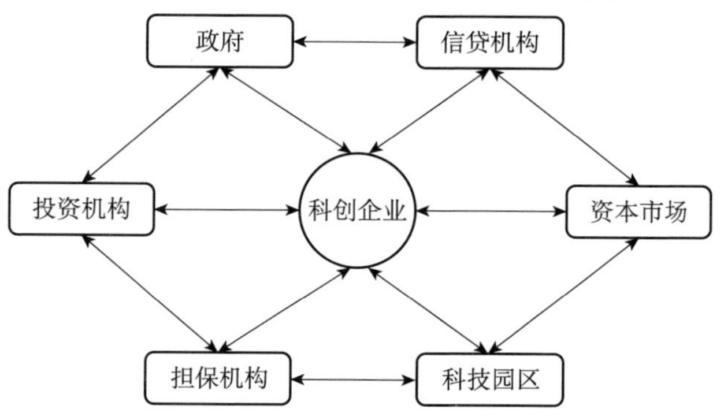

图2－4　科技金融网络结构

资料来源：杨宜．科技金融网络的结构、演化及创新机制的研究［M］．北京：中国金融出版社，2017.

（三）科技金融网络特点

科技金融网络呈现出复杂的网络结构特征，具有动态性（节点间的关系链条和要素流动不断更新）、开放性（内部联系和外部合作）、系统性（网络中主体间的创新协同作用）以及非中心性（各节点平等合作、平等交流）等典型特征（杨宜，2017）。

从企业创新融资机制来看，高新技术企业通过嵌入科技金融网络加强与其他网络主体的连接，加大了对社会资源的整合力度。高新技术企业在网络中承担的角色越重要、在网络中所处的位置越关键以及能力越强，则其融资效率和融资成功概率都会提高。从企业技术创新机制和信息传递机制来看，科技金融网络中的强关系有利于高新技术企业的知识交换和知识融合，弱关系则有利于企业跨越社会界限，在企业获得知识、信息过程中发挥桥梁作用，而信息不对称问题可以通过的信息共享而得到有效缓解，会对企业融资产生积极效应。

第三章　全球城市科技金融问题与科技金融生态圈

全球城市的科技金融问题，不同于一般意义上科技创新主体所面临的科技金融问题。从科技创新的重要主体——科技创新企业来看，科技金融问题实质上是解决科创企业融资难、融资贵问题。因此，更多的是从科技金融的不同组成部分，如科技信贷、风险投资、资本市场等方面探讨如何缓解科技创新企业的融资约束。全球城市的科技金融问题是一个系统工程，通过构建完善的科技金融体系为全球城市的科技创新活动和科技创新主体提供金融支持，从生态学视角来看，就是构建良好的全球城市科技金融生态圈。因此，本章先通过对文献资料的全面收集、整理，尤其是对文献的计量分析，厘清全球城市科技金融问题，进而从生态系统视角分析全球城市科技金融生态圈的内涵、特点、运作机理和构成要素。

第一节　全球城市科技金融问题的计量分析与文献分析

一、全球城市（区域）科技金融的计量分析

本节使用 CiteSpace 软件对知网文献进行计量分析，从整体视角了解科技金融既有相关文献尤其是关键词与关键文献的分析，发现科技金融与全球城市的联系。首先，以科技金融为主要关键词、筛选来源期刊为 SCI、EI、CSSCI、CSCD 的文献，剔除会议、综述类文献之后，共有 271 篇文献可供分析；其次，使用 CiteSpace 软件对文献进行关键词聚类分析、突现分析和作者分析，找到目前的研究热点与研究发展历程，并对科技金融领域

的主要作者和高引用文献进行分析。

1. 科技金融关键词聚类分析

科技金融关键词聚类分析结果，见图 3－1，得到前 9 大聚类：科技创新、创新发展、风险投资、科技信贷、无锡新区、服务平台、复杂系统、政策文本、协同集聚。因此，科技金融问题不仅是科技创新企业层面的融资约束问题，更是城市层面和区域层面的科技金融问题。

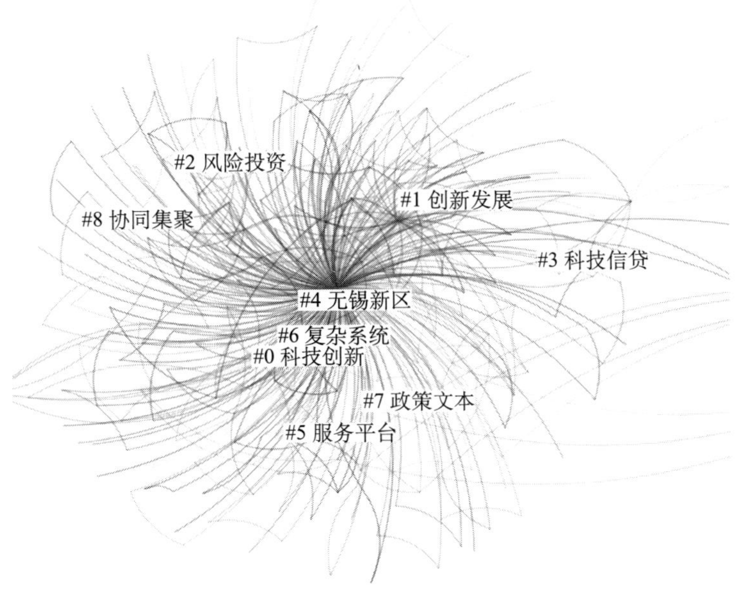

图 3－1　科技金融关键词聚类分析结果

资料来源：笔者使用 CiteSpace 软件对知网文献进行计量分析绘制而得。

2. 科技金融关键词突现分析

突现是指，在一段时间内突然增加。科技金融关键词突现分析结果，见图 3－2。通过科技金融关键词突现性检测，可以分析在某个时间节点内与科技金融相关的研究热点、动态趋势和前沿发展议题等的变化情况。2019 年之前的研究热点，主要集中在金融科技、政策、科技企业、启示以及协同集聚几个关键词，熵值法、区域差异以及中介效应成为最新的研究热点。因此，本书从全球城市层面和区域协同层面关注科技金融问题，具备一定的文献依据和理论研究依据。

关键词	年份	强度	起始时间	截止时间	2000～2022年
金融创新	2000	1.49	2012	2014	
政策	2000	1.27	2013	2015	
科技企业	2000	1.57	2014	2016	
启示	2000	1.52	2017	2018	
协同集聚	2000	1.43	2018	2019	
熵值法	2000	1.95	2019	2020	
区域差异	2000	1.74	2019	2020	
中介效应	2000	2.09	2020	2022	

图 3-2　科技金融关键词突现分析结果

资料来源：笔者使用 CiteSpace 软件对知网文献进行计量分析绘制而得。

3. 科技金融作者分析与高引用率文献分析

科技金融被引频次分析结果，见表 3-1。从被引频次角度来看，引用频次最高的是徐玉莲，然后是张明喜、刘骅，之后是卢亚娟、张芷若等学者的文献。高被引作者和高被引文献的研究，一方面，说明该学者与文献在此领域的权威性；另一方面，也昭示了该领域的主要研究方向、主要观点和结论。

表 3-1　科技金融被引频次分析结果

引文计量	参考文献
7	徐玉莲，2011，SO，0，0
5	张明喜，2013，SO，0，0
5	刘骅，2012，SO，0，0
4	卢亚娟，2014，SO，0，0
4	张芷若，2018，SO，0，0
3	唐五湘，2013，SO，0，0
3	寻舸，2013，SO，0，0
2	刘伟，2015，SO，0，0
2	刘湘云，2017，SO，0，0
2	朱波强，2019，SO，0，0

资料来源：笔者使用 CiteSpace 软件对知网文献进行计量分析整理而得。

引用频次最高的是徐玉莲的文献，重点关注科技创新与科技金融之间的关系，尤其是区域科技创新与区域科技金融的耦合协调关系，研究结果表明，省级层面的二者耦合协调度仍然偏低，二者的协同互动仍需加强。①

张明喜等（2018）侧重于科技金融发展与科技金融政策效果研究，基于演化视角分析了中国科技金融从产生到逐步完善的发展历程。中国科技金融的发展历程，大致分为萌芽、起步、探索、推进、发展五个阶段。进一步研究国家自主创新示范区科技金融试点政策效果，研究发现，中国科技金融政策仍需完善。

卢亚娟和刘骅（2018）主要研究科技金融集聚与区域经济发展的关系，肯定了科技金融对区域经济发展的重要推动作用。科技金融的不同组成部分的协同集聚与地区经济增长的关联效应表现出明显的差异性，其中，关联效应比较明显的是银行业、保险业、高新技术产业协同集聚与地区经济增长。

4. 全球城市科技金融问题的核心是构建良好的科技金融生态圈

基于前述科技金融的文献计量分析不难发现，科技金融问题更多地表现为城市层面和区域层面的问题。目前，大量文献从区域层面分析科技金融问题，相比而言，从城市层面视角研究科技金融问题的文献较少。

本书将从全球城市视角和全球城市区域视角，研究科技金融问题。全球城市科技金融问题的核心，是构建一个良好的科技金融生态圈。在这个生态系统内，各主体有机运行，科技创新主体的融资需求可以被有效解决，从而使科技金融生态实现有机循环。后续内容围绕全球城市（区域）科技金融生态圈展开，进一步探讨主要全球城市（区域）良好科技金融生态圈的构建经验，以及中国全球城市（区域）构建科技金融生态圈的实践，总结良好科技金融生态圈的构成要素和成功经验，为中国全球城市（区域）构建良好的科技金融生态圈提供理论依据与实践经验。

---

① 王宏起，徐玉莲．科技创新与科技金融协同度模型及其应用研究［J］．中国软科学，2012（6）：129－138.

二、创新生态、金融生态与科技金融生态圈文献综述

生态系统的概念，源自生物学。陈宪将创新生态系统比作雨林，即在一定区域范围内，由各个创新主体、创新环节和创新因素构成的相互联系和相互依赖的生态链。① 白钦先（2001）最早提出金融生态环境概念。李扬等认为，金融生态环境是推动金融供给主体以及金融产品和金融服务的需求主体植根、生成、运行和发展的一系列体制环境、制度环境和传统环境。②

目前，关于金融生态环境的研究主要聚焦于评价指标体系：一是地区的市场化指数，主要是樊纲和孙铮等的研究；二是地区的金融生态环境综合评价指数（苏宁，2005；刘朝明等，2008；刘煜辉和陈晓升，2011；王国刚和冯光华，2015）。主要的评价指标和评价结果基本上表明了一个共同事实，总体上，中国的金融生态环境在逐步改善，有利于推动地区创新发展。

金融生态环境涵盖了经济环境、金融环境、社会环境等要素，对企业的融资约束、银企关系以及银行信贷有重要的影响（何韧等，2012；李志刚和施先旺，2016）。良好的金融生态环境，有助于提升企业的创新水平和创新效率。良好的金融生态环境，意味着企业处于一个资源配置效率较高、法律制度更加完善、经济基础更好、创新风险较小的环境，必然有利于企业创新水平的提高（吴敏和林乐芬，2015；翟胜宝等，2015；黎杰生和胡颖，2017）。作为影响企业融资和企业创新的重要外部环境因素，金融生态环境的改善能够优化企业创新环境，缓解企业融资约束，提高企业创新能力、创新效率，对中小企业和民营企业更为显著。③在金融生态环境良好的地区，地方政府对经济的干预程度较低，市场化程度高，更有利于对中小企业和中小股东的保护（刘煜辉和陈晓升，2011）。良好的金融生态环境，有助于大银行机构提高小企业的融资境遇（李华民等，2017）。因此，化解企业融资难题的关键在于改善金融生态环境，构建良好的科技金融生态圈。

---

① 陈宪．加快建设创新型国家——理论演进、主体转换和生态优化［J］．探索与争鸣，2017（11）：12－16.

② 李扬，王国刚，刘煜辉．中国城市金融生态环境评价［M］．北京：人民出版社，2005.

③ 吴昊旻，靳亭亭．金融生态环境与企业创新效率［J］．金融论坛，2017（12）：57－67.

根据科技金融的相关研究，应该科学、合理地界定科技金融生态圈的研究范围。科技金融是伴随中国科技体制改革、金融体制改革以及科技与金融相互支持发展的历程产生的具有中国特色的专有名词，因此，很难在外文文献中找到直接对应的界定概念与相关研究。比较接近的研究方向为金融业的不同组成部分，如银行信贷、资本市场、风险投资、政府基金和政府补贴等与科技创新的关系。中文文献主要是从金融对科技创新的作用、科技企业的融资约束、金融生态环境等方面展开，对科技金融多是简单的概念介绍，涉及科技金融指标体系设计、科技金融生态环境评估、科技金融生态圈构建的系统性研究并不多。对科技金融界定引用最多的是赵昌文等（2009）给出的定义。综合赵昌文等（2009）、房汉廷（2010）、国家科委①给出的科技金融的内涵，科技金融是个系统的概念，是类似于科技金融生态圈的系统。

三、创新生态系统与金融生态圈

（一）生态系统、生态圈

生态系统是生态学的专有概念，指自然界中生物与环境构成的统一体，在该系统中，生物与环境之间相互影响、相互制约，并在一定时期内处于相对稳定的动态平衡状态。②生态圈，也称作生物圈，是一个生态学概念。具体来说，生态圈是地球特有的圈层，强调地球上凡是出现并感受到生命活动影响的所有组成部分的环境总称。③ 从作用机制来看，生态圈是一个封闭且能自我调控的系统，具有多层次的自我调节能力，可以维持物种数量之间的相对平衡。

（二）创新生态系统

创新生态系统（innovation ecosystem）的概念，是2004年由美国总统

① 关于印发国家“十二五”科学和技术发展规划的通知［EB/OL］.（2011－07－13）. https://www.most.gov.cn/xxgk/xinxifenlei/fdzdgknr/qtwj/qtwj2011/201107/t20110713_88228.html.

② Britannica Academic. Ecosystem［EB/OL］. academic.eb.com/levels/collegiate/article/ecosystem/31944. 2017－12－20/2018－01－24.

③ Britannica Academic. Biosphere［EB/OL］. academic.eb.com/levels/collegiate/article/biosphere/117266. 2013－08－03/2018－01－24.

科技顾问委员会提出的，认为创新生态系统是各种与创新相关要素相互作用的结果，并阐述了创新生态系统的构成，包括创新创业人才、高水平的研究型大学和研发中心、发达的风险投资、体现国家研究能力的基础研究以及创新基础设施等。美国总统科技顾问委员会在2004年先后发布两个关于维护国家创新生态系统的报告，指出创新生态系统对国家创新能力、经济繁荣和领导地位的重要性，此后，创新生态系统的概念，引起发达国家的广泛关注。2008年国际金融危机后，美国连续多年发布关于“美国创新战略”的系列研究报告，均强调构建和维护创新生态系统对国家和城市创新发展的重要性。创新生态系统不仅包括创新供给主体与创新需求主体，还包括国家基础设施和政策环境。①

有文献构建了创新生态系统研究的整体理论框架，认为创新生态系统的核心特征是共生演化。创新生态系统的理论基础，主要有经济、战略、创新三大流派，各大流派的研究重点不同；创新生态系统的主流研究方法为案例分析法，该方法能够描述不同类型的创新生态系统。② 陈宪提出的新观点，把创新生态系统比作雨林，强调创新主体、创新环节和创新因素之间形成类似雨林的相互联系并相互依赖的共生关系。“雨林型”创新生态系统的质量，是由新的科技创新成果出现的概率体现的。“雨林型”创新生态系统的显著特征表现在三个方面：一是创新主体具有超越理性的动机，关注创新创业的长期共赢；二是“雨林”模型突出了创新思想、创新人才的重要性，而不是传统的土地、资本、人力等要素；三是强调打破各种要素流动交换的壁垒。③

硅谷创新生态系统是最具代表性的创新生态系统。硅谷创新生态系统经过多年不断演化完善，逐渐形成了富有生机和活力，吸引全球创新创业者加入，初创企业和大公司良性互动发展，享誉世界的创新网络模式和创新生态系统模式。硅谷创新生态系统示意，见图3-3。

---

① 张慧颖．美国发布新版国家创新战略［EB/OL］. https：//www.cnipa.gov.cn/art/2015/12/25/art_1415_133085.html. 2015-12-25/2023-02-05.

② 梅亮，陈劲，刘洋．创新生态系统：源起、知识演进和理论框架［J］．科学学研究，2014，32（12）：1771-1780.

③ 陈宪．加快建设创新型国家——理论演进、主体转换和生态优化［J］．探索与争鸣，2017（11）：12-16.

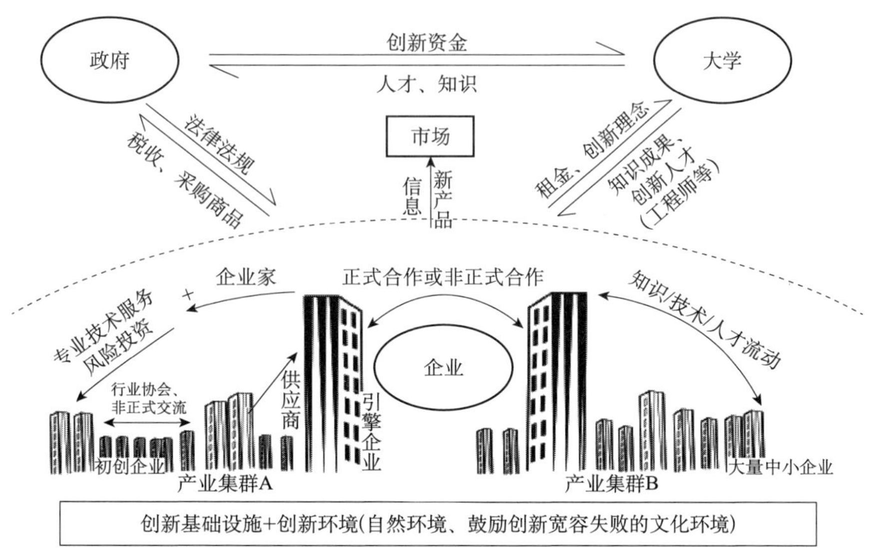

图 3－3　硅谷创新生态系统示意

资料来源：杜德斌，胡曙红．上海建设“具有全球影响力的科技创新中心”专题系列简报：硅谷创新网络深度解析［EB/OL］．见上海科技发展研究中心网站，2015－05－21．https：//max. book118. com/html/2020/1009/8137101107003004. shtm.

（三）金融生态系统与金融生态圈

1. 金融生态系统

最早提出金融生态概念的是白钦先，借用生态系统概念，将金融资源与生态系统有机关联，认为金融资源是由三个紧密相关的资源层次组成的相互影响、相互作用的生态系统。基础层即广义的货币资金层，中间层是由金融组织和金融工具构成的实体金融资源层，最高层是货币资金与其他层次之间互动影响的整体功能层。① 徐诺金将金融生态概括为“各种金融组织内部以及其与生存环境之间通过长期的密切联系与分工协作形成的动态平衡系统”。② 林永军提出，一个良性的金融生态系统，应具备各个子系统之间和子系统内部沟通协作、良性互动、和谐共存、高效运作等特点。③ 既有文献主要关注金融生态环境的定义及评价指标体系，代表性的文献，包

① 白钦先．金融可持续发展研究导论［M］．北京：中国金融出版社，2001．

② 徐诺金．论我国的金融生态问题［J］．金融研究，2005（2）：35－45．

③ 林永军．金融生态建设：一个基于系统论的分析［J］．金融研究，2005（8）：44－52．

括地区的市场化指数研究和地区的金融生态环境综合评价指数研究等。无论以何种测度方式，针对中国的研究都表明，总体金融生态环境在逐步改善。

2. 金融生态圈

代表性的研究认为，相较于金融生态或金融生态环境，金融生态圈能更好地揭示并刻画金融体系中各构成部分之间的关系。进一步以证券市场、银行业和保险业为支架，框架性地描述了金融生态圈。① 金融生态圈框架简略示意，见图 3－4。

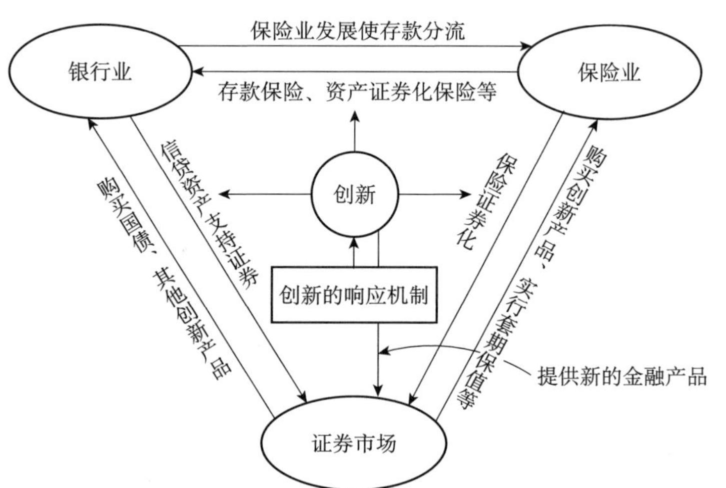

图 3－4　金融生态圈框架简略示意

资料来源：叶德磊．论中国金融生态圈优化与金融创新的功效［J］．当代经济科学，2006（4）：34－39，125.

第二节　全球城市科技金融生态圈内涵、特点与运行机制

一、全球城市科技金融生态圈内涵

科技金融生态圈的理念由 2015 年上海科技金融高峰论坛上发布的

① 叶德磊．论我国金融生态圈优化与金融创新的功效［J］．当代经济科学，2006（4）：34－39，125.

《中国科技金融生态年度观察（2015）》首次提出，并从生态视角对中国科技金融生态圈进行描述分析：科技金融生态圈是一个金融体系、金融业态、金融产品和金融服务与科技创新活动相互促进、相互支撑，不断创新优化调整的活动状态。① 中国科技与金融经过不断融合发展，已经逐步形成一体化的科技金融生态圈概念。目前，对科技金融生态圈构建的相关系统性研究并不多，更多地关注科技金融体系或科技金融平台。代表性的如赵昌文等（2009），对科技金融体系进行了系统性阐述。张华（2016）提出科技金融创新生态系统的分析框架，进一步解释并分析了该生态系统的协同创新机制。

科技金融生态圈是在科技金融界定的基础上扩展其外延。本书认为，科技金融生态圈是以促进科技创新活动并缓解科技创新主体融资约束为目的，通过改进与优化政府财政投入，引导并促进科技金融服务供给主体，如，银行、证券、保险等金融机构、创业投资等股权资本、多层次资本市场等创新金融产品、金融工具，改进为科技创新主体提供的金融服务，同时，带动社会资本的广泛参与，营造良好的创新创业氛围，改善金融生态环境。

全球城市是全球主要的国际金融中心、科技创新中心和先进生产性服务业集聚中心，是科技金融生态系统的集成，是科技金融生态圈的构建者、组织者和集成体。因此，全球城市的科技金融生态圈，实质上是科技金融生态系统内各个组成部分的创新性与系统性的高度集成。全球城市内部科技金融的供给主体、需求主体、与科技金融相关的金融工具、金融制度、金融政策以及配套的环境因素等，相互作用、相互协调形成有机生态圈。科技金融生态圈内的金融要素，能够渗透到“雨林型”的创新创业生态环境，为不同层次的创新主体提供全周期的科技金融服务，满足创新主体的多元化科技金融服务需求。在良好的科技金融生态圈下，科技金融服务业与各个创新主体、创新要素（环节）之间构成相互影响、相互制约的生态链，并在一定时期内处于动态演进的相对平衡状态。

---

① 朱欣乐.《中国科技金融生态年度观察（2015）》报告正式发布［EB/OL］. http://2015.casted.org.cn/web/index.php? ChannelID=8&NewsID=6326. 2016-01-12/2023-02-05.

二、全球城市科技金融生态圈特点

从生态视角出发研究全球城市科技金融，不仅包括前述科技金融的内涵与范畴，还需要从以下五个方面予以说明，而这五个方面正是全球城市科技金融生态圈的典型特征。

1. 强调科技金融生态圈各方参与主体与其所处生态环境的相互关系

科技创新活动的顺利开展以及围绕科技创新进行金融资源的优化配置，都离不开其所处的生态环境。而各参与主体之间不是孤立的，而是相互关联、相互影响与相互作用的有机整体。科技金融产品和科技金融服务的提供，需要相关配套法律法规的建立与完善，需要政府引导与支持，需要银行等金融机构以及会计师事务所、法律事务所等中介机构的协作支持。围绕金融与科技的有机结合，以科技金融体系的构建与完善为核心，以优化科技金融服务为宗旨对资源进行优化配置。

2. 科技金融生态圈具有多元性、互补性、共生性、复杂性、演化性、动态性等特点

一是多元性，在科技金融生态圈运作过程中，有来自各个层面的多元主体，包括银行信贷、多层次资本市场、风险投资、政府科技财政投入等不同的科技金融资源供给主体；科技创新企业等科技创新主体，也是资金需求主体；第三方机构（中介组织）等主体；以及各种金融产品、金融服务等。二是互补性，有政策性工具，也有市场性工具，有政府作用，也有社会资本作用。三是共生性，科技金融的各个构成要素，不分大小、强弱，所有构成要素之间是共生协调关系。四是复杂性，所有构成要素、参与主体之间形成错综复杂的关系。五是演化性，科技金融生态不断演进发展。六是动态性，演化过程是一个有序的过程，又是一个动态的过程，科技和金融相互影响、相互校正、相互学习并共同成长。

3. 科技金融生态圈内参与主体及构成要素具备一定的自我调节能力与平衡能力，但存在市场失灵，需要适度的政府引导与政府支持

科技金融生态圈倾向于从参与者出发，研究在企业生命周期的不同发展阶段，科技金融供给主体如何为科技金融需求主体提供有效的科技金融服务，满足创新主体的多元科技金融需求，评估科技金融供求匹配状况。

因为存在供求错配与供给不足，即存在市场失灵，所以，需要政府引导与政府支持。

4. 科技金融与科技创新主体之间存在共生共长的螺旋式互动成长模式

一方面，创新创业离不开资金支持，科技金融可以为创新创业提供强有力的资金支持，推动创新创业发展，金融犹如创新的活水之源；另一方面，科技金融的发展，也要以大量优质创新创业企业为前提，否则，金融可能“脱实向虚”。此外，创新人才、创业企业、科研院所的集聚，可以有效地吸引创业投资，推动科技金融发展，科技与金融共生共长，形成一个向上的“螺旋式”成长模式。而科技金融生态圈，是要建设一个“上旋”的科技金融生态系统。

5. 科技与金融有机融合是科技金融生态圈的主旋律

科技金融对科技创新形成有效支撑，科技创新有效推动金融创新，实质上就是金融科技与科技金融的协同发展。科技金融与科技创新之间的双向影响、双向互动，是科技金融生态圈的重要表现，也是一个城市科技创新中心与国际金融中心发展演变的主导因素，是维持其可持续竞争力的核心因素，具有重要的理论价值和实践内涵。科技与金融二者互动融合、协调发展，形成一个向上的“螺旋式”成长模式，赋予科技金融生态圈新的内涵。

三、全球城市科技金融生态圈运行机制

科技金融生态圈运行机制，是“配置科技金融资源，决定科技金融各个组成部分构成、比例分配、行为方式、相互关系、运行效率等的内在机制”①。科技金融三大机制示意，见图3－5。其中，科技金融市场机制主导科技金融生态圈构成及运行效率，是决定科技金融资源配置的核心机制；科技金融政府机制发挥重要的调控作用，科技金融社会机制则是科技金融生态圈重要而有益的补充，发挥辅助作用（赵昌文等，2009）。

① 赵昌文，陈春发，唐英凯．科技金融［M］．北京：中国科技出版社，2009.

科技金融生态圈是一个开放系统，大学科研院所、实验室、创新加速器、企业等创新主体是科技金融生态圈的基础，犹如细胞。资金是科技金融生态圈的活水之源，为维持系统稳定，伴随资金需求主体连续不断的资金需求，需要源源不断的资金输入，资金供给要求持续、稳定，并能回流，实现资金流的可持续发展。这个系统的特点在于，动态循环、螺旋演进。大量初创企业是生态系统的基石，失败的初创企业重新进入循环系统。成功跨越死亡谷，在专业机构指导、支持下成功发展的企业，成长为独角兽企业或科技引擎企业。企业在资本市场上市或并购，风险投资等科技金融机构成功退出，通过资本市场的投融资活动，资金又进入科技金融生态系统进行循环。科技金融生态圈是有机循环、动态演进的，科技与金融有机融合、相辅相成。

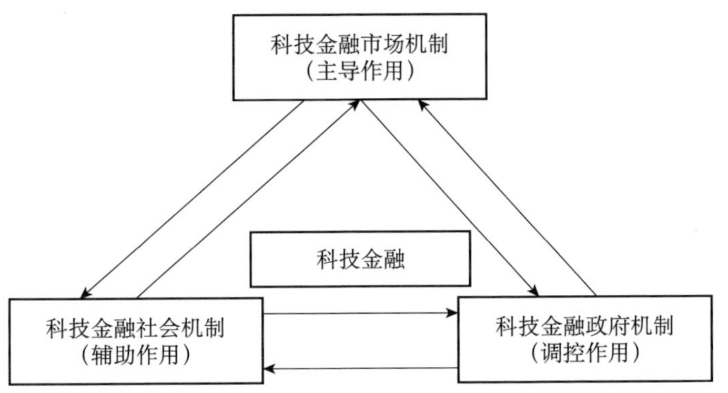

图3－5　科技金融三大机制示意

资料来源：赵昌文，陈春发，唐英凯．科技金融［M］．北京：科学出版社，2009.

第三节　全球城市科技金融生态圈构成要素

从科技金融的概念及内涵可以看出，科技金融生态圈包含多个主体，科技金融服务涉及面较广，构成要素主要包括科技创新主体（科技金融需求方）、科技金融供给主体（科技金融供给方）、政府与市场的关系（政府的作用）、科技金融外部支撑环境（包括软环境和硬环境）。科技金融生态圈平面图，见图3－6。

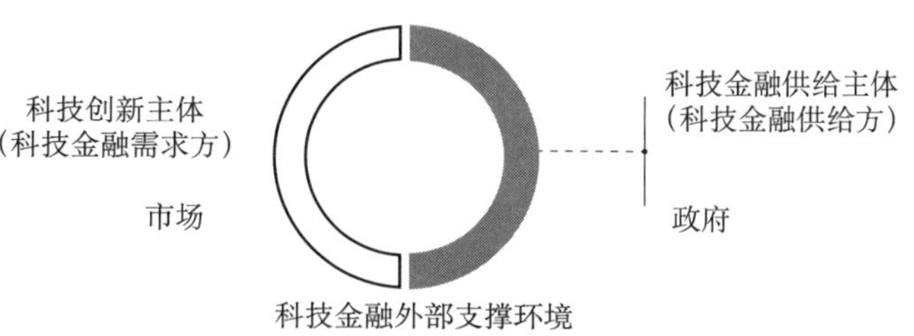

图 3-6　科技金融生态圈平面图

资料来源：笔者绘制。

一、科技创新主体：融资需求与科技金融核心问题

1. 科技创新主体

科技创新主体主要包括，科技创新型企业、科研院所、孵化器、高新区等多类机构和产业园区。创新时需要大量资金投入，而自有资金往往难以满足，需要外源融资支持。企业作为经济活动的基本单元，是科技创新的重要主体，也是科技金融的重要需求主体。各类企业是科技金融生态系统中最重要的组成部分，因此，科技金融的核心任务就是满足创新主体特别是科技型中小企业的资金需求，缓解其融资约束，解决融资难问题。

2. 科创企业融资约束与科技金融服务需求

科技创新型企业在研发阶段和初创阶段，固定资产和实物资产相对较少，以知识产权等轻资产为主，难以评估、衡量其价值。研发投入相对较高，需要大量资金支持。但是，科创企业多是中小企业，财务不健全，内部风险控制水平低、经营风险较大。轻资产、抵押担保物不足、高投入、高风险等特点导致科创企业难以满足商业安全性经营的贷款要求，致使科创企业的信用等级较低，难以获得银行贷款等正规信贷支持。

创新型企业的特点，决定了其对资金的需求具有“金额小、时间急、用信频、期限短、担保弱”的特征，处于生命周期的不同发展阶段，其财务状况和融资需求存在显著差异，因此，其可用的融资渠道和融资方式也表现出一定差异。科技型中小企业不同阶段的特征及其资金需求的关键节点，见图 3-7。对处于生命周期不同阶段（种子期、初创期、成长期、成熟期）的中小企业来说，其资金需求特点和融资渠道各不相同，需要与之匹配的科技金融服务。

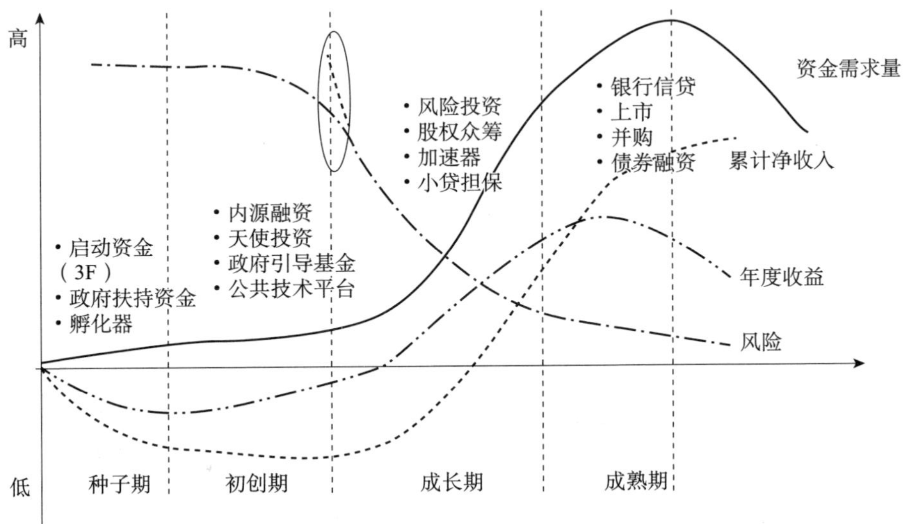

图3－7 科技型中小企业不同阶段的特征及其资金需求的关键节点

资料来源：刘江会．金融支持上海建设具有全球影响力科技创新中心对策研究［J］．科学发展，2017（6）：13－26.

二、科技金融供给主体

赵昌文等（2009）认为，科技金融供给主体包括，科技财力资源、创业风险投资、科技资本市场、科技贷款、科技保险、科技金融环境，科技金融供给主体结构，见图3－8。

政府主要以财政研发资金、政府引导基金等方式投入。市场科技金融投入主体包括，银行、证券、基金、保险等金融机构以及风险投资等权益投资主体，也是满足科技企业融资需求的主要供给主体。不同科技金融供给主体依据其风险偏好以及金融服务特点，为科技创新活动和创新企业提供差异化的金融产品与金融服务，并通过不断创新金融产品与金融工具，改进金融服务，获取增值收益，实现自身发展。在科技创新主体中，中小企业数量众多，大型企业较少，而且，大型企业的融资约束相对较小。大量科技型中小企业往往是无资产、无抵押、无担保的“三无”企业，专业性强，不确定性因素多。因此，需要第三方服务机构和服务平台及政府信用的介入，来解决信息不对称问题并分散融资风险。

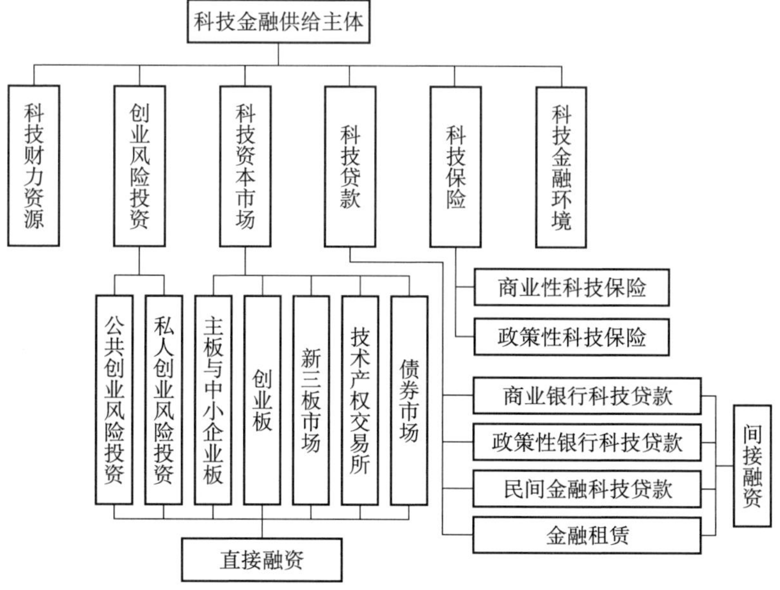

图 3-8　科技金融供给主体结构

资料来源：赵昌文，陈春发，唐英凯．科技金融［M］．北京：科学出版社，2009.

三、科技金融中介机构——第三方服务机构与第三方服务平台

科技金融中介机构是链接科技金融的需求方与供给方，为投融资双方提供信息咨询服务和信息服务等的专业化机构，由担保机构、信用评级机构、律师事务所、会计师事务所以及政府下属的事业单位等机构组成，为企业与金融机构提供融资担保、信用评估、会计法律服务、咨询辅导、知识产权保护等服务。信贷配给理论证明，信用担保体系可以通过专业化的资源与技术，有效地收集企业信息特别是软信息，解决借贷双方的信息不对称问题，降低银行的信息收集成本和处理成本，解决银行对中小企业的信贷配给问题。第三方中介机构与第三方服务平台发挥桥梁、纽带作用，可以更有效地解决科技金融供求双方的信息不对称问题，有利于对科技创新活动的风险评估与风险分散，拓宽融资渠道，提高融资效率和融资可得性。

四、政府政策与科技金融生态环境

虽然科技金融生态圈内参与主体及构成要素具备一定的自我调节能力与平衡能力，但完全依靠市场机制会存在市场失灵，需要政府这只“看得见的手”进行适度引导与支持。创新活动所具有的投入高、周期长，未来不确定性大等特点，尤其是创新产出和创新成果的正外部性容易导致企业投入动力、投入资金不足，从而导致“市场失灵”（Arrow，1962）。鉴于创新对经济发展的重要作用以及科技创新的公共产品性质，政府应通过一些必要的政策和措施为科技创新提供财政支持。因此，需要一系列政策性金融制度与金融安排支持科技创新。

政府通常采用多种手段解决研发活动与创新活动的“市场失灵”问题。一是采取事业单位直接研发，通过补贴、税收优惠等方式直接支持创新主体的研发活动；二是采用优惠贷款、贷款贴息、专项基金、政府引导基金等各种融资计划；三是加快各种信用信息收集平台、投融资对接平台、各种交易所与知识产权交易平台等基础设施建设；四是构建形成开放、包容、鼓励创新及科技与金融融合发展的科技金融生态环境。

中国市场经济体制尚未完善，政府仍是区域经济发展的强有力推动者。地方政府在促进科技金融发展、推动科技创新的同时，也发挥着重要的引导、监管和激励的职能。作为科技金融生态圈中具有引导性质的参与者，政府引导社会资本积极参与科技金融建设，同时，也积极构建完善科技金融基础设施和平台，包括各种信用评估等征信服务主体和服务平台、多层次的资本市场和证券交易所等，营造良好的适宜科技金融主体发展的生态环境等。

科技金融环境是科技金融生态圈的重要组成部分，影响科技金融生态圈的发展水平和运行效率。科技金融环境是科技金融生态圈的参与主体，包括科技金融的需求主体、供给主体、第三方平台、政府与市场等运行的经济、政治、法律等制度和规范所形成的软环境，以及交通、通信等基础设施所形成的硬环境。

第四章　主要全球城市科技金融发展模式与演进经验

本章遴选国际上享有盛名、富有代表性的伦敦、纽约、新加坡等几个全球城市科技金融生态圈的典型案例，梳理这些典型科技金融生态圈的概况、构成要素、发展模式与演进经验，在此基础上总结良好的科技金融生态圈的特点、构成要素和运作模式。选取的全球城市既是全球主要科技创新中心又是全球著名的国际金融中心，是科技与金融高度融合的典范，因此，也是卓越的全球城市科技金融生态圈。

第一节　伦敦科技金融发展模式与演进经验

一、伦敦科技金融生态圈概述

伦敦是全球的商业中心与金融中心之一，是卓越的全球城市代表，在全球金融中心、科技创新中心、金融科技中心中的排名均位居世界前列。集聚了全球主要的银行、证券公司、保险公司等金融机构，外汇交易所、期货交易所、衍生品交易所等经纪商以及先进生产者服务业，也是功能型机构、总部型机构的主要集聚地。

第一，伦敦是世界著名的全球城市。根据《全球城市指数 2017》报告，2016 年，伦敦位居全球第 1 名；2017 年，伦敦位居全球第 2 名。全球城市指数排名，见表 4－1。综合来看伦敦具有极强的全球竞争力。

第二，伦敦是全球领先的国际金融中心。第 24 期全球金融中心指数（GFCI24）分项排名及综合的城市排名，见表 4－2。伦敦在商业环境、人力资本、金融业发展、声誉、综合指数、基础设施方面排名世界前三，可见，伦敦国际金融中心发展实力之强。

表 4－1　　全球城市指数排名

项目	纽约	伦敦	巴黎	东京	香港	新加坡	芝加哥	洛杉矶	北京	上海
2016 年排名	2	1	3	4	5	8	7	6	9	20
2017 年排名	1	2	3	4	5	6	7	8	9	19

资料来源：笔者根据全球城市指数 2017［R］. 芝加哥：科尔尼咨询公司，2017 的相关数据整理而得.

表 4－2　　第 24 期全球金融中心指数（GFCI24）分项排名及综合的城市排名

城市排名	商业环境	人力资本	基础设施	金融业发展	声誉	城市综合排名
1	伦敦	香港	香港	纽约	纽约	纽约
2	纽约	伦敦	纽约	伦敦	伦敦	伦敦
3	香港	纽约	伦敦	香港	香港	香港
4	新加坡	新加坡	新加坡	新加坡	新加坡	新加坡
5	芝加哥	东京	上海	上海	芝加哥	上海
6	上海	旧金山	东京	东京	旧金山	东京
7	旧金山	上海	迪拜	法兰克福	波士顿	悉尼
8	波士顿	芝加哥	北京	悉尼	上海	北京
9	多伦多	迪拜	悉尼	迪拜	洛杉矶	苏黎世
10	东京	洛杉矶	旧金山	旧金山	东京	法兰克福

资料来源：笔者根据英国 Z/Yen 集团，中国（深圳）综合开发研究院．第 24 期全球金融中心指数（GFCI24）［R］．深圳：中国（深圳）综合开发研究院，2018－09 的相关数据整理而得.

第三，伦敦创新能力领先。城市（群）专利、科学出版数量及创新能力综合排名，见图 4－1。英国排名第 4，位居全球领先地位。在城市（群）综合排名上，伦敦总体位列第 15，贡献专利数 3 878 个，排名第 30，占全球总量的 0.41%；贡献科学出版数量 104 238 件，排名第 7，占全球总量的 1.30%。①

第四，伦敦具有成熟的科技创业生态系统。伦敦科技创业生态系统价值高达 440 亿美元，是全球第三大科技创业生态系统。②伦敦在全球创业生态系统综合排名第 3，其中，市场研究排名第 2，绩效、投资排名第 4。全球城市科技创业生态系统排名，见表 4－3。

---

① 美国康奈尔大学，欧洲工商管理学院和世界知识产权组织. 2018 年全球创新指数（GII）报告［R］. 日内瓦：世界知识产权组织，2018.

② Tech Nation. Tech Nation Report 2018［R］. London：Tech Nation，2018.

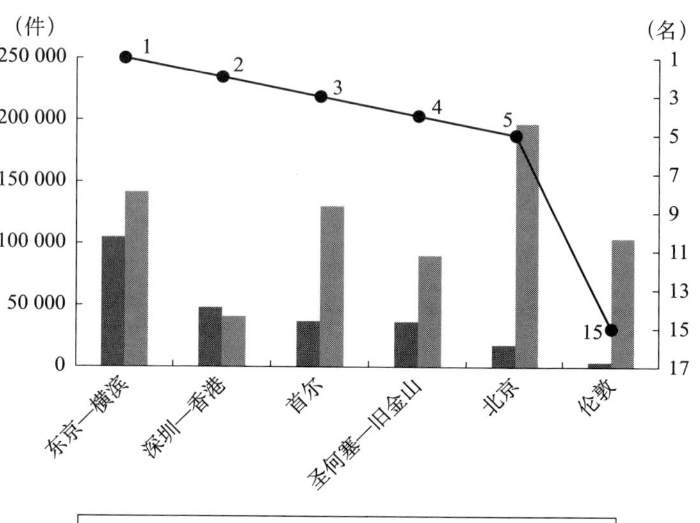

图 4-1　城市（群）专利、科学出版数量及创新能力综合排名

资料来源：笔者根据美国康奈尔大学，欧洲工商管理学院，世界知识产权组织．2018 年全球创新指数（GII）报告［R］．日内瓦：世界知识产权组织，2018 的相关数据整理绘制而得．

表 4-3　全球城市科技创业生态系统排名

城市	综合排名	绩效	投资	市场研究	人才	初创经验
硅谷	1	1	1	1	2	1
纽约	2	3	2	3	7	4
伦敦	3	4	4	2	10	5
北京	4	2	5	19	8	2
波士顿	5	6	6	12	4	3
上海	8	8	3	10	9	13
新加坡	12	16	16	11	1	20

资料来源：笔者根据 Startup Genome LLC. The Global Startup Ecosystem Report 2017［R］. San Francisco：Startup Genome LLC，2017 的相关数据整理而得．

二、伦敦科技金融生态圈构成要素与运作模式

1. 伦敦科技金融生态圈构成要素

科技金融生态圈的四大构成要素包括科技创新主体、科技金融供给主体、政府与市场的关系、科技金融外部支撑环境。据此，伦敦科技金融生态圈构成要素和特色，见表 4-4。

表 4－4　　伦敦科技金融生态圈构成要素和特色

构成要素	特色
科技创新主体	高端人力资源集聚为科技企业提供创新思维
科技金融供给主体	顶尖的国际金融中心、丰富的金融资源提供金融支持
政府与市场的关系	创业投资计划（EIS）和种子企业投资计划（SEIS），提供税收优惠，尊重市场、政府和市场合力创造良好的科技创新环境
科技金融外部支撑环境	金融城与科技城的“双城互动”助力科技金融发展

资料来源：笔者根据相关公开资料整理而得。

2. 伦敦科技金融生态圈运作模式

（1）政策支持创造有利的科技创业环境。

英国政府针对希望在英国进行创新创业的企业家设立了创业签证（startup visa），使初创公司的创始人更容易在伦敦创业，并进一步向英国各地甚至向欧洲拓展。政府对天使投资、创业投资也有优惠政策，如 2012 年颁布的创业贷款计划（start up loan scheme），截至 2016 年 2 月已发放超过 20 亿英镑的贷款；① 2013 年颁布的专利盒政策（patent box scheme），降低企业的知识产权所得税税率，支持数据库资源的开放共享和研发；修改上市规则，支持科创企业通过 IPO 融资。

（2）市场助力新兴科技企业成长。

伦敦的语言环境和区位优势，有利于科创企业将目标市场扩大到欧洲大陆乃至全球市场，有助于企业在全世界进行国际商业贸易活动。伦敦作为全球领先的国际金融中心，传统金融业高度发达，集聚了大量外资银行和外资金融服务公司，国际化程度高，面向全球为科技创新企业提供金融服务。不仅传统金融发达，伦敦也通过监管沙盒等举措积极推动金融科技发展，创新金融产品和金融服务，为科技创新提供金融支持方案，培育、孵化大量独角兽企业，特别是有重要影响的金融科技独角兽企业。

（3）高端人力资源集聚为科技企业提供创新思维。

名牌高校的集聚，为伦敦带来了大量高端人才，同时，人力资源高度国际化，处于世界领先地位。伦敦拥有世界一流的高校，通过高于平均水平的工资、高水准的生活质量、方便的基础设施以及良好的职业发展前

---

① 笔者根据英国政府官网信息整理而得，https：//www. gov. uk/government/publications/endorsing-bodies-start-up.

景，吸引并集聚了全球顶级人才。在人力资本上，伦敦的科研院所、企业家、科技人才以及传统金融企业的金融精英，都从不同方面为科技金融的发展储备了充足的国际化人才。这得益于伦敦在人才建设上一贯的巨大投入和优异的高等教育资源，因此，在 QS 世界最佳留学城市一直排名前列。同时，伦敦也不断加强科研院所与产业的深度融合，培育适应市场需求的科技金融人才。此外，伦敦人才国际化程度高。伦敦居民有近 41% 是在国外出生。① 多元的文化背景碰撞，有利于形成开放包容的创新思维、创业精神和良好的创新生态环境，有利于良好的科技金融生态圈的形成。

（4）股权激励奖励机制提供良好的资本条件。

众筹诞生以来，许多国家都鼓励初创企业通过股权众筹方式筹集资金，从而使居民投资者和企业家享受税收优惠。在英国，根据企业投资计划（EIS）和种子企业投资计划（SEIS），平台为高风险地区的投资者提供额外补贴，最终将损失降至最低，并为需要的企业增加资金。企业投资计划（EIS）始于 1993 年，帮助英国未上市的高风险初创企业获得股本支持。通过企业投资计划，投资者最多可以投资 100 万英镑，在纳税年度获得 30%（最多减少 15 万英镑）的税收优惠。不过，投资者必须至少锁定三年，才能获得全部激励。种子企业投资计划成立于 2012 年，作为股权众筹激励计划的补充，为认购早期企业的投资者提供税收减免，企业在上市前，可通过该计划筹集到 15 万～20 万英镑的资金。此外，在上市前两年，企业应聘用不少于 25 名专业人士。通过种子企业投资计划，投资者的每 10 万英镑投资将最多获得 50% 的税收减免。对于持有超过三年的股票，投资者也不缴纳资本利得税（CGT）。

（5）创业氛围与创新平台打造良好的科技金融外部支撑环境。

以老街（Old Street）为中心的硅谷环路（Silicon Roundabout）是伦敦科技创业的起点，东伦敦地区现已成为名副其实的创业社区。在这一地区，孵化器、加速器、共享工作空间集聚于此，创业论坛、各类创业聚会活动频繁举行。通过各类活动，帮助创业者和投资者搭建对接各种资源和创新要素的平台，创业者可以在此寻找合作伙伴，投资人发现投资项目，

① 黄国妍，刘江会，栗凡．伦敦金融科技产业生态初探［N］．中国社会科学报，2019－12－04.

相互交换资源，达成创新项目合作与共识，营造出思想开放、和谐共融的科技金融外部支撑环境。

三、伦敦科技金融生态圈的特点与演进经验

1. 尊重市场、营造良好的科技金融生态环境

伦敦是全球领先的国际金融中心，金融业高度发达，是伦敦的支柱产业。金融业是严格监管的行业，但伦敦充分尊重市场，通过金融改革与金融创新赋予金融市场发展活力，吸引国际资本流入以及大量国际金融机构入驻。另外，就业法规的改革，也有助于人才引进。这一改革所带来的最显著的变化，是高技能人才的大量涌入，大量外国高技能的金融从业人员涌入伦敦，为伦敦的发展形成良性循环——高技能人才进入伦敦，伦敦发展实力越强；伦敦发展实力越强，更多高技能人才被吸引进入伦敦。

2. 金融与科技的跨界融合，助推科技金融发展

科技城助推金融与科技的融合发展。2010 年，英国启动了伦敦科技城（tech city）项目，英国政府投资高达 4 亿英镑，并制定了一系列优惠措施，支持伦敦科技城的发展，旨在将东伦敦科技城打造为高科技产业中心，建设孵化区，吸引科技公司落户。吸引了大量高科技企业在此设立总部和分支机构，推动伦敦的科技产业发展增速远高于英国的平均水平，使其一跃成为欧洲发展最快的科技创新枢纽。在科技城与金融城之间，不同的公司、行业相互碰撞、交叉融合，在自身发展的同时，多样化的新商业生态逐渐形成，金融服务机构雇用众多技术专家、管理咨询公司设立了技术支持部门、金融科技发展迅速，并为金融服务提供创新技术和创新工具。双城融合下吸引科技巨头集聚，从 2016 年至今，许多来自美国不同地区的公司汇聚伦敦，苹果、谷歌、亚马逊等相继在此布局，设立区域总部，并诞生了大量有影响力的独角兽企业。

第二节 纽约科技金融发展模式与演进经验

一、纽约科技金融生态圈概述

纽约是美国第一大港口城市，地处纽约都会区的核心地带。纽约已经

成为全球创业、社会包容、环境可持续性以及自由和文化多样性的象征。纽约是顶级的全球城市和国际化大都市，也是顶级的全球国际金融中心、科技创新中心，纽约的科技金融生态圈是传统金融优势与科技创新充分融合、金融发展有效支持科技创新的典范。

第一，纽约是世界领先的全球城市。根据科尔尼发布的《全球城市指数 2017》报告，纽约超过伦敦，综合排名位列全球第一。数据显示，纽约在商业活力、人均资本、政治参与等方面均全球领先。

第二，纽约是世界领先的国际金融中心。根据英国 Z/Yen 集团与中国（深圳）综合开发研究院联合发布的第 24 期全球金融中心指数（GFCI24），纽约是排名全球第一的国际金融中心，从分项指标看，纽约的各项指标均排名全球领先，纽约不愧是顶级的国际金融中心。

第三，世界领先的创新能力。城市（群）专利、科学出版数量及创新能力综合排名，见图 4-2，其中，纽约的创新能力排名均在世界前列。在城市（群）综合排名上，纽约总体位列第 8，贡献专利数 12 032 件，贡献科学出版数量 129 214 件。其中，纽约贡献专利数排名第 11，占全球总量的 1.26%，贡献科学出版数量排名第 4，占全球总量的 1.61%。①

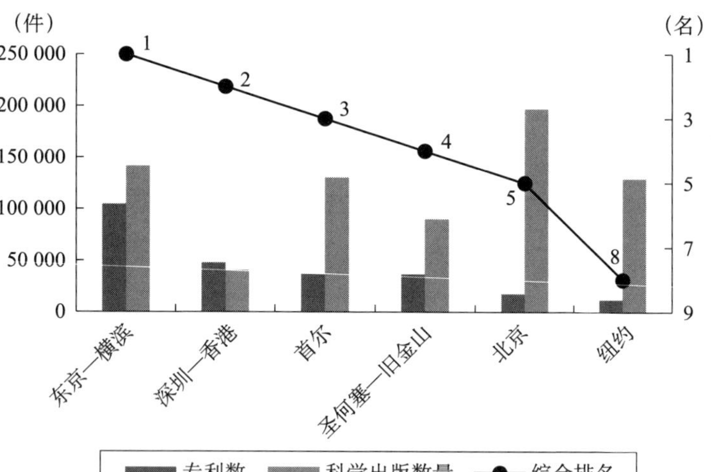

图 4-2　城市（群）专利、科学出版数量及创新能力综合排名

资料来源：笔者根据美国康奈尔大学，欧洲工商管理学院，世界知识产权组织．2018 年全球创新指数（GII）报告［R］．日内瓦：世界知识产权组织，2018 的相关数据整理绘制而得．

① 笔者根据 2018 年全球创新指数（GII）报告资料整理而得。

第四，成熟的创新创业生态系统。纽约拥有全球领先的创新创业生态系统，根据表4－3显示的全球科技创业生态系统排名，纽约综合排名全球第2，在全球科技创业生态系统的细分指标上，纽约在绩效、投资、市场研究、人才、初创经验等方面均处于世界领先地位。

二、纽约科技金融生态圈构成要素与运作模式

1. 纽约科技金融生态圈构成要素

纽约科技金融生态圈构成要素和特色，如表4－5所示。纽约形成特色鲜明的科技金融生态圈。从科技创新主体来看，产业巨头与初创企业协同发展；从科技金融供给主体来看，纽约多层次资本市场助力中小企业发展；从政府与市场的关系来看，二者有机结合，全方位政策支持中小企业发展；从科技金融外部支撑环境来看，拥有顶尖大学科技园、开放包容的城市文化和良好的科创氛围。

表4－5　纽约科技金融生态圈构成要素和特色

构成要素	特色
科技创新主体	产业巨头与初创企业协同发展
科技金融供给主体	纽约多层次资本市场助力中小企业发展
政府与市场的关系	二者有机结合，全方位政策支持中小企业发展
科技金融外部支撑环境	拥有顶尖大学科技园、开放包容的城市文化和良好的科创氛围

资料来源：笔者根据相关公开资料整理而得。

2. 纽约科技金融生态圈运作模式

（1）良好的投资环境和畅通的融资渠道助力创业者。

根据纽约市政府官网提供的数据，近年来，创新投入大幅增长，尤其是来自国内外的风险投资和股权资本大量涌入，显示了市场对纽约的乐观态度。纽约国际金融中心的地位吸引并集聚了全球主要的金融机构和金融资本，为创业者提供多元的融资支持。

（2）产业巨头与初创企业协同发展。

一方面，谷歌、微软、推特等产业巨头在纽约设立分支机构，立足纽约开展创新研发和业务拓展；另一方面，纽约的初创企业数量迅速增加，科技加速器降低了初创企业寻找投资者和发展业务模式的难度。地处曼哈

顿地区的硅巷，被誉为“东部硅谷”，已成为纽约创新与经济增长的引擎。

（3）城市文化和城市活力增强城市吸引力。

纽约的经济引擎是由金融、高科技、艺术、时尚等产业驱动，这些产业提供了不同级别的岗位，吸纳了大量劳动力，而人才集聚也吸引公司落户纽约。同时，纽约也在通过改善城市基础设施、提升文化宽容度等打造更好的生活品质，增强城市吸引力，吸纳高素质人才汇聚纽约。

（4）顶尖大学科技园支持科技创新。

纽约以康奈尔大学为基础，拓展产学研合作，成为重要的研发和创新人才培养基地。康奈尔大学在罗斯福岛建立科技园，依托科技园创新人才培养方式，为学生指定产业导师，实现基础教育和创新培养协同发展，为科技型企业提供一流的配套服务。

三、纽约科技金融生态圈特点与演进经验

1. *多层次资本市场助力科创企业发展*

作为全球顶级国际金融中心，纽约拥有非常发达的资本市场，在全球范围内发挥金融资源配置功能。纽约多层次的资本市场较为完善，层次完整，经过长期发展，形成了集中与分散、全国与区域、场内与场外相结合、相协调的资本市场结构。纽约多层次资本市场由五个层次组成。其中，纽约证券交易所是排名全球第一的证券交易所，纳斯达克证券市场是全球第二的证券交易所。纳斯达克证券市场是目前全球最大的无形交易市场，包括纳斯达克全球精选市场、纳斯达克全球市场和纳斯达克资本市场，专注于为高科技企业提供多元而灵活的直接融资支持，发展相对完善。

纽约多层次的资本市场体系结构，见图4－3。其中，第一层次包括纽约证券交易所、纳斯达克全球精选市场、纳斯达克全球市场，主要为全球优质大企业提供股权融资服务；第二层次包括美国证券交易所和纳斯达克资本市场，主要面向中小型企业；第三层次主要是区域性证券市场（费城股票交易所、波士顿股票交易所）；第四层次由美国场外柜台交易系统（OTCBB）、粉单市场（OTC Pink）组成；第五层次由券商自建柜台市场、地方性柜台市场组成。第四层次和第五层次主要面向小型公司的股权交易服务。此外，纽约多层次资本市场具有灵活的升降转板机制，这种升降转板机制充分体现了资本市场“优胜劣汰”的特征，为不同企业提供了最优融资渠道。

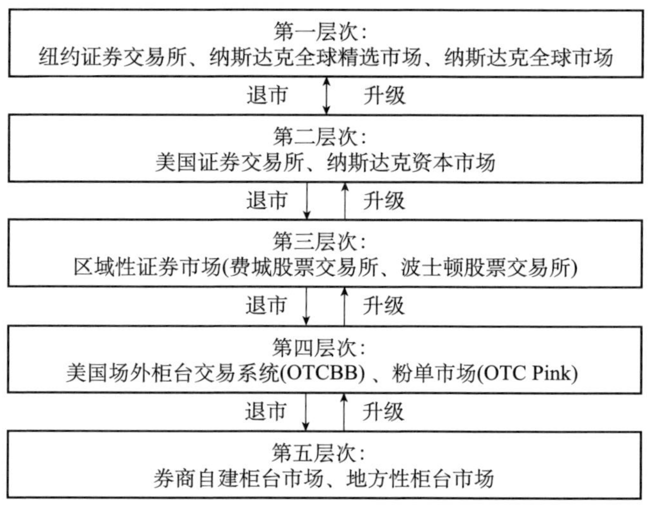

图 4-3 纽约多层次的资本市场体系结构

资料来源：根据纽约证券交易所，纳斯达克证券交易所，场外市场等官网公开资料整理绘制而得，https://www.nyse.com；https://www.nasdaq.com；https://www.otcmarkets.com.

纽约的债券市场极为发达，交易灵活、条件宽松，交易规模庞大，为中小企业提供多元化的融资渠道，纽约还拥有世界上最发达的风险投资市场。发达而完善的多层次资本市场和风险投资等股权投资市场，优化了纽约的科技金融生态环境，为不同层次的企业，特别是中小企业提供良好的金融支持，不同层次的创新主体都能在此系统中找到针对自身条件的融资路径，从而获得充足的发展资金。

2. 全方位政策计划支持科技创新和创业发展

（1）“应用科学”计划。

传统上，纽约高校文科实力较强，“应用科学”计划是要吸引全球的顶级理工科院校到纽约建立分校或科技园，为纽约培养应用型科技人才，同时，把高校作为推动科研成果转化的创新孵化基地。“应用科学”计划具有鲜明的特点：如，产学研紧密结合，促进科研成果商业化；研究内容重视实际，重点解决现实问题；推行“双导师制”，鼓励、指导学生创新创业等。

（2）“众创空间”计划。

“众创空间”计划的目的在于打造低成本、开放式的共享空间，降低创业者的成本和门槛。这些创业服务平台主要有三类：提供创业孵化服务的“孵化器”和“加速器”；“联合办公空间”模式；以及由高校、科研院所面向社会提供的开放“实验空间”。

（3）“融资激励”计划。

融资激励计划包含三类。一是为处于早期阶段、初创阶段和成长阶段的小微企业提供创业投资基金支持，包括政府与风险投资机构联合成立的纽约创业投资基金（NYCEF）以及小微企业融资补充计划等；二是出台多项优惠政策项目，例如，企业电费优惠费率、商业扩张鼓励计划、减租优惠、鼓励扶助社区计划等多项税费抵免、优惠政策等；三是提供注册审批管理流程简化、费用减免等诸多“隐性”福利。

（4）“设施更新”计划。

全球城市拥有便捷、高效的交通、通信等基础设施网络和发达而完善的创新社区资源，从而吸引科技创新企业、跨国公司在此设立总部和管理中心、研发中心，吸引国内外知名的风险投资机构、金融机构在此高度集聚，并吸引全球的国际化人才、高素质人才来此创新创业，从而成为全球重要的科技创新中心。具体“设施更新”计划主要有：一是通过推行管线改造计划，提升城市网络信息服务；二是通过与 IBM 等大公司合作，联合构建“数字纽约”创业平台，为初创企业、投资机构提供实时资讯，为投融资双方链接资源提供匹配信息，并提供培训、场地、孵化器等配套服务；三是通过传统社区改造更新项目，提高土地的集约使用效率，加强社区和创业者之间的有效联结，打造创新包容的社区环境和社区空间；四是通过投资建设人才公寓，改善年轻人才的居住环境，提升对人才的吸引力。

第三节　新加坡科技金融发展模式与演进经验

一、新加坡科技金融生态圈概述

新加坡凭借良好的地理区位优势和优越的营商环境，大力发展金融服务业、航运业、国际贸易等先进生产性服务业，成为重要的金融中心、创新中心、物流中心、技术中心、制造中心、旅游中心和全球枢纽，在多项国际排名中名列世界前茅，是全球领先的国际金融中心、国际贸易中心、科技创新中心。近年来，新加坡大力发展数字经济，也是重要的国际科技创新中心，被誉为“最佳投资潜力城市”（BERI）和顶级国际会议城市（UIA）。

第一，新加坡是全球著名的国际金融中心。根据英国 Z/Yen 集团与中国（深圳）综合开发研究院联合发布的第 24 期全球金融中心指数（GFCI24），新加坡在综合排名上，为世界第四大国际金融中心。从分项指标看，新加坡在商业环境、人力资本、基础设施、声誉等方面发展均衡，均处于全球领先地位。

第二，新加坡拥有成熟的科技创业生态系统。根据全球科技创业生态系统排名，新加坡拥有全球排名第 12 的科技创业生态系统，尤其在人才方面，新加坡排名第 1，市场研究排名也比较靠前，具有独特的优势，见表 4 – 3。

二、新加坡科技金融生态圈的构成要素与运作模式

1. 新加坡科技金融生态圈构成要素

从科技金融生态圈的四大构成要素来看，新加坡形成了特色鲜明的科技金融生态圈。新加坡科技金融生态圈构成要素和特色，见表 4 – 6。

表 4 – 6　　新加坡科技金融生态圈构成要素和特色

构成要素	特色
科技创新主体	全球最年轻的企业家群体和数量庞大的科技初创公司积极创新
科技金融供给主体	增长迅猛的风险投资提供资金支持，科技金融与金融科技协同发展
政府与市场的关系	政策引导并积极介入创新创业发展
科技金融外部支撑环境	科技金融与金融科技的协同发展

资料来源：笔者根据相关公开资料整理而得。

2. 新加坡科技金融生态圈运作模式

全球最年轻的企业家群体和数量庞大的科技初创公司，共同构成新加坡的科创主体。据统计，全球企业家的年龄中位数是 40 岁，而新加坡企业家的年龄中位数为 28 岁，年轻的企业家更具创新活力。另外，近年来，新加坡初创公司的数量迅速增长，形成数量庞大的企业家群体和科技创新基

本单位。

新加坡支持推动创新创业发展。新加坡投入巨额资金，重点资助基础研究与前沿科技领域。成立新加坡企业集团，代表政府进行国内外多方合作交流，在经营、资金、孵化等多方面给予配套支持。引导风险投资等社会资本和国际资本，加大对科技创新创业的支持。同时，通过“初创公司中小企业人才计划”等支持高校、企业和社会组织合作开展产学研活动，通过举办科技节等全球活动推动企业嵌入全球创新网络。

合作推动创新创业。根据2017年全球创业生态系统报告，大约有463名企业家来新加坡创业，远超全球大约为300名的平均水平。① 大量外国企业家来创业，增加了新加坡企业嵌入全球创新网络、打造开放式创新平台的机会。

三、新加坡科技金融生态圈特点与演进经验

1. 政府政策引导和积极介入创新发展

新加坡积极建立开放型创新人才培育引进机制。知识创新和技术创新都离不开人才，新加坡最早通过“杰出企业家、专业人员计划”积极吸引海外人员来新加坡定居创业。此后，通过“就业准证体系”给予高端人才更多优惠待遇，吸引并留住高素质、高技术的专业人才。新加坡还通过“一体化技术移民平台”和特别专项政策吸引和培育国际化人才，包括“初创公司中小企业人才计划（STP）”对初创企业与学生实习给予补贴支持，培养潜在人才“职业支持计划（CSP）”和“雇主专业转化计划（PCP）”培育本土高级人才。此外，新加坡还采取特别专项政策到全球挖掘高端人才，比如，“联络新加坡”网络、提供奖学金等，在世界范围内招聘年轻、优秀的科研人才。

新加坡积极扶持中小微企业的科技创新和科技成果转化。为提升中小微企业的创新能力，新加坡实行普惠性的创新券政策并进一步扩展使用范

① Startup Genome LLC. The Global Startup Ecosystem Report 2017［R］. San Francisco：Startup Genome LLC，2017.

围，并更名为创新与能力券政策（肖久灵和汪建康，2013）。企业可以在技术支持、专家指导、咨询辅导、融资等多种场合使用创新与能力券，为企业创新发展提供全周期、全方位、多方面的支持与服务。新加坡还提供专项拨款支持企业"走出去"。新加坡特别重视科技与产业融合，通过建立技术大使派遣制度并实施"概念验证资助计划"，推动产学研用发展和科技成果转化，促进科技创新与商业化融合发展。

2. 科技金融与金融科技的协同发展

科技金融是创造新的金融模式和金融工具，支持、引导科技创新，金融科技是用现代技术提升金融服务的效能，二者相辅相成、共同发展。新加坡是全球著名的国际金融中心，也是发达的金融科技中心，金融与科技有机融合，科技金融与金融科技协同发展，推动形成特色鲜明的科技金融生态圈。

根据第 24 期全球金融中心指数（GFCI24）的城市排名，新加坡综合排名第四，仅次于伦敦、纽约和香港。新加坡在营商环境、人力资本、基础设施、金融部门发展等方面表现优异。作为全球著名的金融中心，新加坡不仅拥有庞大的金融资本，而且，聚集了众多专业化的金融机构和专业人才，提供专业化的金融产品和金融服务。同时，新加坡很早就将科技创新作为重要的发展战略，科技创新中心的技术优势，为金融发展插上腾飞的翅膀，两者加速互动融合，并推动金融科技产业迅速发展。在德勤会计师事务所发布的《连接全球金融科技：2017 年全球金融科技中心》报告中，新加坡与伦敦并列第一。金融科技的发展，可以利用大数据、保险科技、区块链、交易与投资等方面金融科技发展的成果，有效地解决科技企业融资面临的信息不对称问题，有助于分散金融风险，提高科技服务效率。而科技进步又会进一步创新金融产品与金融服务，提升金融服务效率，促进金融业发展。

第四节　良好科技金融生态圈评价要素总结

基于对伦敦、纽约、新加坡等全球领先的科技金融生态圈的发展模式与演进经验的分析，我们认为，一个良好的科技金融生态圈的评价要素，应包括富有活力、创新能力的多层次科技创新主体、丰富多元的科技金融供给主体、良好的政府与市场关系和强有力的科技金融外部支撑环境四个方面，共包含八个要素。良好科技金融生态圈评价要素，见图4－4。

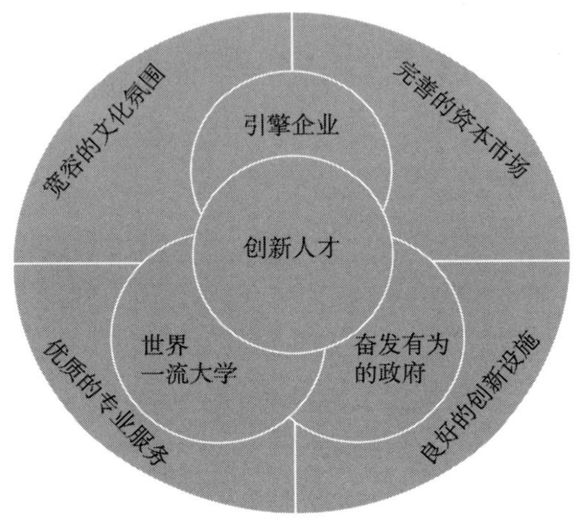

图4－4　良好科技金融生态圈评价要素

资料来源：笔者绘制。

一、富有活力和创新能力的多层次创新主体：金字塔层级

科技创新主体，是科技金融的需求方。各类企业是科技金融生态圈中最重要的创新主体。良好科技金融生态圈的核心任务，是解决创新主体特别是科技型中小企业融资难问题。在科技金融生态圈中，包括种子期企业、瞪羚企业、独角兽企业、引擎企业等不同成长阶段的企业，是“雨林型”创新生态的构成主体，构成了金字塔层级结构，也是科技金融生态圈的金融服务需求方。国际知名科技金融生态圈的科技创新主体都表现出共性特征，如注重扶持并鼓励初创企业发展，吸引大量创新要素和初创企业集聚，是大量高科技企业的大本营。因此，富有活力和创新能力的多层次创新主体，是科技金融生态圈中重要的一环。

二、丰富多元的科技金融供给主体

科技金融供给主体是科技金融的供给端。

第一，科技创新活动需要大量资金支持，需要多元的金融服务主体，通过银行信贷、风险投资等为科技创新活动和科创企业提供资金支持，以保证创新活动不因资金短缺而中断。银行信贷是企业主要的外源融资渠道，如，日本的主办银行制与发达的民间金融体系。但科技企业的特点与银行经营理念不一致，高科技企业特别是初创企业难以直接获得银行信贷支持，因此，往往需要政府引导基金和银行信贷产品及服务创新，以有效地进行风险甄别及风险补偿。如，硅谷银行模式。

第二，完善的多层次资本市场作为直接融资的金融平台，在解决科创企业融资难中发挥重要的作用。如纽约、东京发达、完善的多层次资本市场，有效地支持科技创新。

第三，发达的风险投资有效地解决高科技企业融资难问题，尤其是为早期企业和初创期企业提供融资支持，并通过介入公司治理、提供更多配套资源等增值服务帮助企业成长，如硅谷风险投资。

第四，完善的融资担保与保险，可以为高科技企业融资提供信用增级和融资保障，以分散风险。如东京完善的信用担保体系。

第五，创新的金融产品和金融服务在为科技创新提供金融支持时发挥了重要作用，有助于缓解传统金融供给所面临的信息不对称等问题。如伦敦、新加坡金融与科技的有机结合，为全球城市提供了良好的示范。

三、良好的政府与市场关系：政府政策有效解决市场失灵

虽然科技金融生态圈内参与主体及构成要素具备一定的自我调节能力与平衡能力，但存在市场失灵，需要适度的政府引导与政府支持。在世界上领先的科技金融生态圈中，政府在科技创新活动中往往扮演了十分重要的角色。一方面，政府通过出台一系列政策支持创新，并运用财政政策和货币政策为初创公司和创业家们提供税收优惠、补贴、人才引进、完善基础设施建设等政策优惠和服务支持；另一方面，政府在科技领域的需求也能够引导科技创新方向，推动科技创新的发展。例如，纽约出台的一系列支持中小企业创新的政策；东京完善的政府政策支持体系。政府的介入需要正确处理政府与市场的关系，政府引导扶持的同时，要尊重市场，让市场发挥应有的作用，政府着重解决市场失灵，但不能过度干预，以防出现“政府失灵”及对民间资本的挤出效应，以色列的政府引导基金提供了良

好的经验借鉴。

四、强有力的科技金融外部支撑环境

科技金融环境是科技金融体系的底层基础设施，也是影响全球城市科技金融圈的发展水平和运行效率的重要因素。科技金融外部支撑环境，为科技金融生态圈提供了基础保障的作用。这一外部支撑环境包括城市创新文化、经济实力、创新人才、基础设施、营商环境等诸多方面。国际上卓越的科技金融生态圈都表现出共性的环境特征：开放包容鼓励创新的城市文化，从而鼓励更多群体投身于创新活动而不惧怕失败的风险；强大的经济实力，能够为创新活动提供支持；发达的国际金融中心，为科技创新提供丰富的金融资源和强大的金融支撑；优秀的创新人才，推动科技创新发展；丰富发达的第三方机构，能为初创企业在创新活动过程中提供会计、法律等方面的专业服务，帮助企业成长；良好的营商环境，为企业的创立和成长提供便利。

第五章　全球城市区域的科技金融问题

伴随全球城市向全球城市区域战略空间拓展，全球城市区域在全球竞争中发挥日益重要的作用。区域经济一体化与区域金融一体化推动跨区域科技与金融的融合创新发展，跨区域的科技创新合作需要区域科技金融联动发展为其提供金融支持。因此，本章基于相关理论、文献的梳理与分析，探讨区域科技金融问题的理论逻辑与现实依据。

第一节　全球城市区域选取原因

一、全球城市区域概念

伴随信息技术革命，全球化发展迅速，并表现为经济全球化和服务业全球化，这两个全球化过程推动全球城市的快速发展。经济全球化的调动作用体现在生产体系的全球化，与其对应的地理空间格局的分布则与大都市有关，新的城市组织形式的概念就此诞生（顾朝林，2009）。全球化城市区域是以全球城市本体为基础的空间拓展，并延伸至更广泛的全球化战略空间，按其空间尺度划分为全球城市区域和巨型城市区域。①

全球城市作为全球化的空间表达载体，伴随全球化不断演进，其空间尺度不断扩展，并突破传统的国家城市体系的“地点空间”束缚，向全球尺度的“流动空间”延展。② 区域空间关系逐步重建，流动空间取代传统

---

① 周振华，张广生．全球城市发展报告 2020：全球化战略空间［M］．上海：格致出版社，2021．

② 周振华．全球城市：演化原理与上海 2050［M］．上海：格致出版社，上海人民出版社，2017．

的场所空间，全球经济网络纳入越来越宽泛的城市发展网络和区域发展网络，形成了全球城市区域这一新的空间形式。全球城市区域概念最早由斯科特（Scott，2001）提出，全球城市区域应该是以全球经济发展为基础，以经济实力雄厚的大城市及其周边经济较为发达的大中城市合作发展形成的一种空间现象，而不是在地域上相邻的城市连绵区的关系。彼得·霍尔（2001）认为，全球城市区域是与全球城市联系紧密的边缘地区和全球城市本身。与全球城市相比，全球城市区域范围更广，包括的经济部门更多。全球城市是全球城市区域系统的战略中心、区域专业化服务中心和区域经济的增长极（Sassen，2001；顾朝林，2009）。

顺应全球化的浪潮，国家和地域的行政边界不再限制城市与区域的发展，“新区域主义”是利益与发展的双赢。吴良镛提出的城市地区理论认为，要想打造新的城市系统，既需要全球城市竞争，又需要区域城市合作：在众多地区，人员等要素与城市经济要素之间有着密切的联系，“全球城市区域”或“区域城市网络”发展迅速。① 全球城市区域具有多中心性的特征，可能由数十个城镇聚集组成，这些城镇之间形态分离但功能密切相连，并形成不同的分工，诞生了多个功能性不同的城市区域，然后，再被公路、铁路、电缆等基础设施联系起来，组成一个完备的全球城市区域（Hall，2006）。例如，纽约大都市区、东京大都市区、长三角区域。中国需要在全球城市发展的基础上发展全球城市区域，搭建空间上的联系，使得以世界城市为核心的城市群高质量、协调发展。

二、全球城市区域在全球竞争中的重要性

全球城市正向全球城市区域战略空间延展。全球城市鲜明而独特的战略空间属性，有助于揭示全球城市独特的资源配置功能，拓展全球化战略空间的广度与深度，提升空间要素的有效配置。全球城市区域发展，有利于资本、技术和劳动力等要素的自由流动，优化要素的空间配置。

全球城市战略空间的形成，受到多种因素的影响。一是城市的基础设

① 吴良镛. 城市地区理论与中国沿海城市密集地区发展［J］. 城市规划，2003（2）：12-16，60.

施，全球城市排名和高速通信所需基础设施的某些关键维度存在高度一致性，全球城市具备全球高度互联互通且发达的基础设施，是其形成战略空间的决定因素；二是全球城市对全球化移民流动的吸引力、城市的政策框架和政府治理模式，也影响全球城市战略空间的拓展。① 此外，目前，后疫情时期“逆全球化”思潮有所抬头，贸易全球化出现倒退，跨国企业的生产网络连接趋向于区域化和本地化，供应链脆弱性上升，原本基于效率的全球化产业链布局受到明显冲击，这给全球城市体系结构与空间格局变革带来巨大影响。

当前，全球城市空间扩展正进入全球城市区域主导阶段。全球城市区域越来越成为参与全球合作与竞争的基本单元，并快速“成为全球和地区经济的新引擎”。目前，全球最大的40个全球城市区域，虽然其人口只占世界人口的18%，但经济活动却占全球的66%，科技创新活动占全球的85%，② 在全球经济和科技创新中发挥重要的作用。

全球城市区域正在成为承载发展要素的主要空间形式，发挥更重要的战略作用。全球城市区域强调功能连接性，因此，全球城市区域内城市之间的合作与联动非常重要。

三、全球城市区域一体化

周振华和张广生（2021）对全球城市区域一体化做了比较深入的解读：在以全球城市为核心的全球城市区域战略空间内，通过区域协同发展、区域共同改革开放以及制度创新等，逐步打破全球城市与区域内其他城市之间的行政壁垒、要素流动障碍，破除体制机制等制约因素，最终实现各种生产要素在区域内的自由流动，实现全球城市与区域内城市的协同创新与联动发展。③最终，增强全球城市区域在全球的话语权。

从全球城市区域一体化的动因来看，首先，全球城市区域一体化发展是经济全球化推动的结果，也是区域内部各利益主体内在的需要；其次，

---

①③ 周振华，张广生．全球城市发展报告2020：全球化战略空间［M］．上海：格致出版社，2021.

② 唐瑞雪．全球城市与长三角一体化发展——周振华教授采访录［J］．全球城市研究（中英文），2020，1（1）：1－10，195.

全球城市区域在全球产业分工中的地位以及承担的职能，驱动着全球城市区域一体化发展。在经济全球化背景下，全球城市区域要把区域内多层次空间尺度的经济活动嵌入全球生产网络、全球创新网络和全球金融网络，实现各种资源要素在区域内的自由流动、优化配置，并在全球范围内发挥其影响力。全球城市区域一体化需要全球城市与区域内城市之间的协调配合与功能分工，包括创新资源和金融资源的配置、产业布局协调和科技金融联动，而这涉及多层次空间权利关系和利益分配。

从世界整体发展上看，全球城市空间拓展已进入全球城市区域过程主导阶段。全球城市要在全球化中发挥战略空间作用，必须向更大的区域空间扩张，全球城市区域日益成为参与世界协作和国际竞争的基本单位，并迅速成为全球经济和地区经济的新引擎。全球城市在区域战略空间内承担资源配置功能和组织协调功能，是全球城市网络的指挥中心和控制中心。

中国全球城市区域一体化迅速发展，以上海、杭州、南京、合肥等全球城市为核心的长江三角洲一体化等已上升为国家发展战略，通过自上而下的空间规划形成了协同发展的新格局，同时，随着地区国际化发展和地区经济一体化的纵深推进，全球城市区域发展呈现了复杂的网络化局面（Castells，1999），且呈现出更大的开放性，与国内外的全球城市和全球城市区域建立广泛的经济联系、科技联系与金融联系。全球城市区域发展由点到面、由内到外扩展，不断提高协调发展能力，逐步形成多中心城市网络协调发展的格局。

第二节　区域科技金融问题的理论逻辑

一、区域科技金融的集聚与溢出

区域经济发展与区域科技创新离不开科技金融的支持，一些具有显著集聚效应的城市经济地带飞速发展，同时，带来科技金融的集聚与扩散（张天舒等，2022）。区域科技金融的集聚与扩散原理，是基于城市集聚与扩散相关理论的延伸。学者们从不同视角提出了包括增长极理论在内的多种学说。

佩鲁（Perroux，1950）提出增长极理论，认为经济增长会以不同强度、在不同时段从一些增长点开始出现，沿着经济增长点向外扩散，并对经济产生整体性影响。城市集聚产生城市区域，同时，带来金融资源和科技资源在全球城市区域的高度集聚。例如，中国长三角城市区域以及珠三角城市区域经济、金融、科技等资源高度集聚，科技金融资源也逐渐向这些区域集聚。

基于增长极理论扩展形成了累积因果理论，该理论指出社会经济因素的影响方向是可逆的，而非单一方向，且前一因素影响后一因素，而后一因素又会强化前一因素的变化，从而形成累积循环发展趋势。弗里德曼（1966）提出了中心—外围理论，将增长极模式与各种空间系统发展相融合，指出区域发展是由起主导作用的中心区域带动外围区域及整体区域的发展，产生较强的集聚效应。经济繁荣地区因集聚效应经济快速增长，并向周边城市溢出，带动周边城市区域发展，产生扩散效应，中心城市特别是全球城市作为区域经济增长的火车头，进一步吸引资源要素回流，形成回流效应。

以长三角区域为例，长三角区域一体化战略的逐步实施，推进长三角全球城市区域的快速兴起，城市区域间产业经济要素联系度与功能集聚程度不断加强（郝凤霞和张诗葭，2021），在长三角城市区域经济融合的协同发展推进过程中，资源要素优化配置有着明显的空间集聚效应。长三角区域是中国科技创新最活跃，创新要素和金融资源高度集聚的区域。而科技、金融等的空间集聚模式，能够合理、有效地配置资源，通过外部规模效应对区域科技金融格局产生影响，进一步促进区域科技金融的整体繁荣。

全球城市区域都需要中心城市，资源要素会向中心城市集聚（Hoover，1990）。全球城市作为区域重要中心，是科技金融资源的集聚地和资源配置中心。以长三角区域为例，上海作为长三角区域领先的全球城市，是科技创新高地和金融发展高地，也是全球知名的科技创新中心和金融中心。上海的金融与科技资源向长三角区域溢出与扩散，带动长三角区域的科技创新和金融一体化、经济一体化的深入发展。长三角区域的科技金融联动发展，具备理论依据。

二、区域科技金融规模互借与集聚阴影

全球和中国区域科技产业与金融产业的协同发展，都呈现出在特定范围内高度整合和协调发展的态势。区域核心的全球城市，都是知名的科技创新中心和国际金融中心。如纽约、东京的全球城市区域，国内以上海市为龙头的长三角区域等。科技金融引力越强的城市，对其经济腹地的辐射功能越明显。全球城市区域内城市之间的协同发展、内部资源的有效协同与空间对接互动、政府间跨部门合作联动，都有助于未来科技金融产业空间的深度协同及集聚。科技产业与金融产业在更大的区域空间范围内的交叉互动效应，能够有效地降低科技金融联动时的信息不对称，降低交易成本和管理成本。

但区域科技金融的最终发展水平以及协同联动发展程度，取决于全球城市区域内核心城市与其他城市之间的集聚扩散关系和网络外部性表现，即更多是规模互借还是集聚阴影。

规模互借概念最早由阿隆索（Alonso，1973）提出，研究发现两个同等规模的小城市因独立性的差别而具有不同收入水平，根据这一现象，得出大城市周围的小城市可以借用大城市的集聚资源，获得规模经济优势。集聚阴影是指，竞争效应使得大城市对其周边地区的要素吸纳形成一个不利于小城市增长的阴影区，使周边小城市的增长受到限制。规模互借与集聚阴影，是城市网络交互作用中两种对立的集聚外部性的体现。

集聚外部性、网络外部性、规模互借、集聚阴影理论的发展，为客观地评判中心全球城市与全球城市区域协调发展提供了理论依据。以长三角城市区域为例，上海作为该区域的中心城市，金融资本高度集聚，金融机构数量众多，科技金融发展水平居于全球前列，从而产生规模效应，降低科技金融活动的交易成本。长三角区域周边的中小城市与上海紧密相连，可以借用上海的科技金融资源，集聚经济效应将突破城市的行政区划界限，带动区域科技金融发展。如果上海等长三角中心城市科技金融高度发展，过度吸纳周边中小城市资源，则会对周边的中小城市产生集聚阴影区，若集聚优势扩散少于集聚阴影带来的影响，那么，会抑制区域科技金融发展水平。

第三节　区域科技金融问题研究现状

一、区域金融一体化与区域科技金融问题提出

基于区域金融一体化与区域科技金融的计量分析发现，其研究热点都与全球城市区域科技金融密切相关，而且，一些热点研究议题、研究方法和主要发现，也为本书后续的全球城市区域科技金融问题的研究，提供了理论依据和研究基础。

1. 区域金融一体化计量分析

区域金融一体化关键词聚类结果，见图5－1。通过关键词聚类分析，本节得到了区域金融一体化关键词的13大聚类，有区域金融、金融业、区域经济、区域内金融危机、金融合作、金融发展、货币合作、金融创新、泛长三角地区、金融联动、金融危机与财政危机、欧洲银行业。可以看出，区域金融一体化与区域经济发展有关，内容上涉及区域间的金融合作、货币合作和金融创新等。长三角区域是国内区域金融一体化研究较多的区域之一。

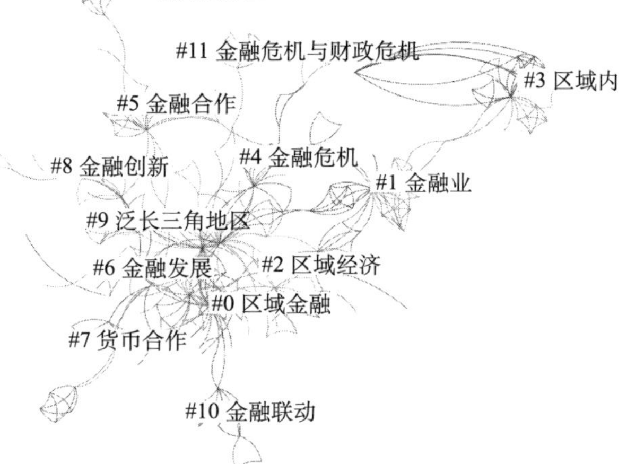

图5－1　区域金融一体化关键词聚类结果

资料来源：笔者使用CiteSpace软件对知网文献进行计量分析绘制而得。

区域金融一体化关键词突现结果，见图5－2。在2008年以前，金融创新是区域金融一体化研究领域的热点。近年来，金融合作、金融协同以及协调发展成为新的研究热点。此外，京津冀与长三角是国内学者研究中

国区域金融一体化实践的主要区域。

关键词	年份	强度	起始年份	终止年份	1991～2022年
金融创新	1999	1.76	1999	2003	
数据中心	2008	1.79	2008	2009	
金融危机	1999	3.92	2009	2013	
区域内	1999	1.97	2010	2013	
主权债务	2010	1.76	2010	2011	
金融合作	2003	1.87	2011	2016	
金融协同	2014	2.02	2014	2019	
京津冀	2006	2.63	2015	2018	
长三角	2008	1.92	2019	2022	
协调发展	2019	1.77	2019	2020	

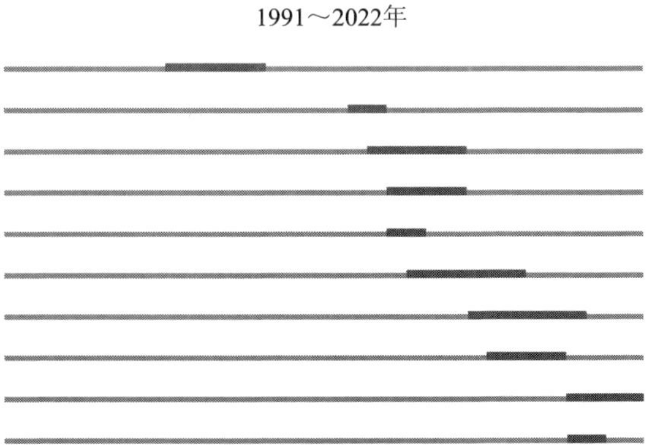

图 5－2　区域金融一体化关键词突现结果

资料来源：笔者使用 CiteSpace 软件对知网文献进行计量分析绘制而得。

2. 区域科技金融计量分析

区域科技金融关键词聚类结果，见图 5－3。通过关键词聚类分析，本节得到了区域科技金融关键词的 10 大聚类，包括科技创新、金融创新、区域差异、熵值法、京津冀、经济增长、序参量、协同创新、示范基地和创新。从内容上来看，区域科技金融既涉及科技创新，又涉及金融创新。从方法上来看，熵值法是构建区域科技金融相关指标的主要方法。

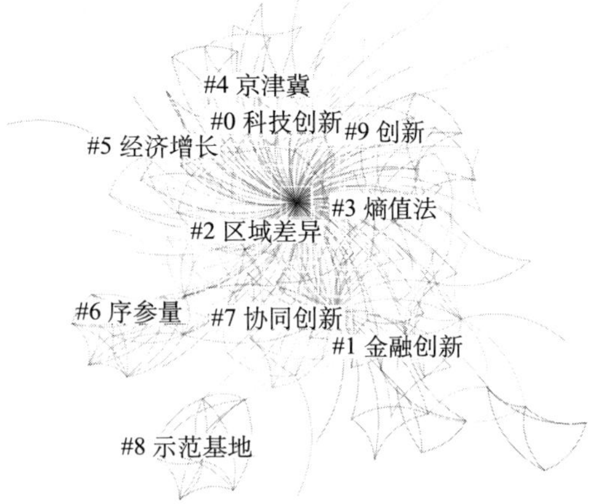

图 5－3　区域科技金融关键词聚类结果

资料来源：笔者使用 CiteSpace 软件对知网文献进行计量分析绘制而得。

区域科技金融关键词突现结果，见图5－4。在2018年以前，区域发展、科技企业、耦合、科技创新和金融创新是区域科技金融领域的研究热点。近年来，区域、人力资本、长三角以及协同成为新的主要研究方向。

关键词	年份	强度	起始年份	终止年份	2010～2023年
浙江	2013	0.74	2013	2017	
区域发展	2015	1.78	2015	2017	
科技企业	2015	1.11	2015	2016	
耦合	2016	0.88	2016	2017	
科技创新	2011	1.26	2017	2018	
金融创新	2013	1.02	2017	2019	
区域	2018	0.88	2018	2019	
人力资本	2019	1.17	2019	2020	
长三角	2020	1.27	2020	2021	
协同	2020	0.84	2020	2021	

图5－4　区域科技金融关键词突现结果

资料来源：笔者使用CiteSpace软件对知网文献进行计量分析绘制而得。

二、区域金融一体化相关研究

国内外围绕区域金融一体化的研究，多从金融一体化定义、金融一体化的动因、金融一体化的度量和金融一体化的影响四个方面展开分析。

1. 区域金融一体化定义

区域金融一体化被视为区域经济一体化的主要组成部分，是指金融资本在区域间自由流动，金融活动在区域间相互影响、相互渗透进而形成联动性的整体状态（IMF，2003；王军和付莎，2020），完全的金融一体化意味着，地区之间不再有任何法律、管制等人为壁垒（Eijffinger and Lemmen，2003）。张凤超（2003）认为，金融一体化是通过发挥核心城市的金融扩散效应，从而带动区域金融成长，最终实现区域系统内整体金融资源效率最优化的过程。季菲菲等（2014）将金融一体化定义为，金融资源实现自由流动的过程与基于国别的金融一体化研究不同，区域内金融一体化是区域内金融差异较大的大国才会出现的独特现象。

国外对于金融一体化的探索开始较早。金融体制的限制，使得中国金融一体化进程起步晚，学界考察的重点聚焦于区域金融禀赋差异、区域金融产业成长差异和区域金融一体化与经济增长的关联等方面。

2. 区域金融一体化推进动因

既有文献从理论逻辑上分析了区域金融一体化的动因。其中，金融地理学主要从地理角度关注国际金融中心问题，如银行中心所在地的区位选择和全球金融核心的增长和衰退等（Semple，1973；Leyshon and Thrift，1995）。有文献归纳了金融地理学的分析逻辑：首先，金融资源在不同城市间流入和流出，形成资金等金融资源在不同城市的盈余与短缺，产生在不同城市的利率等借贷成本的差异；其次，利率等借贷成本的差异，影响资金等金融资源的流动方向；最后，资金、信息、人员等的流动，受到“法规系统”的影响（劳拉詹南，2001），存在区域金融一体化的需求，推动资金等要素在区域内自由流动。

区域金融差异是区域金融一体化研究的起点，大量文献讨论了区域间金融资源差异的变化趋势。张杰（1994）剖析了不同地区金融市场化差异的发展路径，提出了倒“U”型变化轨迹的论断。市场机制作用越强的地区，越易形成倒“U”型路径；反之，则会锁定于低差异状态（俞颖等，2017）。然而，不少文献也指出，中国区域金融差异呈现“U”型变化的趋势特征（周立和胡鞍钢，2002；赵伟和马瑞永，2006；李敬等，2008），甚至呈现“三次曲线”的趋势特征（田霖，2006）。

金融地域运动理论进一步阐释了区域金融一体化的演进过程。金融地域运动是指，金融资源在一定地域范围内不断进行重组、流动、配置，并有规律地进行时空演化，推动金融资源在区域内的格局调整优化与配置效率提升（张凤超，2003）。金融服务往往存在本地倾向，使得金融活动通常局限于区域内部（Leyshon et al.，1997）。但是，区域间的金融资源禀赋存在较大差异，只从本地获取资金往往不能满足企业的融资需求。金融资源的跨区域流动常面临阻碍，例如，地方文化系统（包括地方准则、金融习俗）的存在，会限制跨区域金融合作（Cohen，1998）。然而，科技发展提高了金融信息传播效率，推动了金融资源在区域间的流动（Zhao et al.，2004）。此外，企业对外部资源的需求，也成为金融流动的动力源之一（季菲菲等，2014）。

张凤超（2005）从金融一体化的起源、前提和动力等方面，总结概括其基本理论框架：金融一体化的起源，是客观存在的地区间金融资源禀赋差异；金融地域运动，刻画了其空间运动轨迹；金融一体化的内在动力，是实现金融资源配置的帕累托最优；共同的城市区域，是实施金融一体化最基本的载体和依托。

3. 区域金融一体化的度量

测度金融一体化的方法很多，基于金融一体化下地区之间的资本自由流动，会导致资产收益率均等化的观点（Kearney and Lucey，2004），外文文献主要通过度量各国不同金融市场中金融产品价格的趋同程度，测度股票、债券、外汇等金融市场的金融一体化程度、水平。费尔德斯坦和霍里奥克（Feldstein and Horioka）提出的测度方法最经典，即 Feldstein-Horioka 法，该方法主要依据储蓄、投资和资本流动之间的关系，衡量跨国资本流动性。① 应用此方法，既有文献对主要国家和地区的金融一体化发展现状以及动态发展趋势进行了分析（Rughoo and You，2016；Fry-McKibbin et al.，2018）。此外，不少文献还从金融资产回报率视角，对金融一体化进行测度。

中文文献度量金融一体化的方法有所创新。刘生龙和张捷（2009）用外国资产、对外负债、外商直接投资和对外直接投资等指标占国内生产总值的比重，来衡量金融一体化。翟爱梅等（2013）通过构建两阶段的 GARCH 模型，来测度区域金融一体化水平及其动态发展趋势。王军和付莎（2017）应用社会网络分析方法构建金融一体化指标，并进一步分析其对区域经济发展的影响。从国内区域视角来看，总体而言，长三角区域与珠三角区域金融一体化水平在国内位于前列（张颖熙，2007；高杰英和游蕊，2015；张浩然，2016；方芳和李长治，2020）。

4. 区域金融一体化的影响

既有文献在采用不同方法测度区域金融一体化的基础上，分析了区域金融一体化对区域发展产生的重要影响。从区域整体发展视角来看，大量

---

① Feldstein M.，Horioka C. Domestic Savings and International Capital Flows [J]. NBER Working Paper, 1980, 90: 314 - 329.

研究肯定了区域金融一体化对区域发展起到的积极作用（Mckinnon，1973；Shaw，1973；Robert and Myron，1995），提出区域金融一体化有利于推动创新与经济增长，形成与区域发展的良性互动（Guru and Yadav，2021；冯锐等，2020；程翔等，2020）。从区域金融一体化的演进过程来看，实现金融资源无障碍流动是其发展的必然过程（魏清，2011），在此过程中，伴随着区域间贸易壁垒的降低及贸易成本的降低（Naughton，2003），以及资本配置效率提升和投资增长（Levine，2001）。当然，区域金融一体化也可能会对区域发展带来负面影响，主要体现在区域金融一体化进程会带来金融风险扩散的可能性提高（季菲菲等，2014）。此外，推动区域金融一体化、促进金融资源在超越城市的更大范围内整合和流动，也是提升企业全球生产链地位的有效方式（Gur，2013；陈旭等，2022）。

区域金融一体化与区域经济增长的关系，是研究热点之一。大量文献认为，区域金融一体化可以通过直接渠道和间接渠道来促进经济增长，具体来说，直接渠道包括降低资本成本，加快地区资本积累并促进金融部门的发展等（Henry，2000；Bonfiglioli，2008；Caprio and Honohan，1999）；间接渠道包括促进专业化分工，调整区域产业结构并优化经济政策（Imbs and Wacziarg，2003；安虎森和彭桂娥，2008；Jeanne，2003）。近几年的研究结论也支持这一观点：拉赫曼和沙哈里（Rahman and Shahari，2017）研究表明，东亚地区金融一体化水平在东盟与中日韩三国签订金融合作协议后有所提高，并带动了实体经济的快速增长。霍夫曼等（Hoffmann et al.，2020）发现，欧盟金融一体化与经济增长具有显著的正相关关系。相关中文文献表明，推进城市群金融一体化可以促进区域经济高质量增长，并且，这种促进作用在后金融危机时期更为显著（田皓森和温雪，2021）。

三、区域科技金融相关研究

1. 区域科技金融合作联动的理论依据

区域合作是区域科技金融联动的基础。区域合作是在某一特定区域内，不同利益主体单位的合作。资源的稀缺性是科技合作的起源，经济联系是科技合作的主要动力（魏守华和吴贵生，2004）。但是，现实中区域合作面临诸多难题，如，区域间的利益冲突。杨寅总结了中国行政区域间利益冲突的原因是：作为行政区域管理系统，行政区承担了不该承担的经济运行功能，将经济运行范围限定在了行政区域内，形成了“块块经济”。① 因此，消除行政区的上述体制性障碍并实现对不同发展水平成员参与合作的有效激励，是中国区域合作面临的两个根本性难题，有效的制度是保证区域合作可持续性的必要条件（卓凯和殷存毅，2007）。跨区域的技术创新合作，会受到区域间的认知邻近性、制度邻近性和地理邻近性的影响。因此，可立足这三个维度加强政府部门协调，推动构建紧密合作、互利互动的跨区域技术创新合作网络。② 目前来看，区域利益协调既需要政策工具的指引，也需要制度规范，但是，中国仍主要通过政策引导来进行区域协调发展的利益调整（陈婉玲和陈亦雨，2021）。

2. 区域科技金融差异性度量

多数中文文献认为，中国区域科技金融发展存在较大差距（刘文丽等，2014；王霞等，2013；戴志敏等，2017），东部沿海地区科技金融发展水平较高，而中部地区、西部地区的科技金融发展水平相对较低（林瑶鹏等，2022），但是，这种差距呈缩小趋势（马玉林等，2020）。中国东部地区的区域科技金融生态系统发展处于全国领先水平，尤其是北京、上海、江苏和广东四省市，拥有良好的科技创新环境（张玉喜和张倩，2018）。从投入创新绩效来看，中国区域科技金融投入创新绩效也存在显著的地区差异性，与地区经济发展水平密切相关，东部地区科技金融投入创新绩效最高（潘娟和张玉喜，2018）。

3. 区域科技金融效率度量

近年来，国内研究区域科技金融领域的热点议题之一，是区域科技金融的效率评价，评价方法主要是参数统计和非参数统计。代表性的方法，有随机前沿分析方法（SFA）和数据包络分析方法（DEA）等（杜金岷等，2016）。从结果上看，聚焦区域科技金融的具体方面不同，学者们的结论也大相径庭。有研究发现，虽然创新效率和区域金融中介有力地支持科技创新，但是，创新效率与金融中介贷款规模则显著负相关（陈敏和李

① 杨寅．行政区域利益冲突的法律规制［J］．法学评论，2006（3）：46－55．

② 党兴华，弓志刚．多维邻近性对跨区域技术创新合作的影响——基于中国共同专利数据的实证分析［J］．科学学研究，2013，31（10）：1590－1600．

建民，2012）。科技金融投入对科技创新产出的影响存在时间差异，短期内有促进作用，长期来看，则效果不明显（张玉喜和赵丽丽，2015）。徐玉莲和王玉东从公共、市场和整体三个方面，构建了区域科技金融资金配置效率的三维评价体系，研究结果表明，三个方面的效率评价结果与时间维度的发展趋势有明显差异，其中，只有公共科技金融资金配置效率是不断提高的。[①] 戴志敏等（2017）应用数据包络分析方法（DEA）评价中国科技金融效率，发现整体上是无效的，进一步可以从中国科技金融发展的制度、体制和资源配置方面寻找原因。马玉林等（2020）对中国绝大部分省（区、市）的科技金融效率进行测度，结果表明，中国科技金融效率持续上升。徐玉莲和于浪（2020）研究发现，政府扶持性资金在网络演化初期效果显著，长期内，反而会遏制区域科技金融网络发展，扩大风险投资的投资规模对网络演化效果最为明显，但是，周期相对较长。

区域科技金融与区域科技创新之间的、区域科技金融内部子系统之间的耦合情况，也是研究热点。徐玉莲等（2011）对中国区域科技金融与区域科技创新的耦合协调度进行测度，研究表明，整体耦合协调度有待提升。林瑶鹏等（2022）将区域科技金融分解为科技金融发展规模、发展结构、支持力度和发展效率四个子系统，测算子系统的耦合协调度，研究得出类似的结论，表明目前区域科技金融的效率和整体水平仍需提升。

① 徐玉莲，王玉冬．区域科技金融资金的配置效率研究［J］．科学管理研究，2015，33（2）：93－96.

第六章　全球城市区域科技金融发展模式与发展经验

全球城市区域科技金融问题，实质上是区域金融创新与区域科技创新的深度耦合、协同发展问题。近年来，代表性的如，欧盟区域、东京湾区、旧金山湾区等全球城市区域在推动区域科技金融联动发展以及区域金融创新与区域科技创新的耦合协同发展方面取得了一定进展，创新了一些发展模式，形成了一些典型做法并积累了经验，值得深入研究与借鉴。

第一节　欧盟区域科技金融发展的主要模式和经验

欧盟区域内集聚了伦敦、法兰克福、巴黎等全球城市，这些全球城市也是著名的国际金融中心、全球科技创新中心。欧盟区域内的科技金融合作，不仅涉及全球城市与其所在的全球城市区域，还涉及欧盟区域内不同国家之间的协调与合作。欧盟不仅要解决跨区域的科技金融合作面临的信息不对称，还要面对不同国家和不同经济体的行政区划分割、财政独立等带来的更深层次的信息不对称，区域内存在技术、资本、人员流动障碍，需要城市层面、区域层面、国家层面以及欧盟整体层面的科技金融联动引导机制，需要地区间的利益共享与利益冲突解决机制、需要构建区域内资本自由流动机制。

一、顶层规划与行动方案推动区域科技金融与区域科技创新协同发展

欧盟注重顶层规划，通过一系列计划推进区域科技金融联动发展，支持区域科技协同创新。欧洲科研框架计划，是欧盟成员国共同参与的重大科研计划。其中，“地平线 2020”（2014～2020 年）是第八个欧盟科研框

架计划，该计划与以往的欧盟科研框架计划不同，几乎包括欧盟科研框架计划在内的所有欧盟层面重大科研项目的协同推进以及金融支持方案。

“地平线2020”（Horizon 2020）通过一系列完整的科技金融支持方案，促进欧洲区域内科技创新：一是中小企业工具（SME instrument）每年向中小企业提供5亿欧元资金，用于资助研发新技术和新商业项目，以及具有示范性、可规模化的发明；二是创新快速通道（fast track），为来自不同国家的合作创新联合体提供1亿欧元的支持，创新项目可以涉及任何技术或创意；三是未来赋能技术（FET）计划，每年为合作研究提供2亿欧元资助，用于支持高风险的前沿研究项目，旨在激发颠覆式创新和重大创新，以推动区域产业升级和科技创新；四是创新金融行动（InnovFin actions）计划，每年向单一受益人提供4亿欧元的贷款，用于资助研发活动和创新活动，为发放科技贷款的金融中介机构提供担保，以及贷款和担保组合服务，为国家、地区和地方债务融资计划提供担保，为处于早期阶段、初创阶段的企业提供风险资本支持。①

欧洲的“地平线欧洲”（Horizon Europe）计划是2021～2027年预算期的新一轮研发与创新框架计划，在“地平线2020”的基础上进行了很多创新。② 其中，欧洲创新理事会（European Innovation Council，EIC）是用以识别且扩大颠覆性创新的机构，并为高潜力创新者提供一站式服务。欧洲创新理事会将专注于欧洲层面的颠覆性创新，支持具有突破性想法的创新和创意。创新生态系统分散、缺乏资金支持及风险规避措施，使得创新活动面临较高风险。欧洲创新理事会将提供持续、便捷的支持行动，激发创新主体的颠覆性创新活动。这些创新活动在很大程度上是“自下而上”的，对所有科学领域、技术领域的创新和任何部门的应用都是开放的，也能重点关注具有潜在战略意义的突破性技术或颠覆性技术。

---

① European Commission. Horizon 2020［EB/OL］.（2013－12－11）［2023－01－27］. https：//research-and-innovation. ec. europa. eu/funding/funding-opportunities/funding-programmes-and-open-calls/horizon-2020_en.

② European Commission. Horizon Europe［EB/OL］.（2021－01－01）［2023－01－27］. https：//commission. europa. eu/funding-tenders/find-funding/eu-funding-programmes/horizon-europe_en.

二、创新科技金融服务工具，有效匹配创新主体的差异化需求

欧洲创新理事会（EIC），主要通过开拓者、加速器两个创新科技金融服务工具，为创新者提供量身定做的金融支持方案。① 开拓者（the pathfinder）是一个类似于资助基金的金融工具，支持基础研究和早期研究。加速器（the accelerator）是一种通过定制的混合融资（预付款、优惠贷款、股权、担保等）运作的金融工具，用于支持具有一定市场化前景的新技术、新产品的研发。具体而言，开拓者为早期技术阶段（概念证明、技术验证活动）、早期商业阶段（早期示范、发展商业案例和战略发展活动）提供资助，鼓励跨学科合作并提出新的创意、概念和发现。开拓者资助对象较广，包括科研人员、初创企业、中小企业等。加速器则为有市场化前景的高风险创新项目或小企业投资提供资金。

欧洲研究理事会（European Research Council，ERC）主要为具有突破性的、高风险但未来可能获取高收益的研究提供长期资助，以提高欧洲的科研质量和国际吸引力。② ERC 以完全自下而上的方式选择资助对象，以科学的卓越性为唯一标准。欧洲创新和技术研究院（European Institute of Innovation and Technology，EIT）主要资助在欧洲未来发展的关键战略领域作出贡献的创新主体。③ EIT 通过知识和创新社区（KICs）计划，对学生、企业家等进行培训，以培养适应欧洲产业现代化发展趋势的人才。

三、政府引导基金带动民间资本为区域科技创新提供金融支持

1994 年，欧盟委员会、欧洲投资银行和 25 家金融机构分别出资 30.0%、61.9% 和 8.1%，联合成立了欧盟投资基金，向欧盟区域内中小企业提供金融支持。欧盟投资基金采取市场化、公司化的运作模式，由出资方各派代表成立管理团队进行运营。欧盟投资基金不同于普通的创业投

---

① European Innovation Council. About the European Innovation Council [EB/OL]. (2022-12-06) [2023-01-27]. https://eic.ec.europa.eu/about-european-innovation-council_en.

② European Research Council. About the ERC [EB/OL]. (2017-01-01) [2023-01-27]. https://erc.europa.eu/about-erc.

③ European Institute of Innovation & Technology. Who we are [EB/OL]. (2019-04-25) [2023-01-27]. https://eit.europa.eu/who-we-are.

资基金，不完全以营利为目的，也不进行直接投资，而是通过参股，以母基金形式持有国家政府和区域政府引导基金的股份，其采取的运营模式主要是参股投资和融资担保，带动社会资本为中小企业提供创业投资支持，据统计，欧盟内有约 85 万家中小企业得到该基金的支持。① 欧盟投资基金持续运作，扩大基金影响面和受益面，撬动更多社会资本，欧盟在延长投资期限的同时继续增资，2017 年欧盟增资 260 亿欧元，欧洲投资银行增资 75 亿欧元。② 欧盟投资基金已参股创业投资基金，见表 6 – 1。

表 6 – 1　欧盟投资基金已参股创业投资基金

基金	规模
德国 EPR-EIF 基金	10.00 亿欧元
德国巴伐利亚地区母基金	0.50 亿欧元
伊斯坦布尔创业投资母基金	1.60 亿欧元
泛欧地区 Dahlia 创业投资母基金	3.00 亿欧元
西班牙创业投资母基金	1.83 亿欧元
英国 FTF 母基金	2.00 亿英镑
“下一代欧盟”计划复苏基金	7 500.00 亿欧元

资料来源：笔者根据欧盟委员会官网资料整理而得，https://european-union.europa.eu/index_en.

欧盟层面以及欧盟内主要国家层面的政府基金的运作模式与实践经验表明：首先，政府基金不是直接投资中小企业，而是通过与专业化机构合作与共同管理，利用专业化机构的专业服务水平和专业能力筛选项目，进行决策和管理，为中小企业科技创新提供资金支持；其次，重在引导作用的发挥，发挥政府创新创业投资基金的杠杆效应，鼓励并引导社会资本介入并积极投资创新企业和创新项目，为其提供创新金融服务支持。

四、构建一体化的金融服务与资本市场，消除跨境投融资壁垒

欧盟金融服务一体化建设是法律法规先行，通过一系列法律法规推进

---

① 中经未来产业研究院．欧洲引导基金运作模式及启示［EB/OL］．（2017 – 07 – 05）［2022 – 03 – 25］．https://www.sohu.com/a/154738328_424367.

② 转引自姚亚伟，刘江会．长三角区域资本市场一体化程度评价、测度及未来发展建议［J］．苏州大学学报（哲学社会科学版），2021，42（3）：18 – 31.

金融服务单一市场建设。一是推进欧洲共同体内银行业务一体化的代表性法规建设，如《第一银行指令》（1977 年）、《第二银行指令》（1989 年）；二是推进风险投资等科技金融服务单一市场建设的法律法规，如《风险资本行动计划》（1998 年）、《金融服务行动计划》（1999 年）、《拉姆法路西报告》（2001 年）等，但成员国各方面制度、法规等的巨大差异难以协调，使得区域金融一体化进程发展缓慢（姚亚伟和刘江会，2021）；三是银行联盟计划的推出，标志着欧盟科技金融联动取得重大进展，该计划由“三大支柱”组成，主要是建立统一的监管机制、清算机制和共同存款保险机制等。

资本市场联盟计划的启动标志着欧盟资本市场一体化建设进入新阶段，该计划由欧盟委员会在 2015 年 1 月底启动，目的是消除欧盟内跨境投资壁垒，建设欧盟统一资本市场，以优化资金配置，减少欧盟企业在资本市场的融资成本，为欧盟内部企业提供无行政边界的投融资服务。欧盟借机整合欧盟成员国的主要证券交易所，做大做强资本市场支持创新。整合后欧盟形成四大交易所集团，分别是欧洲证券交易所、纳斯达克 OMX 集团、德国证券交易所和伦敦证券交易所。欧洲证券委员会和欧盟证券交易者委员会负责跨境投融资协调，为欧盟科技创新企业提供多层次、多元化的跨境投融资服务。

第二节　东京全球城市区域科技金融发展模式与经验

一、东京全球城市区域科技金融生态概述

东京最初是一个被称为江户的小渔村，1868 年改名为东京，成为日本的首都。1943 年，东京市与东京府合并，形成东京的“大都会区”。东京都包括 23 个独立的自治市、26 个城市、5 个城镇和 8 个村庄。狭义的东京全球城市区域，一般指“一都三县”，包括东京都、神奈川县、千叶县和埼玉县。广义的东京全球城市区域，为“一都七县”，2018 年东京全球城市

区域人口近 3700 万，是全球规模最大的城市区域。①

东京全球城市区域具有世界领先的创新能力，同时，核心全球城市东京也是著名的国际金融中心，科技金融服务及联动具有一定的特色和优势。根据 2018 年全球创新指数（GII）排行榜，日本排名第 13，是全球位居前列的具有创新能力的经济体，在全球城市区域排名上，东京—横滨城市群（区域）总体位列第 1，专利数排名第 1，占全球专利总量的 11%；科学出版数量排名第 2，占全球总量的 1.77%。② 东京也是具有竞争力的全球金融中心，根据第 24 期全球金融中心指数（GFCI24），东京在全球金融中心中排名第 6，从分项指标看，东京的人力资本、基础设施、金融业发展均居世界前列。③

二、东京全球城市区域科技金融发展的模式和经验

（一）强大的多层次、政策性金融支持体系协同助力高科技企业发展

1. 政策性金融为区域内企业提供专项服务

日本政府设立了一系列政策性金融机构，例如，国民金融公库、中小企业金融公库、国民生活金融公库等。日本支持科技创新的部分政策性金融机构，见表 6－2。虽然它们的成立时间和功能不同，但都为中小企业和科技中小企业的发展提供了极大的金融支持。东京全球城市区域具有强大的政策性金融支持体系，为高科技企业的发展提供了完善的金融支持。

表 6－2　日本支持科技创新的部分政策性金融机构

机构名称	成立时间	主要目的	资金来源
商工组合中央公库（半官半民性质）	1936 年	由政府和中小企业协会等共同出资，对团体成员提供无担保贷款、贴现票据等金融服务	政府拨付的资本金和发行债券

① 张燕．粤港澳大湾区与纽约、旧金山及东京国际一流湾区影响力比较［J］．全球化，2021（4）：57－70，135.

② 美国康奈尔大学，欧洲工商管理学院，世界知识产权组织．2018 年全球创新指数（GII）报告［R］．日内瓦：世界知识产权组织，2018.

③ 英国 Z/Yen 集团，中国（深圳）综合开发研究院．第 24 期全球金融中心指数（GFCI24）［R］．深圳：中国（深圳）综合开发研究院，2018－09.

续表

机构名称	成立时间	主要目的	资金来源
国民金融公库	1949 年	为从银行等金融机构融资较为困难的规模较小的中小企业提供小额周转资金贷款	政府拨付的资本金和向政府借款
中小企业金融公库	1953 年	向规模较大的中小企业提供长期低息贷款，贷款侧重于支持重点产业	政府拨付的资本金、向政府借款及发行中小企业债券
国民生活金融公库	1999 年	为从银行等金融机构融资较为困难的、规模较小的小企业与个人等提供金融服务	民间资本、政府拨付的资本金和向政府借款

资料来源：黄灿，许金花．日本、德国科技金融结合机制研究［J］．南方金融，2014（10）：57－62.

2. 多层次的财政科技投入体系支持区域内创新

第一，政府为支持中小科创企业发展，建立多层次的财政科技投入机构和体系，建立中小企业（厅）局，通过技术指导、融资支持等多元化服务，引导和扶持中小企业发展；第二，通过提供贷款利息补贴、贷款补助金、风险保证金等方式，鼓励金融机构为科技型中小企业提供优惠贷款支持；第三，建立“构思阶段技术开发补助金制度”等专项资金，用于扶持中小型科技企业创新发展；第四，对高科技企业实行低所得税率以及免征计算机物产税等税收减免。

3. 联合构建官产学研一体的科技创新系统

东京湾区政府鼓励跨区域、跨产业、跨组织边界的联合创新和共同研发，为共同研发的科研项目提供大量资金，其中，50%～80%的专利收益由个人获得。此外，政府还提供专项补贴，推动企业与大学联合设立共同研究中心，推动产学研合作；为协同创新提供特别贷款支持，尤其是长期低息贷款支持。政策性金融公库与民营金融机构发放的中小企业贷款情况比较，如表6－3所示，可以看出，政策性金融更多提供的是长期低息贷款，为中小科技企业发展提供有力的金融支持。

表 6－3　政策性金融公库与民营金融机构发放的中小企业贷款情况比较　单位：%

政策性金融公库对中小企业不同期限贷款占比		民间金融机构对中小企业不同期限贷款占比	
5 年以内	44.80	5 年以内	62.10
5～10 年	42.90	5 年以上	37.90
10～15 年	9.90		

资料来源：笔者根据日本政策金融公库截至 2018 年 12 月 31 日的数据整理而得，http://www.jfc.go.jp/company/index.html.

（二）多级完善的信用担保体系为区域科技金融联动提供增信服务

日本一直被称为“中小企业王国”，为了鼓励金融机构为中小企业提供信贷支持，1955 年开始逐步建设多级完善的中小企业信用担保体系，通过提供一定比例的风险担保和风险补偿，鼓励银行为中小科技企业发放科技信贷，缓解银行对中小企业的信用配给。

日本在全国范围内建立了中央和地方两个层级协同配合的信用担保保证制度，该信用担保体系由信用保证协会和信用保险公库构成，不受行政区划限制，可以为所有中小企业提供跨区域的信用保证服务和信用保险服务。服务内容主要包括两方面：一是信用保证担保服务，在中小企业申请信贷时，为发放中小企业贷款的银行等金融机构提供担保服务；二是保险索偿服务，如果该笔中小企业贷款发生违约，由信用保险公库向金融机构支付保险金。此外，通过不断建立健全相关法律法规，保证信用担保体系的正常运行。这种两级信用担保体系、有效地解决了因中小科创企业信用弱、缺少可抵押的资产、高风险等特点导致的融资痛点，有效地降低了跨区域授信时的信息不对称，缓解中小科创企业的融资约束。

（三）多层次资本市场支持区域科技创新

日本虽然是银行主导的间接融资比较发达的金融体系，但是近年来，直接融资发展迅速，东京全球城市区域资本市场高度发达，且形成了包括主板市场、二板市场和三板市场构成的多层次资本市场体系。主板市场主要为大型企业服务，其市场规模位居世界前列；二板市场包括日本证券交易商协会自动报价市场（JASDAQ）和创业板市场（MOTHERS），主要为优质的具备高成长性的科技型企业融资；三板市场是 OTC 场外市场，各家证券交易所成立的场外市场主要为中小型科技企业提供金融支持。

东京证券交易所是全球第三大证券交易所，仅次于美国的纽约证券交易所和纳斯达克证券交易所，也是日本最大的股票证券交易所。东京证券交易所建立的日本证券交易商协会自动报价市场与创业板市场是典型的全国性的新兴市场，具有较广泛的影响力，为未达到主板市场条件与二板市场条件的高科技创新企业提供交易市场，扩大了高新技术企业的融资渠道且提高了融资效率。根据东京股票交易所的数据，截至 2018 年 8 月 6 日，东京多层次资本市场的各个层次及企业分布数量，见表 6－4。日本证券交易商协会自动报价市场是日本中小企业尤其是高科技中小企业的主要融资平台，新兴市场不仅为科创企业提供了资本市场融资选择和融资渠道，也为风险资金提供了获得高额利润的退出渠道。

表 6－4　东京多层次资本市场的各个层次及企业分布数量　单位：家

分类	不同层次资本市场	上市公司数
交易所	东京证券交易所	3635（6）
不同层次板块	市场一部	2105（3）
	市场二部	508（1）
	创业板市场（MOTHERS）	264（1）
	日本证券交易商协会自动报价市场（JASDAQ）标准市场	692（1）
	日本证券交易商协会自动报价市场（JASDAQ）成长市场	39（0）
	东京临时市场	27（0）

注：括号中是外国公司数。

资料来源：笔者根据东京股票交易所截至 2018 年 8 月 6 日的数据整理而得，https：//www.jpx.co.jp/english/.

在多年发展过程中，东京证券交易所形成了独特优势。首先，投资产品丰富，为不同规模的科创企业提供多元选择；其次，东京证券交易所投资者层次众多，股东结构的多样化可以降低企业的融资风险；最后，因为创业板股票流动性高，所以，创业企业在日本上市之后，仍可以灵活地进行融资且政府审查宽松。

东京全球城市区域风险投资高度发达、成熟，吸引了国内外风险投资集聚。日本从中央到地方，出台了一系列推动风险投资发展的法律法规和制度，为创新创业企业提供专业化的融资支持。1951 年，专门为创业公司发放低利率贷款的风险企业开发银行，迈出了日本风险投资的第一步。

1972 年建立的首个风险投资基金——京都企业开发基金，促进日本风险投资市场的蓬勃发展。在政府政策支持下，逐渐形成了以政府为主导、以银行等金融机构为主体的风险投资业，形成了为科技创新提供成熟的风险投资服务的专业化制度体系。日本是亚洲最早发展风险投资的国家之一，东京全球城市区域又是最具影响力的地区之一，有力地推动区域科技金融协同发展。

（四）健全的民间金融体系为科技创新提供资金支持

东京全球城市区域不但有发达的银行主导的金融体系为科技创新提供金融支持，还有发达、成熟的民间金融体系，成为科技金融体系的重要补充，为科技创新企业提供重要的资金来源和融资支持。

日本长期以来实行主办银行制，形成了由城市银行、地方银行和第二地方银行协会加盟行组成的银行体系。其中，以城市银行为主的大型金融机构占比高达 60% 以上，主要为大中型科技企业发放贷款。地方银行和第二地方银行协会加盟行，主要为中小企业提供融资支持和金融服务。此外，日本积极发展民间金融信用体系，为中小科创企业提供补充信用服务，包括合作制的信用金库、由信用金库会员组成的全国信用金库联合会、规模相对较小的信用组合以及共济性质的劳动金库联合会。发达而完善的信用合作性质的民间金融体系，有效地改善了东京全球城市区域的创新创业融资环境，为区域内科技创新提供了有效支撑。

第三节　旧金山湾区科技金融发展的模式和经验

一、旧金山湾区科技金融生态概述

1. 旧金山湾区全球城市区域概况

旧金山湾区，是美国加利福尼亚州北部著名的全球城市区域，主要由北湾、旧金山、东湾、半岛和南湾五大区域组成，主要的全球城市有旧金山、奥克兰、硅谷等，大中小城市合计 101 座，这五大区域均有不同的特色，其中，硅谷是全球著名的科技创新创业中心、风险投资中心和科技金融中心。整体来看，旧金山湾区以双核驱动，即旧金山和南湾的硅谷作为主要地区，带动了旧金山湾区的协调发展，造就了先进、成熟的旧金山湾区科技金融生态圈。

2. 旧金山湾区城市金融与金融科技高度发达

第24期全球金融中心指数（GFCI24）分项排名及综合的城市排名，见表6－5。以旧金山和硅谷为旧金山湾区的主要城市代表，旧金山综合排名第14，在分项指标排名中，旧金山在商业环境、人力资本、声誉等方面排名靠前。硅谷则是世界公认的著名风险投资中心。另外，在浙江大学互联网金融研究院司南研究室等联合发布的《2018全球金融科技中心城市报告》中，旧金山湾区在综合排名、金融科技生态、金融科技体验以及金融科技产业排名上总体位于前列。

表6－5　第24期全球金融中心指数（GFCI24）分项排名及综合的城市排名

城市排名	商业环境	人力资本	基础设施	金融业发展	声誉	城市综合排名
1	伦敦	香港	香港	纽约	纽约	纽约
2	纽约	伦敦	纽约	伦敦	伦敦	伦敦
3	香港	纽约	伦敦	香港	香港	香港
4	新加坡	新加坡	新加坡	新加坡	新加坡	新加坡
5	芝加哥	东京	上海	上海	芝加哥	上海
6	上海	旧金山	东京	东京	旧金山	东京
7	旧金山	上海	迪拜	法兰克福	波士顿	悉尼
8	波士顿	芝加哥	北京	悉尼	上海	北京
9	多伦多	迪拜	悉尼	迪拜	洛杉矶	苏黎世
10	东京	洛杉矶	旧金山	旧金山	东京	旧金山（14）

注：旧金山综合排名第14名。

资料来源：笔者根据英国Z/Yen集团，中国（深圳）综合开发研究院．第24期全球金融中心指数（GFCI24）［R］．深圳：中国（深圳）综合开发研究院，2018－09的相关数据整理而得．

3. 旧金山湾区科技创新能力突出

旧金山湾区的科技创新能力和城市创新能力，一直居于全球前列。在科尼尔（Kearney）发布的《2019年全球城市指数报告》（*2019 Global Cities Report*）中，旧金山在创新能力上排名第1，在其他全球城市创新指数报告中，也表现出在技术、创新领域的优势。在世界500强企业中，硅谷地区有11家企业上榜，其中，9家为科技巨头，包括苹果、谷歌、Facebook等知名企业。① 主要全球城市区域（湾区）创新能力对比情况，见表

① 美国《财富》官网世界500强榜单，http：//fortune. com/.

6－6。从创新能力的具体指标来看，相较于纽约湾区、东京湾区以及粤港澳大湾区，旧金山湾区的各项创新能力指标表现优异，特别是最具创新力企业以及 R&D 投入占 GDP 比重，反映出旧金山湾区的创新发展潜力。

表 6－6　　主要全球城市区域（湾区）创新能力对比情况

创新能力指标	旧金山湾区	纽约湾区	东京湾区	粤港澳大湾区
世界 500 强企业总部数（个）	16	17	38	17
最具创新力企业（家）	8	3	26	4
R&D 投入占 GDP 比重（%）	6.1	3.1	3.7	2.7
PCT 专利数量（件）	59 762	47 794	261 308	69 347
100 强大学数量（所）	5	10	2	4

资料来源：亚洲金融智库．粤港澳大湾区金融发展报告 2018［M］．北京：中国金融出版社，2018.

4. 发达的风险投资中心

旧金山湾区风险投资高度发达，根据《硅谷风险投资年鉴》（*Silicon Valley Joint Venture*），在包括纽约和马萨诸塞州等美国七大主要的风险投资中心中，硅谷占据了其中超过 40% 的风险投资额以及超过 50% 用于科技创业公司的资金。旧金山湾区有众多活跃、发达的风险投资机构，如 SV Angel、Andreessen Horowitz、500 Startups 等，此外，还有 Y Combinator 和 TechStars 等种子加速器，都会给予旧金山湾区的科技创新公司以资金支持以及融资创业技术指导。

二、旧金山湾区科技金融发展的模式和经验

（一）城市之间发挥比较优势战略合作互补实现协同发展

旧金山湾区的发展，主要依靠双核驱动以及多点联动的方式协同发展，其中，双核是指旧金山和硅谷；多点是指圣何塞、帕罗奥多、圣拉蒙和丹威尔等旧金山湾区多个主要城市，其共同协调发展便是多点联动。

从旧金山湾区主要城市的定位、特色和产业基础来看，各区域有不同的优势及其特色，以“双核城市”为例，旧金山是美国西海岸著名的金融中心，金融服务业高度发达，以保险、金融等先进生产性服务业为主。南湾的硅谷地区是全球知名的科技创新中心，以信息技术等高科技产业为主，高科

技企业云集，风险投资高度发达，为科技创新企业提供股权融资支持，也是著名的硅谷银行所在地。旧金山和硅谷主要的区域特色或优势集中在金融、创新、风险投资、技术和研发上，能够带动周边区域发展。例如，硅谷地区的高科技企业集群，集聚了谷歌、雅虎、甲骨文等全球著名的企业；圣何塞的信息通信、电子制造、航天航空装备等高技术产业群体。

2017 年按行业划分的旧金山湾区的地区生产总值（GDP），见图 6－1。根据各行业在旧金山湾区产业结构中的比重来看，传统金融业务，如金融、保险、房地产等暂时稳居主导位置，2017 年金融、保险、房地产等规模接近 24.0%，专业化商业服务占比达 20.0%，二者的总和在旧金山湾区的占比接近 50.0%；而制造业以 11.2% 的占比位居第 3；信息产业以 10.3% 的占比暂居第 4 位。① 因此，依托金融与信息产业优势，旧金山和硅谷逐渐成为推动旧金山湾区科技金融发展的双核。双核带动了旧金山湾区的整体成长，发挥旧金山湾区内各城市的优势，实现了协同发展。集合名企、名校、人才和资金等多要素于一体，推动形成以强大科技金融生态系统为主的科技金融湾区。

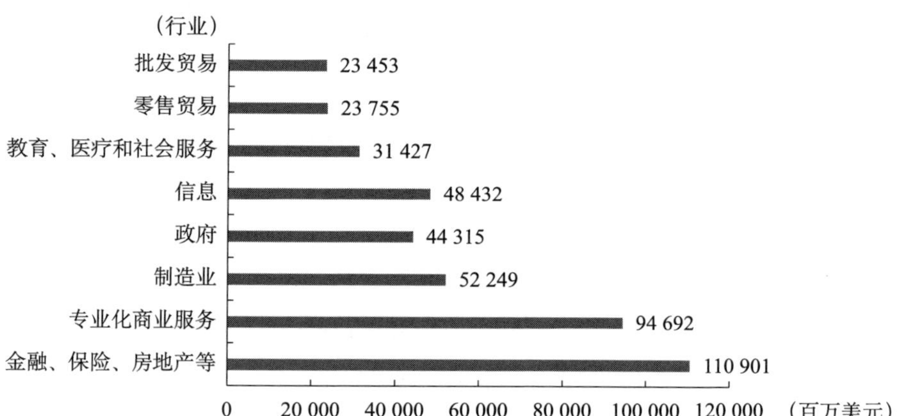

图 6－1　2017 年按行业划分的旧金山湾区的地区生产总值（GDP）

资料来源：笔者根据全球统计数据库（Statista）截至 2017 年的相关数据整理绘制而得，http：//www. statista. com.

① 根据全球统计数据库（statista）的相关数据计算而得。

双核城市的科技金融业务，都体现了各自的比较优势。旧金山充分发挥金融中心优势，以金融驱动吸引大批金融巨头来旧金山湾区发展业务，在促进本地金融业务发展的同时，资源外溢，惠及周边卫星城市乃至旧金山湾区。而硅谷是高新技术产业的集聚地，良好的创新生态、“雨林型”的创新主体及产业链各要素环节之间的良性互动，造就其成为“技术驱动”的科技创新产业和风险投资的聚集地并产生外溢效应，惠及邻近的旧金山湾区的其他城市。在双核城市发挥各自优势的同时，也为对方的发展提供了优质的资源，虽然各有所长，但通过相互协作的发展战略，以自身优势以及优质资源带动本地以及周边一系列卫星城市快速发展。

为避免旧金山湾区城市间同质化严重、恶性竞争加剧等问题，旧金山湾区统一规划，政府间紧密合作与协调，成立旧金山湾区协调发展机构及其组织，打破行政壁垒，促进各地区之间的协调发展以及旧金山湾区的整体发展。1945 年，旧金山湾区由企业赞助成立旧金山湾区委员会，此后成立了如旧金山湾区政府协会（ABAG）、大都市交通委员会（MTC）等机构，解决旧金山湾区面临的具体问题。1961 年，旧金山湾区政府协会（ABAG）成立，以统筹推进区域规划，实现区域间协同发展，为旧金山湾区科技金融发展奠定良好的基础。

（二）构建形成“雨林型”科技金融生态圈

旧金山湾区形成了多层次、富有活力的科技与金融服务企业集聚的格局。

第一，参天大树——吸引科技巨头和金融巨头集聚。旧金山湾区汇聚了众多全球知名科技引擎企业，如苹果、谷歌、甲骨文等，良好的科技创新氛围吸引大量科技金融服务企业，特别是世界 500 强的金融服务企业以及风险投资、会计、法律等总部型功能性机构的集聚。

第二，茁壮成长的大量独角兽企业。独角兽企业的数量和能级是反映企业集聚发展的重要指标。全球独角兽企业分布情况，如表 6 – 7 所示。截至 2019 年 1 月，全球 327 家独角兽企业在地域上呈现出明显的集聚效应，一半以上（184 家）独角兽企业分布在全球六大湾区内。其中，旧金山湾区拥有 93 家独角兽企业，占比 28.44%。位于旧金山湾区的超级独角兽企业，Stripe 估值高达 200 亿美元。

表6－7　全球独角兽企业分布情况

地区	独角兽企业数量（家）	独角兽企业占比（%）	概况
旧金山湾区	93	28.44	数量最多、估值最高、行业范围最全面，主要以互联网、大数据以及生物医疗为主
纽约湾区	31	9.48	以互联网和生物医疗为主
杭州湾区	31	9.48	互联网行业占主导地位，主要依靠消费升级带动独角兽企业发展
粤港澳大湾区	16	4.89	以互联网技术IT行业为主，技术创新能力强
伦敦湾区	12	3.67	金融科技企业占主导地位，独角兽企业数量持续增长
东京湾区	1	0.31	科研实力强，但独角兽企业相对较少
其他地区	143	43.73	—
总计	327	100.00	—

注：“—”表示无内容。

资料来源：笔者根据CB Insights网站，https：//www.cbinsights.com/，2019的相关数据整理而得.

第三，土壤和基石——大量初创企业、投融资机构和第三方服务机构高度集聚，包括大量知名风险投资机构和Angel Pad以及Lemnos等多类型孵化器及加速器。良好的投融资环境，使得旧金山湾区特别是硅谷集聚了大量初创企业。

（三）科技与金融良性互动形成良好的创新生态

旧金山湾区主要城市形成良好的创新创业生态，为多层次科技企业的集聚发展提供了良好的“雨林型”生态环境，有利于形成多层次协作配合的区域科技金融生态圈。以双核之一的硅谷为例，根据2019年全球创新生态排名，硅谷综合排名稳居全球第1。2019年全球重点城市的创业生态系统排名情况，见表6－8。

表6－8　2019年全球重点城市的创业生态系统排名情况

城市	综合排名	变化	业绩	融资	市场覆盖面	连接性	人才	创业经验	专业知识	成长指数
硅谷	1	0	1	1	1	1	1	1	1	5
纽约	2	0	1	1	3	2	2	1	2	6
伦敦	3	0	1	1	1	1	2	2	1	6
北京	4	1	1	1	5	5	1	1	1	4

续表

城市	综合排名	变化	业绩	融资	市场覆盖面	连接性	人才	创业经验	专业知识	成长指数
上海	8	0	2	2	2	4	1	3	1	6
香港	25	新	5	5	2	1	4	5	5	6

资料来源：笔者根据 Startup Genome LLC. The Global Startup Ecosystem Report 2019［R］. San Francisco：Startup Genome LLC，2019 的相关数据整理而得 .

良好的创新生态形成了“雨林型”不同层次的大企业、小企业的集聚配合，有利于形成良好的科技企业孵化培育机制和提升机制，形成富有活力、创新能力的多层次创新主体。良好的创新生态突出表现为，行业领先企业与初创企业共生互动，良好的激励机制鼓励开放式创新，硅谷顶尖大学及研究机构集聚，产学研合作有效推进技术创新。

第一，硅谷的行业领先企业与初创企业良性共生、互动。大型企业主要通过传统消费者和并购活动，为初创企业提供产品市场、人力资源和专业技术知识，帮助初创企业的创业设想在市场上取得成功；同时，并购使大型企业获得特定服务或技术，并使得资本、人力资源和知识回到生态系统中，有益于未来的初创企业和投资者。此外，一些初创企业发展壮大后，部分员工开始创业，形成了良性循环。①

第二，硅谷拥有极具竞争力的行业，得益于硅谷的“开放式创新”模式，该模式基于内部研发、首席执行官（CEO）薪酬与公司在股票市场上的股价不挂钩，机构投资者在公司治理中没有重大发言权，公司倾向于垂直整合，大面积控制供应链。

第三，高额金融回报激励企业家和初创企业员工创新创业。精心设计的股票期权等薪酬方案可以吸引在大企业有稳定职位的员工创新创业，而并购和首次公开上市（IPO）活动则能为投资者带来高回报（黄国妍和唐瑶琦，2019）。

第四，旧金山湾区顶尖大学及研究机构集聚，产学研合作有效地推进技术创新。在自然指数 2018（Nature Index 2018）中，全球高校与科研院所 Top200 数量排名中，旧金山排名第 2。全球一流的研究型大学，包括斯坦福大学和加利福尼亚大学（伯克利分校、旧金山医学中心），在科学和

① 黄国妍，唐瑶琦 . 美国硅谷的科技金融生态圈［N］. 中国社会科学报，2019-03-27.

应用研究领域，持续推动旧金山湾区的创新。这些研究型大学也从硅谷发展中获益，保持了全球领先大学的声望。硅谷的大学和工业企业在专利授权、合作研究、合同研究、咨询、教学、人员交流等领域开展合作。“技术转移办公室中心协调”模式发挥重要作用，资金经常从政府和行业流向主要的研究型大学，然后，通过技术许可办公室将可商业化的技术和发明专利转移给商业部门，为大学带来收入（黄国妍和唐瑶琦，2019）。

（四）发达的风险投资市场和硅谷银行模式，为高科技企业提供融资支持和增值服务

旧金山湾区风险投资高度发达，拥有世界上最大的、高度成熟且极具竞争力的风险资本市场。2018 年，旧金山和硅谷的风险投资额占加利福尼亚州风险投资总额的近 79%，占美国风险投资总额的 45%。[①] 截至 2019 年，旧金山湾区拥有超过 1 400 家风投机构，其投资类型包含私募股权、加速器、企业风投等各种类型。

发达的风险投资市场为科创企业尤其是早期初创企业提供融资支持，风险投资主要投向高科技企业，有效地解决了高科技企业融资难问题。在旧金山湾区特别是硅谷，不仅有大量的可用资金支持创业公司，而且，风险资本家为初创公司提供人际网络、介绍潜在客户、参与公司治理等增值服务。旧金山湾区风险投资效率较高，具备良好的退出回流机制，当企业发展到成熟期后，风险投资就会通过企业上市或并购成功退出，重新投资新的项目，持续为企业提供融资支持与增值服务，帮助其他初创企业成长。[②]

风险投资者在为企业提供融资、技术等多项增值服务的同时，也获得了服务，如新的技术，利用大数据、人工智能、区块链等技术改进其金融服务模式、产品和服务，提高金融服务效率和风险控制水平等。

硅谷银行模式不同于传统商业银行模式，其专注于服务高科技中小企业，并与风险投资紧密合作，旨在为科技型企业提供与其生命周期各阶段创新相匹配的金融产品和金融服务，结合科技型中小企业的特点，硅谷银行开发了相应的金融产品和金融服务。例如，投贷联动模式、认股期权贷

---

① Silicon Valley Joint Venture, http://www. jointventure. org/.

② 黄国妍，唐瑶琦．美国硅谷的科技金融生态圈［N］．中国社会科学报，2019－03－27.

款模式、供应链融资、中长期创业贷款、全球财务管理等。①

硅谷银行的目标客户群，主要是科创型中小企业和风险投资机构，投资主要集中在科技、生命科学、清洁技术、风险投资等行业。在美国的上述行业中，75%的企业获得了风险投资支持，其中，这些企业中的50%是硅谷银行的客户，包括处于初创期和成长期的创新型中小企业以及处于成熟期的科创型跨国公司。2008～2017年硅谷银行商业贷款行业分布情况，见表6－9。2008～2017年，硅谷银行对其客户的总贷款额从466.53万美元上升到1 969.71万美元，其中，又以风险投资（VC）和私募股权投资（PE）的增长最快，由2008年的贷款占比23%上升到2017年的贷款占比51%。②

表6－9　2008～2017年硅谷银行商业贷款行业分布情况　单位：万美元

年份	互联网与软件	硬件	风险投资（VC）和私募股权投资（PE）	生命科学与健康保健	优质葡萄酒	其他
2008	173.01	91.85	105.80	59.76	15.03	21.08
2009	138.19	59.99	92.78	51.73	14.31	17.68
2010	182.07	64.11	103.62	57.59	14.50	37.59
2011	249.28	95.23	111.74	86.37	13.02	34.21
2012	326.15	111.84	173.27	106.62	14.35	31.55
2013	410.26	121.30	238.61	117.02	14.98	28.89
2014	495.47	113.10	458.29	128.99	18.76	23.46
2015	543.79	107.15	546.76	171.06	20.12	31.23
2016	562.70	118.04	769.11	185.30	20.02	39.36
2017	617.25	119.36	995.24	180.88	20.41	36.57

资料来源：笔者根据硅谷银行公司年报（2008～2017），https：//www.svb.com/的相关资料整理而得.

（五）吸引并集聚国际化高素质的科技金融人才

从人才角度来看，根据《硅谷指数报告2019》（*2019 Silicon Valley Index*），旧金山湾区受过高等教育的人才占比高达70%以上，远高于加利福尼亚州平均占比，也高于美国平均占比。③ 旧金山湾区集中了众多知名学

① 黄国妍，唐瑶琦．美国硅谷的科技金融生态圈［N］．中国社会科学报，2019－03－27.

② 根据硅谷银行公司年报的数据计算而得。

③ Joint Venture Silicon Valley，Silicon Valley Institute for Regional Studies. 2019 Silicon Valley Index［EB/OL］. 2019. https：//siliconvalleyindicators. org/.

府及研究机构，优质的教育资源使旧金山湾区的高校同步输出科技金融复合型人才。硅谷及加利福尼亚州具备强有力的教育输出，人才、科研及创新的加速集聚成为旧金山湾区金融生态发展强大的助推力量。

旧金山湾区开放包容的创新氛围也吸引了世界各地的人才来此创业，同样，造就了旧金山湾区的移民文化，提升了人才的国际化程度。良好的创新创业生态吸引世界各地的人才尤其是拥有高新技术才能的外来移民汇聚，满足了不同层次、不同阶段企业发展的需求。以硅谷为例，在硅谷就业的高新技术雇员中，仅17%来自加利福尼亚州，33%来自美国本土，而剩余的50%均来自不同国家、不同地区，印度及中国占比较高，而来自印度的人才占26%，来自中国的人才占14%。① 虽然在近年间，硅谷的人才增速有所放缓，人才流失问题也较为突出，但在2018年，仍有近2万外国人才迁至硅谷。

国际化高素质人力资本，有利于旧金山湾区打造良好的科技金融生态圈。从1995年开始，多样性成为硅谷的文化特色，在历年的《硅谷指数报告》中，有很大一部分篇幅指出男女工作比例及其从事高新技术产业的工作比，而不同的国籍、性别都将引领硅谷乃至旧金山湾区的企业走向文化多样化，有助于“雨林型”科技金融生态圈的形成。不同类型、不同层次的科技金融生态圈参与主体、各取所长、互相协作，走向和谐共赢；同时，“雨林型”科技金融生态圈将产生外溢效应，向旧金山及硅谷的周边地区或旧金山湾区溢出与扩散，为美国的中部地区、东部地区输送技术人才及金融人才。

① Joint Venture Silicon Valley，Silicon Valley Institute for Regional Studies. 2019 Silicon Valley Index ［EB/OL］. 2019. https：//siliconvalleyindicators. org/.

第七章　中国主要全球城市的科技金融发展现状与问题

中国最具代表性的全球城市是上海。国际金融中心、全球城市及全球科创中心排名，见表7－1。在英国拉夫堡大学泰勒教授领导的“全球化和世界城市研究小组”（GaWC）关于全球城市排名中，上海排名第5，虽然落后于伦敦（Alpha＋＋标杆城市）、纽约、香港、新加坡（Alpha＋竞争城市），但上海和北京①是7个Alpha＋城市之一。上海是全球知名的科技创新中心，在多个全球科创中心指数排名中，位居前列。根据毕马威会计师事务所发布的2019年全球科技产业创新调查（GTIS）报告排名，上海位居第五。因此，本书选取上海作为全球城市的代表，研究中国全球城市的科技金融问题。

表7－1　全球金融中心、全球城市及全球科创中心排名

国际金融中心			全球城市排名			全球科技科创中心	
城市	排名	得分	等级	城市	2020年排名	城市	GTIS2019
纽约	1	770	Alpha＋＋	伦敦	1	纽约	1
伦敦	2	766	Alpha＋＋	纽约	2	北京	2
上海	3	748	Alpha＋	香港	3	伦敦	3
东京	4	747	Alpha＋	新加坡	4	东京	4
香港	5	743	Alpha＋	上海	5	上海	5

资料来源：笔者根据三种资料整理而得：英国Z/Yen集团，中国（深圳）综合开发研究院．第28期全球金融中心指数（GFCI28）［R］．深圳：中国（深圳）综合开发研究院，2020－09；GaWC. GaWC世界城市排行榜2020［R］. Loughboroug：GaWC，2020；毕马威（KPMG）．全球科技创新报告2019［R］．阿姆斯特丹：毕马威，2019.

上海是著名的国际金融中心，在全球金融中心指数（GFCI）的城市排名一直居国内城市之首。在第28期全球金融中心指数（GFCI28）的城市

① 北京在全球城市的排名见GaWC. 世界城市排行榜2020［R］. Loughboroug：GaWC. 2020，表7－1仅列出前5名，故未在表7－1中体现。

排名中，上海排名第3，仅次于纽约和伦敦，是世界顶尖的国际金融中心。短短数十年内，上海完成了主要国际金融中心上百年的演进历程，取得了举世瞩目的成就，国际金融中心地位不断提升，金融基础设施不断完善，金融改革开放和制度建设持续推进，金融功能不断拓展，金融交易规模持续扩大，金融产品不断丰富，较好地发挥了金融的主要功能。①

上海金融业发展迅速，已形成以金融业为支柱的现代服务业体系，金融在经济社会发展中发挥着重要作用。上海金融业占GDP的比例，从1978年不到3.0%到2019年占比17.3%，已经与主要国际金融中心金融业占GDP的比重不相上下。上海的国际金融中心地位也在不断提升。根据全球金融中心指数（GFCI）指数历年排名，上海在国际金融中心中的地位呈现稳步上升趋势，根据第27期全球金融中心指数（GFCI27），上海超越新加坡排名第4。根据第1期全球金融中心指数（GFCI1）中上海与排名第1的伦敦相差189分，而到第27期全球金融中心指数（GFCI27）与排名第1的纽约仅相差29分，与排名第2的伦敦相差2分，与排名第3的东京相差1分。

近年来，为了贯彻、落实国家战略、支持并服务上海科创中心和国际金融中心的建设，上海出台了多项政策措施，不断创新金融服务模式，让金融引擎推动科创发展，实现科技与金融更好地融合。从整体来看，上海科技金融生态环境不断改善，改革成效比较显著，逐步形成比较完善的科技金融服务体系，科技创新比较活跃，科技创新实力较强，创新土壤与创新文化得到进一步培育，但还是存在一些明显的短板与不足。

第一节 上海科技金融生态圈发展概况

一、上海初步形成了“4+1+1”的科技金融服务体系

从科技金融发展来看，上海取得了长足进展，并初步形成了“4+1+1”的科技金融服务体系。2015年8月，上海发布《关于促进金融服务创新支持上海科技创新中心建设的实施意见》，大力推动金融对科技创新的支持。

① 黄国妍，孟晨阳，栗凡．上海金融中心功能演进与功能拓展研究［J］．全球城市研究（中英文），2020，1（1）：135－146.

近年来，上海在科技金融政策体系、科技金融服务平台、企业融资渠道以及专业服务机构等方面进行了积极探索，取得了明显成效。上海初步建立了以科技信贷服务、投贷联动业务、市场化创业投资、多层次风险担保机制为特征的科技金融服务体系。目前，上海“4+1+1”的科技金融服务体系，包括“四大功能板块”，投（VC、PE）、贷（银行、小贷公司）、保（保险、担保）、引（政府引导），以及“一个机制”（科技金融保障机制）和“一个平台”（上海市科技金融信息服务平台）。①

二、上海在着力打造“4465”科技金融框架体系

在发展过程中，科技金融难免面临体制机制及经营理念等方面的问题。针对科技金融发展与体制机制之间的矛盾，2017 年 9 月，上海银保监局与上海市科委联合发布《上海银行业支持上海科创中心建设的行动方案（2017～2020 年）》，指导辖区内商业银行坚持经营理念的“四可原则”，力争实现经营模式的“四个转变”，提出攻克“六项主要任务”及实施“五项保障措施”，以进一步推动建立上海特色的“4465”科技金融框架体系。②

三、上海科技金融支撑环境不断优化，但尚存短板与不足

1. 上海通过多种举措不断优化营商环境与创新创业环境，但与卓越全球城市相比仍存在明显差距与不足

在一定程度上，营商环境是科技金融支撑环境的重要体现。依据世界银行的《营商环境报告》（*Doing Business*），在一定程度上，中国营商环境在不断改善，从 2013 年的第 96 位上升到 2018 年的第 78 位。③

根据刘江会等（2019）研究报告分析结果表明：第一，依据世界银行报告，上海政策公开透明、办事规范，法治环境总体水平较高，上海的信息化、网络化水平较高，信息透明度高、信息共享充分，但上海在开办企

---

① 刘江会. 金融支持上海建设具有全球影响力科技创新中心对策研究［J］. 科学发展，2017，103（6）：13－26.

② 上海银保监局. 金融大治理中的上海银行业监管思考［M］. 北京：中国金融出版社，2018.

③ 其排名由上海、北京两个城市的数据组成，权重分别为 55% 和 45%。

业、办理施工许可、获得电力、保护投资者、纳税和跨境贸易指标上的名次较为落后；第二，上海市政务效率在国内领先，但与纽约和伦敦相比，仍有待提升，而上海市的政商关系整体水平较高，尤其是在政府服务供给、行政体制改革、市场中介培育方面走在全国前列；第三，上海的营商基础设施相对完善，市场广阔，但上海融入全球市场、深度参与全球资源配置的能力和国际化深度不足；第四，上海的经济自由度和市场化程度，有待进一步提升；第五，与纽约、伦敦等领先城市相比，上海的生产要素使用成本过高，不利于企业的开办与经营，国内外城市主要商务成本对比情况，见图 7－1。良好的营商环境有助于吸引投资、资金和人才，促进商业贸易、鼓励创新创业、激发市场主体活力。

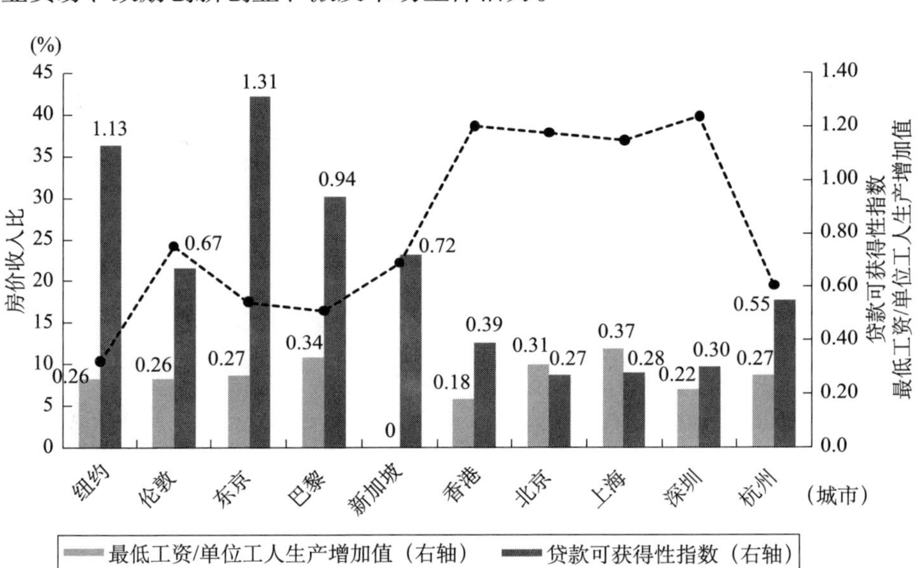

图 7－1　国内外城市主要商务成本对比情况

注：新加坡无最低工资制度，故其最低工资/单位工人生产增加值为 0。

资料来源：笔者根据世界银行组织．2017 年世界城市营商环境评价报告［R］．世界银行组织，2017 的相关数据整理绘制而得．

2. 上海科技金融第三方服务机构与服务平台数量众多，但与主要科创中心、主要国际金融中心相比，仍然相对落后

根据清科私募通统计显示，截至 2018 年 5 月，总部设在上海的科技金融中介服务机构共有 428 家。上海从事不同类型金融中介业务的机构数，

见图 7 –2。

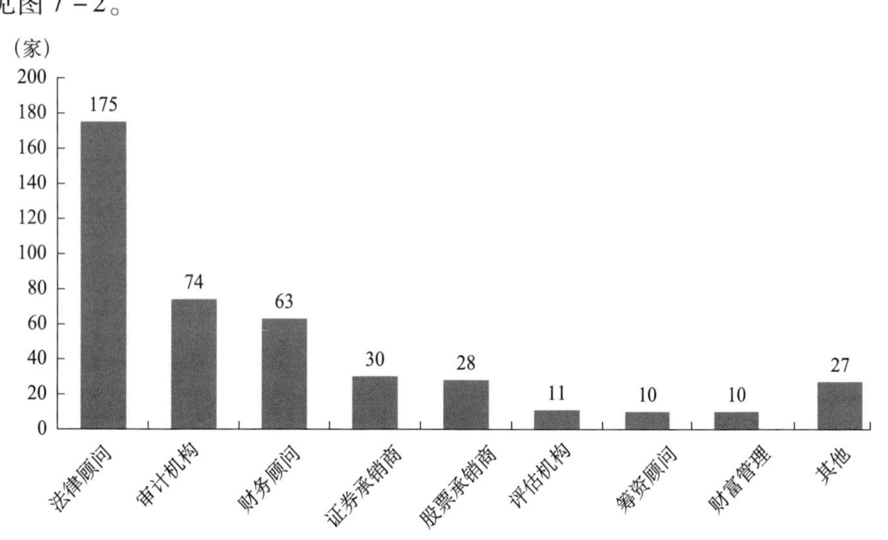

图 7 –2　上海从事不同类型金融中介业务的机构数

资料来源：笔者根据清科私募通数据库截至 2018 年 5 月的相关数据整理而得，https://www.pedata.cn/data/index.html.

从图 7 –2 可知，上海的法律顾问机构、审计机构、财务顾问机构的数量较多，分别有 175 家、74 家、63 家。上海的评估机构、募资顾问机构和财富管理机构的数量较少，分别只有 10 家左右，可见，这类机构难以满足上海庞大的创投融资需求。此外，上海本土科技服务机构占 90%，外资科技服务机构仅为 3%，合资科技服务机构为 4%，外资科技服务机构占比较低，与上海建立国际科技创新中心和国际金融中心的地位不匹配。

3. 海派文化开放包容，但缺乏颠覆式创新

海派文化具有海纳百川、开放包容、崇商务实的优点，但过于追求实惠实利，注重循序渐进，求稳定、求秩序的城市基因，导致缺乏创新创业热情。① 上海创新氛围不浓，创新活力不足，尤其是缺少激发颠覆式创新的容错精神和内在驱动力。此外，上海长期以来重视国有企业和外资企业的发展，形成总部经济优势。近年来，上海总部经济发展迅速、成效显著，是中国吸引跨国公司总部最多的城市。发达的总部经济，大量国企、

① 肖林. 中国金融智库（第 1 辑）［M］. 上海：上海人民出版社，2017.

央企、外企的集聚给上海人才创造了大量就业机会和多元选择，但也使得上海当地人才更多追求稳定的工作，因担心创业的不确定性和风险，不愿过多冒险尝试创业。

在创新创业氛围与创新主体培育方面，上海与江浙、广东省深圳市形成了鲜明对比。在市场经济大潮洗礼下，江浙、广东省深圳市更多强化市场主导的竞争意识，激烈的市场竞争环境极大地激发了企业的创新活力，尤其是民营企业成为创新创业的重要力量。在制造业民营企业 100 强中，上海市仅有 2 家企业，浙江省有 20 家，江苏省有 14 家；在服务业民营企业 100 强中，上海市只有 6 家，排名前 10 的企业中，广东省、江苏省、浙江省较多。华为集团、正威集团分别占据第 1 位、第 2 位，两家企业总部均位于广东省深圳市。① 在上海市，具有国资背景的科技金融服务机构发展迅速，但民营性质的科技金融服务机构、风险投资机构等的发展却相对缓慢，创新活力略显不足。

第二节　上海科技金融基础设施与政府科技金融服务发展现状

一、高度发达的国际金融中心，科技金融基础设施完善

1. 上海科技金融基础设施完善，金融市场体系齐全

金融基础设施是金融体系参与国际竞争，为科技创新提供高质量金融服务的关键性平台和基础。依托上海丰富的金融资源和强有力的城市竞争力，上海传统金融服务行业优势明显。上海已经形成金融产品丰富、金融要素齐备、金融交易发达、活跃的金融市场体系。上海金融市场体系演进，见图 7－3。上海的金融基础设施是全球最完善的，既有前端具有交易功能的交易市场，又有承载着中后台功能，包括清算、登记等支持的平台。② 上海金融机构体系比较完善，逐步形成国际性、多元化的金融机构

① 黄国妍．促进在沪跨国公司总部能级提升的思路与对策［J］．科学发展，2022（11）：48－57.

② 黄国妍，孟晨阳，栗凡．上海金融中心功能演进与功能拓展研究［J］．全球城市研究（中英文），2020，1（1）：135－146.

体系。大量总部型、功能性金融机构、新型金融机构以及国际组织在上海集聚，人民币跨境支付系统（CIPS）、金砖国家新开发银行（NDB）、全球清算中央对手方协会（CCP12）等重要组织、协会和机构入驻上海，国际金融中心的全球影响力和国际金融资源配置能力不断提升。

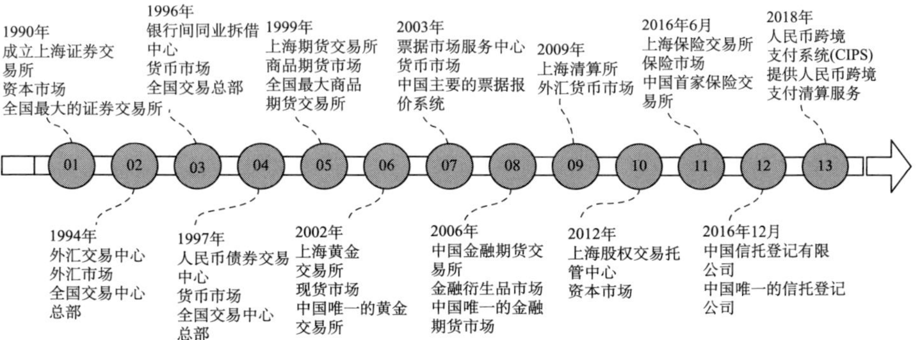

图 7－3　上海金融市场体系演进

资料来源：笔者根据 1981～2019 年《上海统计年鉴》综述以及大事记整理绘制而得。

2. 金融服务业的专业性和深度仍需提升

上海仍需提升金融服务业的专业性与深度。第 27 期全球金融中心指数（GFCI27）行业分类指数城市排名，见表 7－2，上海的银行业、投资管理位居第 2，仅次于纽约。但总部在纽约且具有全球影响力的金融机构数量要远超于上海；从保险业、金融业发展水平来看，上海仅排名第 10 和第 9，与其国际金融中心总体排名完全不相称，远落后于其他主要国际金融中心；专业服务排名、政府监管排名第 6。① 因此，上海未来应着力提升保险业发展水平、金融业发展水平、专业服务和政府监管（黄国妍等，2020）。

表 7－2　第 27 期全球金融中心指数（GFCI27）行业分类指数城市排名

城市排名	银行业	投资管理	保险业	专业服务	政府监管	金融业发展水平
1	纽约	纽约	卢森堡	纽约	纽约	纽约
2	上海	上海	纽约	伦敦	伦敦	伦敦
3	伦敦	新加坡	伦敦	香港	卢森堡	新加坡

① 黄国妍，孟晨阳，栗凡．上海金融中心功能演进与功能拓展研究［J］．全球城市研究（中英文），2020，1（1）：135－146.

续表

排名	银行业	投资管理	保险业	专业服务	政府监管	金融业发展水平
4	香港	伦敦	新加坡	迪拜	香港	苏黎世
5	东京	香港	苏黎世	新加坡	新加坡	法兰克福
6	新加坡	北京	上海（10）	上海	上海	上海（9）

注：上海（10）表示上海保险业排名第10，上海（9）表示上海金融业发展水平排名第9。

资料来源：笔者根据英国Z/Yen集团，中国（深圳）综合开发研究院．第27期全球金融中心指数（GFCI27）［R］．深圳：中国（深圳）综合开发研究院，2020－03的相关数据整理而得．

3. 资本市场交易规模和影响不断扩大，但全球投融资服务与资源配置功能仍有待提升

上海资本市场发展迅速，交易规模和影响不断扩大，在国际资本市场的排名不断上升。目前，上海证券交易市场已经成为国内最大的证券交易市场。全球主要证券交易所的股票市场比较，见表7－3。从全球来看，根据世界证券交易所联合会的数据，截至2019年底，上海证券交易所以5.1万亿美元的市值位列全球第4，但市值只占全球的5.6%，而排名第1的纽约证券交易所和排名第2的纳斯达克，股票市值占全球的比重分别为26%、14%。就IPO活动而言，上海证券交易所IPO数量位居全球第3。从IPO融资额来看，上海证券交易所位于全球第2。从日常交易来看，上海证券交易所的交易额位列全球第4。但是，上海证券交易所的股票市值只相当于纽约证券交易所股票市值的22%，上海证券交易股票市值只相当于纽约证券交易市值（纽约证券交易所＋纳斯达克）的14%（黄国妍等，2020）。

表7－3　全球主要证券交易所的股票市场比较

证券交易所	股票市值（万亿美元）	IPO数量（家）	IPO融资额（亿美元）	交易额（万亿美元）
纽约证券交易所	23.3	57	232.7	18.1
纳斯达克	13.0	145	261.5	39.7
日本交易所集团	6.2	86	26.9	5.9
上海证券交易所	5.1	123	267.1	8.0
香港证券交易所	4.9	161	399.7	2.0
泛欧证券交易所	4.7	28	35.2	1.6
伦敦证券交易所	4.2	71	86.6	4.2

续表

证券交易所	股票市值（万亿美元）	IPO 数量（家）	IPO 融资额（亿美元）	交易额（万亿美元）
深圳证券交易所	3.4	78	92.9	10.7
韩国证券交易所	1.5	103	30.8	2.0
澳大利亚证券交易所	1.5	63	46.3	0.87

资料来源：笔者根据两种资料整理而得：世界交易所联合会的数据，截至2019 年12 月31 日，https：//www. world-exchanges. org/our-work/statistics；上海证券交易所资本市场部 . 2019 年度全球资本市场运行盘点［EB/OL］.（2020 –03 –03）［2023 –02 –08］. http：//www. sse. com. cn/aboutus/research/report/c/5001577. pdf.

此外，上海资本市场的国际化程度相对较低，境外机构和国际资金参与证券交易的比例，要远低于纽约、伦敦等国际金融中心。而且，因为缺少国际板，所以，资本市场无法吸纳海外注册的全球著名企业在沪上市，但与此同时，大量优质中概股尤其是金融科技企业却远赴美国纳斯达克、纽约证券交易所上市。相较全球主要证券交易所，债券市场国际资源配置功能同样需要提升。2019 年，上海证券交易所现有债券中 74% 为国内公司债，但暂无外国债券。而同期，伦敦证券交易所国内公司债和外国债券呈现分庭抗礼的态势。①

二、上海市政府科技金融政策

总体来看，上海科技金融政策体系相对完备。《“十三五”国家科技创新规划》提出，完善科技与金融结合机制，大力发展创业投资和多层次资本市场。上海市积极响应国家政策号召，出台了一系列金融支持科创中心建设的政策措施，探索政策激活科技金融春水。

根据《“十三五”国家科技创新规划》中提出的“健全支持科技创新创业的金融体系，发挥金融创新对创新创业的重要助推作用，开发符合创新需求的金融产品和服务，大力发展创业投资和多层次资本市场，完善科技和金融结合机制，提高直接融资比重，形成各类金融工具协同融合的科技金融生态”②，上海市制定并颁布了多项政策意见和实施方案。在国家法

① 2019 年债券市场统计分析报告［R］. 北京：中央结算公司统计监测部，2020.

② 国务院 . 国务院关于印发《“十三五”国家科技创新规划》的通知［EB/OL］.（2016 –07 –28）. https：//www. gov. cn/gongbao/content/2016/content_ 5103134. htm.

规政策的基本框架下，上海市的地方政策可细分为两个层次：第一层次是由上海市人民政府印发的科技金融综合性政策，重要文件有《关于促进金融服务创新支持上海科技创新中心建设的实施意见》《关于推动科技金融服务创新促进科技企业发展的实施意见》等；第二层次是由上海市各职能部门印发的涵盖不同金融渠道的配套政策措施，主要包括科技信贷、创业投资、资本市场和服务创新等领域。

上海和北京都较早地运用政策手段，解决科技企业融资难的问题。上海于2007年制定《科技小巨人工程实施办法》，北京则早在2003年就开始实施“瞪羚计划”，为早期科创企业提供金融支持。2011年，中国正式启动科技和金融结合试点工作。

三、上海市政府引导基金发展现状

1. 引导基金发展相对较快，但排名相对落后

近年来，上海市政府引导基金发展较快，基金数量和基金规模迅速扩展。上海市级层面的第一只政府创投引导基金，是2007年成立的杨浦区创投引导基金。根据清科私募通数据库，截至2018年5月，上海市政府引导基金中的创投引导基金共有21只，基金总体目标规模达到625.985亿元。然而，根据清科私募通数据库2016年与2017年中国政府引导基金排名榜单，上海市仅有两只政府引导基金入围，排名也相对靠后。2017年，还“跌下”了前十的榜单。①

2. 管理模式以委托管理为主，组织形式以有限合伙制为主

从引导基金管理模式看，有8只引导基金采用自我管理模式，占比达到38.1%，其余引导基金均采用委托管理模式。从引导基金组织形式看，占比达到66.67%的引导基金选择了有限合伙制作为其组织形式。目前，上述情况与中国政府引导基金在管理模式和组织形式上的现状基本一致。

四、上海多层次融资及风险担保机制与保障服务

上海市辖区内各银行及金融机构积极探索多层次融资机制及风险分担

---

① 笔者根据清科私募通数据库的相关数据整理而得。

机制，多层次融资与风险担保机制架构，见图7－4。该机制主要以财政资金为引导，不断积聚科技金融中心的核心要素，增强科技金融内生发展动力，为破解科技创新企业尤其是中小企业的融资约束提供支持。

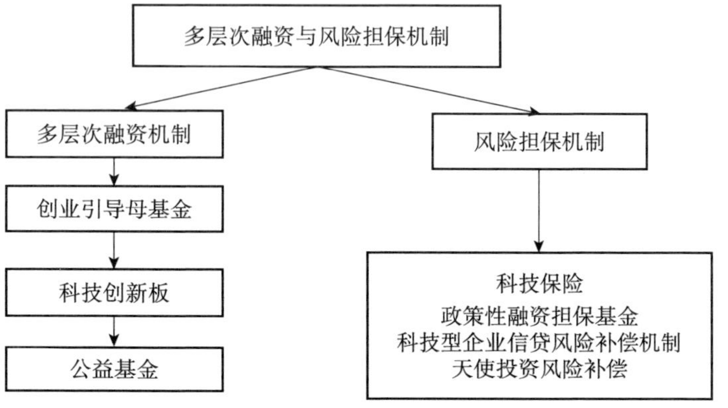

图7－4 多层次融资与风险担保机制架构

资料来源：笔者根据上海市政府官网公开资料绘制而得。

1. 科技保险主动对接科技型企业发展需求

上海保险业高度契合科技企业的发展需求，服务实体经济，对上海科创中心建设的支撑作用日益显著。上海是科技保险的第二批试点城市，虽然开展时间并不长，但保险公司积极开发新型保险产品，为科技创新提供风险管理的工具和融资保障，尤其是针对重大科技创新项目和科技企业的保险新产品，比如，科技履约保险。

上海科技履约保险等产品的市场认可度不断提升，科技保险服务的受益范围和辐射范围日益扩大。对处于初创期或成长期的企业无异于“雪中送炭”，助力企业创新发展。在企业科技信贷融资中，科技保险也发挥了重要作用。企业在贷款逾期未还时，违约风险由政府相关机构、保险机构、银行按比例承担，以此有效地协调部门间的利益与风险。科技履约保险参与信贷过程，切实解决了高科技企业融资贵的问题，有效地降低融资成本。此外，上海市中小微企业政策性融资担保基金也推动了中小科技企业发展，主要采取批量担保、个案担保方式，为中小科创企业提供信贷担保服务。

2. 风险补偿机制激励对于中小企业、初创企业的科技金融融资支持

上海探索以信贷风险补偿财政专项资金的形式，对商业银行发放的中小

微企业贷款的不良损失予以补偿。截至2017年末，上海市辖区内86家小微企业信贷绩效突出的商业银行获得信贷奖励①，鼓励商业银行扩大对科技型中小微企业的信贷支持。此外，上海采取一系列举措推动天使投资、风险投资等的集聚发展，助力促进初创企业、中小科技企业融资。2016年发布《上海市天使投资风险补偿管理实施细则（试行）通知》，2017年3月，上海市科技金融信息服务平台开始受理天使投资风险补偿项目入库申请，大量天使投资受益。

第三节　上海市场化的科技金融供给主体发展现状

一、科技信贷服务发展现状

1. 相对完善的科技信贷服务体系

上海的科技信贷主要体现在以上海市科学技术委员会构建的上海“4+X”科技信贷服务体系，见表7-4，该服务体系包括履约贷（科技型中小企业短期贷款履约保证保险）、信用贷（科技小巨人信用贷）、创投贷（科技创投贷款）、微贷通（科技小微企业微贷通贷款）四大核心产品，以及个性化科技信贷产品。为处于不同生命周期的中小科创企业提供信贷服务与信贷支持。

表7-4　上海“4+X”科技信贷服务体系

“4+X”科技信贷服务体系		信贷支持阶段	坏账风险承担	贷款额度
四大核心产品	履约贷（科技型中小企业短期贷款履约保证保险）	主要针对成长期的科技型中小企业	政府、银行和保险公司合作分担坏账风险	100万～500万元
	信用贷（科技小巨人信用贷）	主要针对上海市科技小巨人企业及培育企业	政府仅提供发牌的企业名单，不承担任何坏账风险	500万～3 000万元
	创投贷（科技创投贷款）	主要针对科技型中小微企业	无	不超过1 000万元
	微贷通（科技小微企业微贷通贷款）	主要针对初创科技型小微企业	坏账分担比例由政府、银行和保险公司分别承担40%、20%和40%	50万～200万元
X		满足某类企业特质的个性化科技信贷产品		

资料来源：笔者根据上海市科技金融服务平台及相关政府官网资料整理而得。

① 上海银保监局．金融大治理中的上海银行业监管思考［M］．北京：中国金融出版社，2018.

2. 科技信贷产品不断创新，为企业提供信贷支持

上海不断创新科技信贷产品，为科技创新企业提供多元化的信贷支持。上海“4 + X”科技信贷开展情况，见表7 – 5，其中，主要以科技履约贷为主，历年累计贷款额 186. 4222 亿元，在科技信贷中占比高达 52. 05%。历年累计贷款企业家数有 4 728 家，在科技信贷中占比达 77. 04%。小巨人信用贷占比次之，历年累计贷款额为 159. 7261 亿元，占比 44. 60%，历年累计贷款企业家数为 1 111 家，占比为 18. 10%。但科技创投贷和科技微贷通等比较新的科技信贷产品的历年累计贷款额和累计贷款企业家数都较少，二者合计占比分别仅为 1. 56% 和 4. 29%。

表7 – 5　上海“4 + X”科技信贷开展情况

开展情况	科技履约贷	小巨人信用贷	科技创投贷	科技微贷通	其他	合计
历年累计贷款额（亿元）	186. 4222	159. 7261	2. 5280	3. 0506	6. 4110	358. 1379
历年累计贷款企业家数（家）	4728	1111	35	216	47	6137

资料来源：笔者根据上海市科技金融信息服务平台截至 2022 年的相关数据计算整理而得，http：//kjjr. shtic. com/index_ old. php.

二、资本市场服务科技创新发展现状

（一）上海主板市场比较发达，但资源要素主要向传统大型企业倾斜

上海主板市场比较发达，为大型企业提供了直接融资渠道。上海市主板市场上市企业数量，见图7 – 5。截至 2018 年 12 月底，在主板市场上市的上海市企业共计 208 家，遍布上海市 16 个现代服务集聚区，其中，仅有荣丰控股、三湘印象 2 家企业是在深圳证券交易所上市，其余 206 家企业均在上海证券交易所 A 股上市。近年来，上海市主板市场上市企业的数量不断增加，年平均增速达到 12. 26%，且其增长速度由 2015 年的 9. 93% 提高到 2017 年的 18. 45%，是 2015 年增速的两倍。① 可见，上海主板市场正处于蓬勃发展阶段。但上海注重大型企业发展，资源要素主要向大型企业倾斜。这种发展趋势具有两面性，资源倾向于大企业会压缩对中小企业的资金

① 根据同花顺数据库的相关数据计算而得，http：//data. lojqka. com. cn.

支持及金融服务，特别是对不确定性较强的科创企业的扶持力度相对更低。

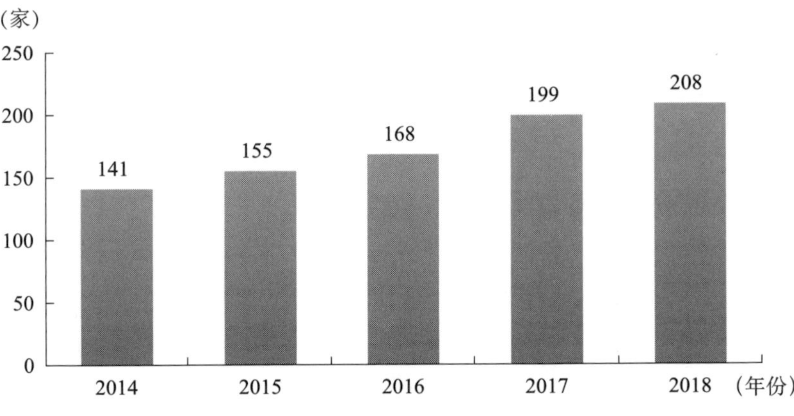

图7-5　上海市主板市场上市企业数量

资料来源：笔者根据同花顺数据库截至2018年的相关数据整理绘制而得，http://data.10jqka.com.cn/.

具体来说，截至2018年在主板市场上市的208家上海企业中，科技型企业有61家，占比仅为29.3%。① 可见，主板市场上的资源要素大多向传统大型企业倾斜，而急需资金融通的科技型企业所获得的市场支持较少。上海证券交易所主板市场上市企业中主要城市科技型企业类型分布，见表7-6。

表7-6　上海证券交易所主板市场上市企业中主要城市科技型企业类型分布

单位：家

城市	国有企业	民营企业	外资企业	集体企业	其他
北京	38	23	1	0	2
上海	26	30	3	1	1
深圳	9	13	2	0	1
杭州	7	13	0	0	0

资料来源：笔者根据同花顺数据库截至2018年的相关数据整理而得，http://data.10jqka.com.cn/.

（二）上海科技型企业获得中小板、创业板、新三板融资支持有限

1. 科技型企业通过中小板融资情况

对于某些达不到主板市场上市要求的企业，可以选择进入中小板市场来进行资金融通。根据国家统计局发布的《高技术产业（制造业）2017》

① 根据同花顺数据库截至2018年的数据计算而得。

以及《高技术产业（服务业）2018》行业划分，本书利用同花顺数据库进行筛选与整理。深圳证券交易所中小板市场中各地科技型企业对比情况，见图 7－6。结果发现，截至 2018 年，全国共有 919 家企业在深圳证券交易所中小板上市，其中，科技型企业共计 371 家，首发募集资金共计 2 259.22亿元，分布于北京、浙江、福建、江苏、上海等省市。其中，上海仅有 11 家科技型企业进入了中小板市场，与北京、深圳、杭州相比，处于末位，其首发募集资金仅为 59.22 亿元。整体来看，上海科技型企业无论是在上市规模还是在募集资金上都与深圳存在较大差距。这说明，对于广大的科技型企业来说，缺乏广阔的风险投资退出通道，深圳证券交易所中小板市场对于上海科技型企业的支持力度有限。

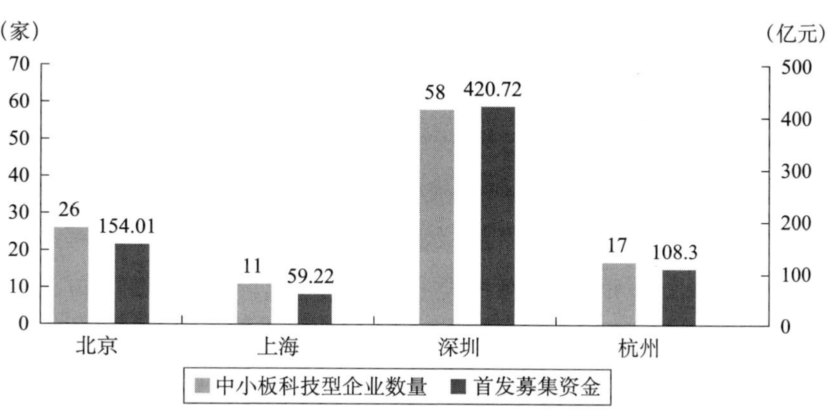

图 7－6　深圳证券交易所中小板市场中各地科技型企业对比情况

资料来源：笔者根据同花顺数据库截至 2018 年的相关数据整理绘制而得，http：//data.10jqka.com.cn/.

2. 科技型企业通过科创板融资情况

科创板的设立是中国资本市场深化改革的重大举措，科创板立足于服务国家科技创新的重大战略需求，为科技创新企业提供高效、优质的直接融资服务与支持。上海证券交易所科创板于 2018 年 11 月提出设立，2019 年 6 月正式开板，实行注册制。2019 年 7 月，首批 25 家企业在科创板正式挂牌上市。自开板以来，截至 2022 年底，共有 500 家企业在科创板成功上市。2019 年开板首年，共有 70 家企业上市，此后逐年递增，2021 年上市企业达创纪录的 162 家。

科创板上市企业地区分布情况（截至 2022 年底），见图 7－7。从科创板上市企业地区分布来看，江苏省最多，有 96 家上市企业，占比 19.2%；之后是上海，有 78 家上市企业，占比达 15.6%。科创板新增上市企业行业分布情况（截至 2022 年底），见表 7－7。科创板新增上市企业主要集中于新一代信息技术产业、生物产业、高端装备制造产业、新材料产业、节能环保产业等高新技术产业。其中，新一代信息技术产业、生物产业、高端装备制造产业三大战略性新兴高科技产业占比高达 70% 以上，充分说明科创板的设立为科技创新企业提供了有效的直接融资支持。

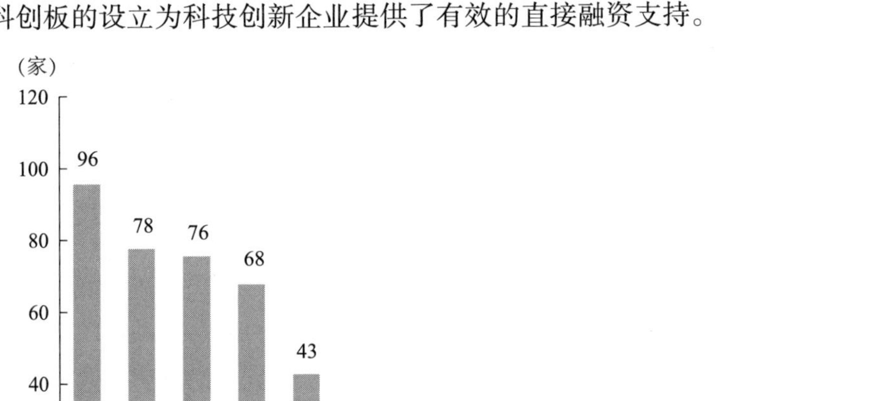

图 7－7　科创板上市企业地区分布情况（截至 2022 年底）

资料来源：笔者根据万得（Wind）数据库的相关数据整理绘制而得，https：//www. wind. com. cn.

表 7－7　科创板新增上市企业行业分布情况（截至 2022 年底）　单位：家

万得（Wind）主题行业	2022 年新增企业	2021 年新增企业	2020 年新增企业
新一代信息技术产业	61	56	48
生物产业	22	37	29
高端装备制造产业	17	29	28
新材料产业	11	20	18
节能环保产业	5	10	11
新能源产业	4	9	5
新能源汽车产业	0	2	4
相关服务业	0	1	2
数字创意产业	0	1	0

资料来源：笔者根据万得（Wind）数据库的相关数据整理而得，https：//www. wind. com. cn.

3. 科技型企业通过新三板市场融资情况

新三板市场为广大中小企业提供新的融资渠道。截至2019年，全国共有13 247家企业在新三板市场上市，上海企业有715家。① 2014～2019年新三板市场的上海企业数量，见图7－8，其中，基础层和创新层分别为656家和59家，基础层占到总企业数量的八成以上。而在2017年前后，企业数量无论是在基础层还是创新层都保持了较高的增长势头，2018年、2019年则呈下降趋势。因此，上海要加大资本市场助推企业发展的作用，促进符合新三板市场上市条件的企业上市融资。

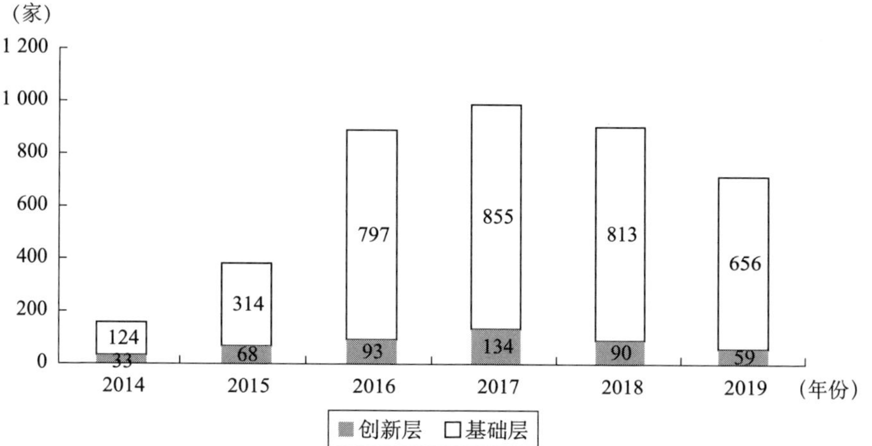

图7－8　2014～2019年新三板市场的上海企业数量

资料来源：笔者根据全国中小企业股份转让系统，2014～2019年的相关数据整理绘制而得，https：//www.neeq.com.cn/static/statisticdata.html.

（三）上海股权托管交易中心市场发展较快，对科技企业支持力度较大

上海股权托管交易中心成立，改善了中国中小企业融资渠道窄、融资费用高的难题，越来越多的初创型企业进入上海股权托管交易中心市场来寻求多样性的融资渠道。2015年开创的科创板进一步为企业发展带来了红利，使其资金筹集问题有更多的选择性。2015～2019年，Q板的挂牌企业数量稳步上升①，科创板则已有9 000多家企业在上海股权托管交易中心挂

① 根据全国中小企业股份转让系统截至2019年的相关数据整理而得，https：//www.neeq.com.cn/static/statisticdata.html.

牌，N 板的挂牌企业数量也一直稳步上升，自 2015 年成立以来，经过 9 批挂牌，其拥有的企业数已由 2015 年末的 27 家，增至 2019 年的 296 家，三年内涨幅达到 996%。上海股权托管交易中心挂牌企业情况，见表 7 – 8。

表 7 – 8　　上海股权托管交易中心挂牌企业情况　　单位：家

挂牌企业情况	2015 年 12 月 31 日	2016 年 12 月 31 日	2017 年 12 月 31 日	2018 年 12 月 31 日	2019 年 12 月 31 日
Q 板挂牌企业数	7 684	8 900	9 052	9 139	9 315
E 板挂牌企业数	518	664	687	446	459
N 板挂牌企业数	27	102	172	223	296
挂牌企业总数	8 229	9 666	9 911	9 808	10 070

资料来源：笔者根据上海股权托管交易中心截至 2019 年 12 月 31 日的相关数据整理而得，http：//www. sse. com. cn/.

三、风险投资及创业投资处于全国领先水平

（一）风险投资机构总量领先，但密度相对较低

上海风险投资发展水平在国内处于第一梯队，风险投资机构数量众多，在国内处于领先地位。截至 2018 年 6 月，各地风险投资机构总部存量，见表 7 – 9。其中，北京风险投资机构数量最多，达到 11 088 家，之后为上海，达到 9 169 家，各城市风险投资机构分布很不均匀。从机构类型上看，上海的风险投资机构主要是 PE 机构与 VC 机构，占比约为 52. 10%，其中，PE 机构占比最高。但上海等城市专注于初创企业种子阶段投资的早期投资机构数量较少。从 VC 机构存量排名上看，依次是北京、上海、深圳、杭州，尽管数量有所差距，但是前三名差距不大。但早期投资机构数量分布差距明显，北京有 188 家，占全国 627 家的 29. 98%，之后为上海，有 122 家，占比 19. 46%，分布不均。

表 7 – 9　　各地风险投资机构总部存量　　单位：家

风险投资机构类型	北京	上海	深圳	杭州
创投机构总数	11 088	9 169	7 808	2 624
PE 机构	4 477	3 633	3 110	995
VC 机构	1 262	1 144	893	438
战略投资机构	721	356	242	124
早期投资机构	188	112	68	47

续表

风险投资机构类型	北京	上海	深圳	杭州
基金中的基金（FOFs）机构	34	28	14	17
另类投资机构	7	14	10	0
其他	4 399	3 882	3 471	1 003

资料来源：笔者根据清科私募通数据库截至 2018 年 6 月的相关数据计算整理而得，https：//www. pedata. cn/data/index. html.

上海风险投资机构数量位居第 2，但各城市的城市规模等因素各不相同，因此，在考虑了各城市建成区的面积因素之后，计算了各城市单位面积风险投资机构数量。在城市面积选择时，为了避免郊区对于计算城市风险投资机构密度的影响，需要界定城区和郊区的范围。但是，一些城市对城区范围界定不够明确，为了使误差最小化，本书使用城市建成区面积①的概念来代替城市的城区面积。各城市建成区每平方千米风险投资机构数，见图 7 –9。尽管结果可能会有所偏差，但仍然反映了一些问题：深圳每平方千米有 8. 68 家风险投资机构，密度最高；之后为北京，每平方千米有 7. 91 家，上海每平方千米有 6. 64 家。不难看出，城市风险投资机构密度排名与城市风险投资机构总量排名有较大差距，可从此角度理解深圳的科技创新缘何如此发达。

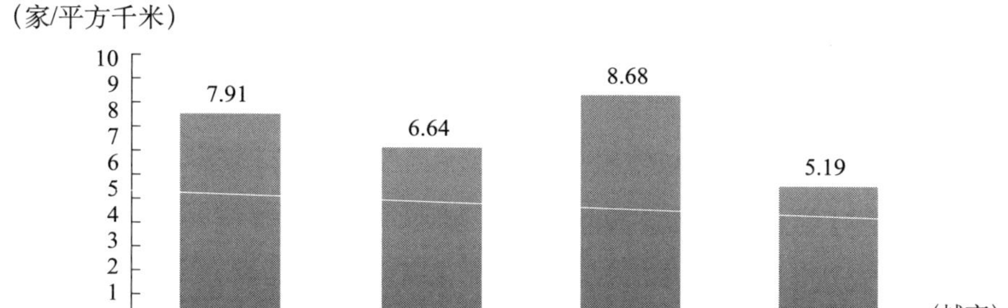

图 7 –9　各城市建成区每平方千米风险投资机构数

资料来源：笔者根据清科私募通数据库截至 2018 年 6 月的相关数据整理绘制而得，https：//www. pedata. cn/data/index. html.

① 城市建成区范围，一般是指，城市建成区外轮廓线所能包括的地区，即城市实际建设用地范围。该定义来源于 2001 年版《中国建设统计年鉴》的指标解释。

（二）企业吸引风险投资处于全国领先地位

上海企业历年吸引的风险投资金额，处于全国领先地位。各城市历年吸引风险投资金额，见图 7 - 10。从各城市企业历年使用的风险投资金额可以看出，北京企业历年的使用金额都排名第 1，远远领先于排名第 2 的上海，深圳、杭州在比较区间内一直位居北京、上海之后。在计算城市建成区单位土地吸引风险投资金额密度之后，各城市之间的差距有所缩小，排名也出现了变化。上海吸引风险投资的单位密度处于全国第 2。北京平均建成区单位土地承载的风险投资金额为 1.87 亿元，仍然排名第 1，且仍大幅领先于其他城市。上海平均每单位土地承载 1 亿元风险投资，仍然存在差距。

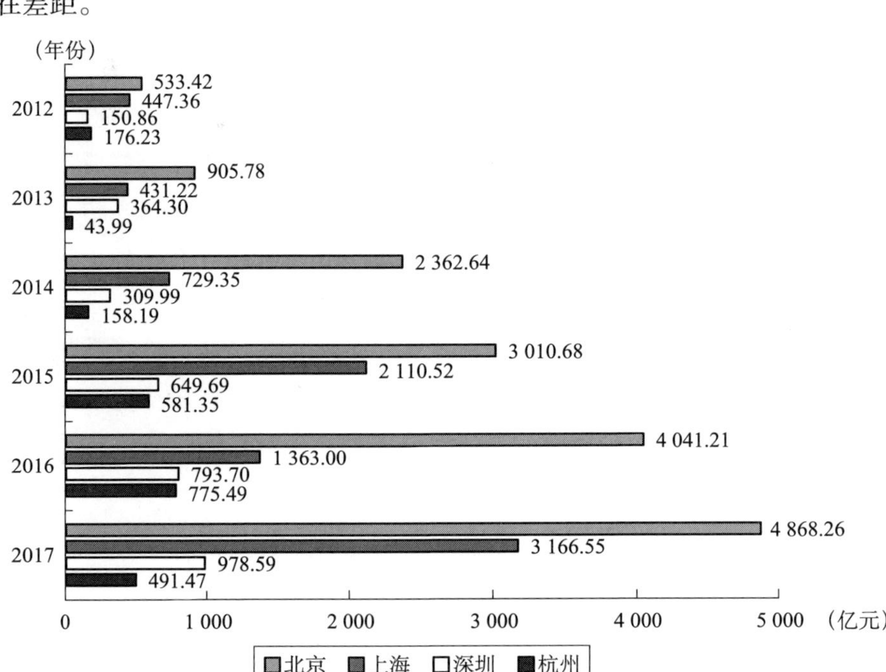

图 7 - 10　各城市历年吸引风险投资金额

资料来源：笔者根据清科私募通数据库截至 2018 年 6 月的相关数据整理绘制而得，https：//www. pedata. cn/data/index. html.

第四节　上海科技金融生态圈动态匹配状况与问题分析

一、科技信贷服务与科技金融需求的匹配状况及问题

（一）传统金融难以解决科技企业融资难、融资贵问题

传统金融机构在解决科创企业融资难时面临市场失灵问题，科创企业的特点与银行经营模式和经营原则的冲突导致传统银行惜贷。科技创业企业具有轻资产、无抵押、无担保、经营风险大、信用等级低、财务体系不健全等特点，其资金需求具有“急、小、频、短”的特点，不确定性大，风险高，使得企业的融资需求难以得到银行信贷的有效支持。在现有商业银行审慎经营理念和传统信贷文化的指导下，银行多持风险规避的谨慎态度，追求相对稳定的回报率，银行没有动力为科创企业提供信贷。而且，银企之间的信息不对称导致科技贷款成本很高（交易成本、监督成本、风险管理成本），在一定程度上影响融资效果。一些调查研究也表明，上海科技型中小企业面临融资难、融资贵的问题，在实践中存在，如，贷款的条件过于苛刻、贷款利率和贷款费用高等诸多障碍和问题。①

此外，与纽约、伦敦等全球城市相比，上海贷款可获得性指数相对较小，企业信贷可得性较低，这将导致科创企业获得的贷款较少，但是，贷款往往是科技型企业的重要融资渠道之一。主要全球城市信贷可得性指数对比情况，见表 7－10。

表 7－10　　主要全球城市信贷可得性指数对比情况

指标	三级指标	四级指标	纽约	伦敦	东京	巴黎	新加坡
商务成本	资金	贷款可获得性指数	1.13	0.67	1.31	0.94	0.72
			香港	北京	上海	深圳	广州
			0.39	0.27	0.28	0.3	0.55

资料来源：笔者根据 Numbeo 网站截至 2018 年的相关数据整理而得，https：//www. numbeo. com/common/.

① 刘江会. 金融支持上海建设具有全球影响力科技创新中心对策研究［J］. 科学发展，2017，103（6）：13－26.

（二）创新型金融机构浦发硅谷银行模式受到诸多制约，难以复制硅谷银行模式

浦发硅谷银行由上海浦东发展银行与美国硅谷银行合资建立，也是中国第一家真正意义上的科技银行。但是，从浦发硅谷银行的现实发展情况来看，难以复制硅谷银行的模式，对科技型中小企业的贷款支持力度仍需提升。2015～2018 年浦发硅谷银行发放贷款按担保方式分布情况，见图 7－11。从浦发硅谷银行发放贷款的方式来看，仍然以传统的抵质押贷款为主。根据 2015～2019 年浦发硅谷银行的年报数据，发放的贷款中抵质押贷款占比在 2015～2018 年基本上都在 75% 左右，虽然 2019 年有所下降，但占比仍在 65% 左右。保证贷款呈增加趋势，但信用贷款与保证贷款占比较低。而科技型中小企业受到资产状况及财务状况的限制，缺乏实质抵押物，难以满足商业银行的信贷要求。

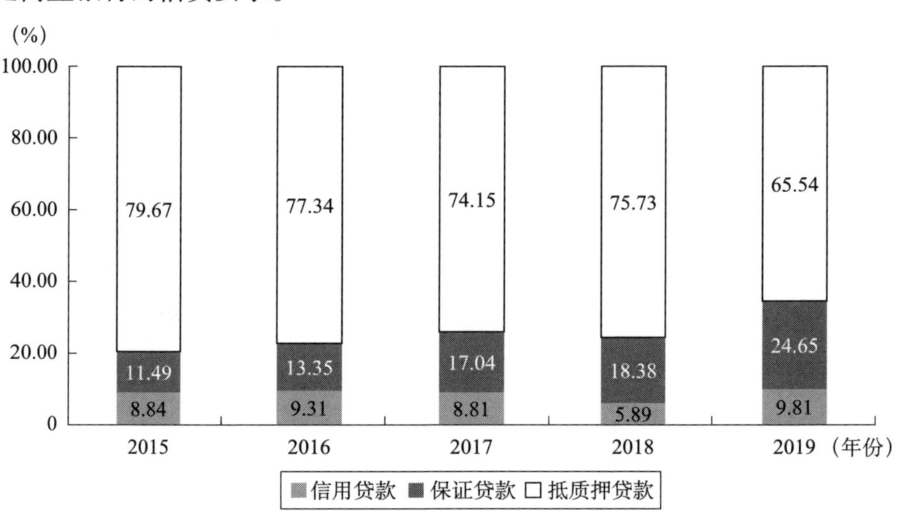

图 7－11　2015～2019 年浦发硅谷银行发放贷款按担保方式分布情况

资料来源：笔者根据浦发硅谷银行年报（2015～2019 年）的相关数据整理绘制而得。

浦发硅谷银行在上海发放的贷款情况，见图 7－12。从浦发硅谷银行发放贷款的地区分布来看，2015～2019 年，浦发硅谷银行对上海科创企业的贷款支持总体上是增加的。2015 年浦发硅谷银行在上海发放的贷款占贷款总额的比重为 27.03%，而 2019 年上升到 55.88%。

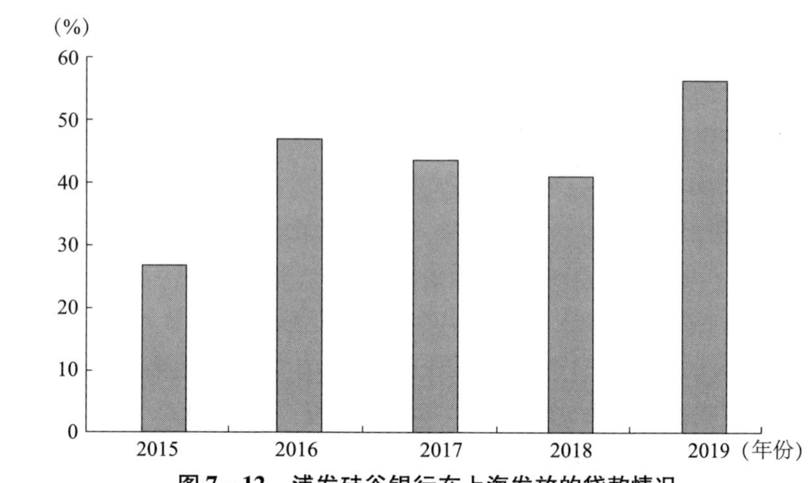

图 7-12　浦发硅谷银行在上海发放的贷款情况

资料来源：笔者根据浦发硅谷银行年报（2015～2019 年）的相关数据整理绘制而得。

最后，受政策限制，浦发硅谷银行难以复制美国硅谷银行的模式。美国硅谷银行与浦发硅谷银行业务对比情况，见表 7-11。通过两者的业务对比可以看出，美国硅谷银行从事一些特色科技金融业务，如向风投基金提供贷款等业务，浦发硅谷银行受政策限制尚不可以开展。

表 7-11　　美国硅谷银行与浦发硅谷银行业务对比情况

业务对比	美国硅谷银行业务开展情况	浦发硅谷银行业务开展情况
对风险投资基金的业务	开户和基金托管等金融服务	尚未申请中国基金托管牌照
	通过关联公司（硅谷资本）直接投资给优秀风投基金	未开展
	向风投基金提供贷款	不可以
	给风投公司提供综合性金融服务	可以提供非融资的其他服务
对科技型企业的业务	给获得风投的创业企业提供贷款服务	可以
	直接股权投资科技型中小企业	通过认股权证开展投贷联动试点

资料来源：笔者根据美国硅谷银行官网，https：//www. sub. com/；浦发硅谷银行官网，https：//www. spd-sub and . com/cn/index. html 相关公开资料整理而得。

（三）科技金融业务供给不足，面临很多现实难题

受到经营理念、制度和法规的限制，上海科技金融创新业务仍然面临很多现实难题。目前，中国金融体系还是以间接融资为主，商业银行出于审慎经营原则、风控不匹配的限制，缺乏培育与扶持科创企业的主动性。科技信贷市场信息不对称导致市场失灵问题，会导致商业银行在科技贷款

市场中存在明显的“向右走”现象（赵昌文等，2009），即商业银行出于审慎经营原则倾向于向生命周期的右边（成熟期）的科创企业发放科技贷款，而科创企业最需要资金支持的是早期和初创期。此外，根据《中华人民共和国商业银行法》的规定，商业银行无法对企业进行直接投资，投贷联动业务受到法律和收益受限的双重影响，面临如何科学确定投资与贷款的比例、股权收益比例等现实难题。银行贷款债转股及退出缺乏科学依据，知识产权的评估、转让以及股权投资方面没有明确的法律规定，这些都不利于投贷联动业务的进一步发展。

二、上海资本市场层次功能不够完善，需提升对中小科技企业支持力度

（一）上海资本市场层次功能不够完善，科创板的推出部分弥补了此缺陷

上海资本市场发展历史较短，在科创板推出之前，资本市场的结构和功能不够完善。与纽约多层次的资本市场比较，上海资本市场缺失了第二层次和第三层次，第二层次主要是为高科技企业融资的市场，如美国的纳斯达克市场，第三层次是区域性证券市场，对应的是中国的新三板市场和中小板市场。第二层次和第三层次的主要功能，是促进科技型企业和中小企业的交易和融资。资本市场层次缺失，使得上海的企业主要在香港证券交易所、主板市场（上海证券交易所和深圳证券交易所）、纽约证券交易所 + 纳斯达克等不同资本市场首发募集资金。上海企业在不同资本市场上市首发募集资金比较，见表 7 – 12。

表 7 – 12　上海企业在不同资本市场上市首发募集资金比较　单位：亿元

年份	主板市场	北京证券交易所	科创板	创业板	香港证券交易所	纽约证券交易所 + 纳斯达克
2017	145	0	0	25	419	35
2018	83	0	0	0	284	260
2019	43	0	154	11	308	13
2020	112	0	945	167	858	219
2021	166	4	418	97	518	9

资料来源：上海市科学研究所，上海市科技创业中心，浦发银行上海分行．上海科技金融生态年度观察 2021［R］．上海：浦江创新论坛成果，2022.

2019 年，科创板的推出在一定程度上弥补了第二层次、第三层次的缺失，上海企业通过科创板上市首发募集的资金大幅增长，特别是 2020 年通过科创板上市募集的资金高达 945 亿元，超越在香港证券市场募集的资金。但仍然存在上市门槛较高，对科创企业估值难等问题，一些处于早期阶段、初创阶段和成长阶段的中小企业，往往难以满足盈利性要求，且短期商业前景不稳定，业绩波动较大，种种原因导致企业难以通过上市进行融资。此外，我国不同层次的资本市场之间缺少灵活的升降转板机制，纽约多层次的资本市场之间具有灵活升降互动的“梯形市场”机制，为上海市提供了一定借鉴。有利于企业向更高层次上升或向更低层次退出，实现优胜劣汰。

（二）债券市场单一，缺少中小企业债等新型债券形式

多层次的股权市场能给处于不同发展情况的企业提供广阔的融资空间、多样的融资选择，除股权市场外，债券市场也为科创企业提供了融资解决方案，但上海股权融资相对发达，而面向中小企业融资的多层次债券市场发展相对缓慢，发行数额小，产品不够丰富（刘江会，2017）。以近年来发展迅速的中小企业集合债为例，其克服了传统债券的多重弊端。

从中小企业债成交金额以及占比来看，上海证券交易所 2020 年债券成交情况，见表 7 – 13。成交总额为 115 009. 32 亿元，其中，公开发行公司债的成交金额为 40 223. 41 亿元，占总成交量的 34. 97%，而中小企业私募债成交金额为 30 340. 97 亿元，仅占总成交量的 26. 38%。中小企业作为中国实体经济发展的基础，市场应释放积极信号，需要政府发挥引导作用，适当引导市场导向，出台相关利好政策，充分发挥中小企业相关债券市场的融资功能，以满足广大中小企业的资金需求。

表 7 – 13　上海证券交易所 2020 年债券成交情况

债券类型	当年成交笔数（万笔）	当年成交金额（亿元）
记账式国债	67. 17	3 493. 25
地方政府债	0. 26	611. 62
金融债	15. 39	934. 62
企业债	11. 08	4 764. 29

续表

债券类型	当年成交笔数（万笔）	当年成交金额（亿元）
中小企业私募债	11. 23	30 340. 97
公开发行公司债	41. 61	40 223. 41
非公开发行公司债	1. 09	2 662. 35
可转债	15 379. 94	26 072. 20
可交换债	57. 20	1 425. 03
分离债	0	0
企业资产支持证券	1. 15	4 481. 58
信贷资产支持证券	0	0
其他债券	0	0
合计	15 586. 12	115 009. 32

资料来源：笔者根据上海债券信息网截至 2020 年 12 月的相关数据整理而得，http：//bond. sse. com. cn/.

三、风险投资与科创主体金融服务需求匹配状况及问题

科创企业与风险投资机构是科技金融生态圈的重要组成要素，科创企业为资金需求方，风险投资机构为资金的主要供给方，二者之间这种相互依存的关系使得它们比科技金融生态圈内的其他要素联系得更加紧密。任何一方出现不利因素都会影响另一方的发展，进而影响科技金融生态圈。风险投资专注于高成长性的中小企业，以及具有重要商业前景的创新技术、创新产品和创新服务等，更关注处于早期、初创阶段的企业（赵昌文等，2009）。

与全球主要的科创中心相比，上海风险投资的发展以及与企业生命周期的金融服务需求匹配状况，皆不尽如人意，主要表现在偏重成熟期交易，早期交易不足，未充分发挥风险投资对早期企业、初创期企业的支持作用。此外，上海缺乏科技引擎企业和超级独角兽企业。其中一个重要原因是，科技金融服务供给不足，尚未形成风险投资、创业投资的规模优势；上海缺乏本土科技引擎企业，而其恰恰是风险投资、创业投资的中坚力量，是上海公司创投（CVC）发展相对滞后的一个重要原因。

上海缺乏优质企业和优质项目，也在一定程度上降低了对风投机构的

吸引力，风险投资市场不够活跃，缺乏风险投资的领军机构，尤其缺乏具有广泛影响和完整投资链条的主导公司创投。

（一）上海与全球主要科创中心的风险投资发展比较

风险投资起源于英美等发达国家，经过长期发展，西方发达国家已经形成了一套完备的从上而下的风险投资体系，在交易体量以及交易效率上具备明显的比较优势。2018 年，纽约大学商学院和美国创业中心发布的《全球创业城市崛起》（*Rise of the Global Startup City*）报告，根据全球城市在创业风险投资案例数、吸引创业风险投资金额以及人均风险投资水平等方面的表现，将全球吸引风险投资中心划分为四个等级。① 全球吸引风险投资中心城市等级排名，见表 7－14。总体来看，欧美城市表现较好。北京进入第一梯队，为明星级，上海处于第二梯队，为精英级，杭州处于第三梯队，为领先级，广州处于第四梯队，为优异级。

表 7－14　全球吸引风险投资中心城市等级排名

城市等级	全球吸引风险投资中心城市
NO. 1 明星级	旧金山湾区、北京、波士顿、伦敦、洛杉矶、纽约
NO. 2 精英级	奥斯汀、班加罗尔、柏林、芝加哥、德里、孟买、巴黎、圣迭戈、上海、新加坡、斯德哥尔摩、西雅图
NO. 3 领先级	杭州、阿姆斯特丹、亚特兰大、巴塞罗那、达拉斯、丹佛、都柏林、赫尔辛基、香港、休斯敦、雅加达、迈阿密、费城、罗利－达勒姆、首尔、深圳、悉尼、东京、多伦多
NO. 4 优异级	巴尔的摩、博尔德、剑桥、夏洛特、金奈、哥本哈根、迪拜、广州、吉隆坡、墨尔本、米兰、明尼阿波利斯、蒙特利尔、慕尼黑、牛津、凤凰城、匹兹堡、波特兰、普罗沃、盐湖城、圣保罗、温哥华、苏黎世

资料来源：笔者根据 Center for American Entrepreneurship（CAE）. Rise of Global Startup City［EB/OL］. 2018. https：//startupsusa. org/global-startup-cities/. 的相关数据整理而得.

近年来，上海风险投资发展迅速，上海的综合实力和科技创新能力吸引了大量风险投资流入，但相比主要的科创中心，上海风险投资交易不够活跃，交易案例相对较少。风险投资金额前 18 名城市，见表 7－15。美国

① 《全球创业城市的崛起》报告中，将主要风险投资中心称为全球创业中心，该中心的评价指标主要以城市各类风险投资水平的数据衡量，因此，本书认为，这一划分也反映了全球城市吸引风险投资的等级。

已上榜 7 座城市成为最大赢家，而且上榜质量极佳，前 5 名中有 4 座是美国城市。中国有 3 座城市上榜，北京排名最前，2015～2017 年吸引风险投资资金 72819 百万美元，位列全球第 2；上海全球排名第 6，尽管排名靠前，但是，与旧金山和北京相比，在吸引资金额上尚有较大差距。

表 7－15　　风险投资金额前 18 名城市

排名	城市	金额（百万美元）	全球占比（%）	排名	城市	金额（百万美元）	全球占比（%）
1	旧金山	81 808	16.00	10	班加罗尔	10 568	2.10
2	北京	72 819	14.20	11	德里	8 749	1.70
3	纽约	33 763	6.60	12	柏林	7 291	1.40
4	圣何塞	24 857	4.90	13	圣地亚哥	6 030	1.20
5	波士顿	24 567	4.80	14	西雅图	5 710	1.10
6	上海	23 839	4.70	15	特拉维夫	5 280	1.00
7	洛杉矶	17 391	3.40	16	芝加哥	5 148	1.00
8	伦敦	15 650	3.10	17	新加坡	4 720	0.90
9	杭州	11 390	2.20	18	巴黎	4 578	0.90

注：表中投资金额是对各城市 2015～2017 年 3 年间投资金额的反映。

资料来源：笔者根据 Center for American Entrepreneurship（CAE）. Rise of Global Startup City [EB/OL]. 2018. https://startupsusa.org/global-startup-cities/. 的相关数据整理而得.

上海风险投资案例数相对较少。2015～2017 年世界各主要城市发生的风险投资案例数，排名前 20 名内的大多数城市都是欧美城市，其中，美国有 11 座城市上榜，遥遥领先。中国只有北京进入全球前 20 位，位列第 11，但与领先城市还有较大差距。而上海 3 年内累计投资案例 472 起，处于全球第 22 位，且上海风险投资案例增速放缓。从创业投资案例增长率情况来看，中国只有杭州上榜，在比较区间内案例数增长了 247%，而上海排名比较靠后，未进入前 20。

（二）成熟期交易发达，早期交易不足，与企业生命周期融资需求不匹配

科创企业生命周期通常分为种子期、初创期、成长期、成熟期四个阶段。在生命周期的不同阶段，企业融资需求不同。种子期是企业死亡的高发区，被称为“死亡谷”，该时期以自有资金、天使投资与政府扶持为主。

处于种子期、初创期的企业，资金需求大，但财务风险较高，难以获得外部融资支持，融资渠道较窄，会面临较高的融资约束。在种子期和初创期，企业风险很高，使得大量的社会资本不愿意投资，以谨慎为原则的商业银行更不会向其提供资金，这一时期成为投资的市场失灵时期。此时，风险投资开始大规模介入，与初创企业共同成长。在企业成长期，风险投资可以对项目进行合理评估并提供增值服务，是企业主要的融资方式之一。当企业进入成熟期，企业的收入状况与投入状况趋稳，风险投资退出。根据企业的生命周期，风险投资应主要在种子期、初创期介入，成长期大量参与，成熟期则逐步退出。

全美创业中心和纽约大学发布的《全球创业城市崛起》（*Rise-of-the-Global-Startup-City*）报告指出，近年来，风险投资市场最大的变化之一是，投资金额越来越大以及投资企业后期阶段的案例增多，并将这种偏向企业后期阶段的大金额投资称为“成熟期交易”。无论是从大型交易的案例数量，还是从大型交易的资金额来看，近年来，这些大型交易显著增长并明显在中国城市集中。但是，在投资早期、中小企业的种子基金和天使基金的发展方面，中国的全球城市表现不尽如人意。在种子基金和天使基金的投资案例数（企业早期融资）前 20 名的城市中，美国有 14 座城市上榜，印度有 3 座城市（德里、班加罗尔和孟买）上榜，但是，却没有一个中国的全球城市上榜。①

成熟期交易案例数前 20 名的全球城市，见表 7 – 16。从交易案例数来看，中国有 5 座城市位列前 20 名，虽然略少于美国的 7 座，但是，中国全球城市的案例数在全球占比较高，如，北京占全球该类案例数的 24%，上海占 14%，上榜城市合计占全球该类交易总量的 46%。从投资资金来看，中国全球城市领先优势更明显，有 5 座城市上榜前 20 名，该类交易资金占全球总量的 60%，其中，北京共吸引 466 亿美元，占全球总量的 43%，绝对领先于其他城市；而上海吸引 93 亿美元，占全球总量约 9%，也非常靠前。②

①② Center for American Entrepreneurship（CAE）. Rise of Global Startup City [EB/OL]. 2018. https：//startupsusa.org/global-startup-cities/.

表7－16　　成熟期交易案例数前20名的全球城市

排名	城市	交易案例数（个）	全球占比（%）	排名	城市	交易案例数（个）	全球占比（%）
1	北京	19	24	11	天津	2	3
2	旧金山	18	23	12	波士顿	1	1
3	上海	11	14	13	芝加哥	1	1
4	德里	4	5	14	迪拜	1	1
5	班加罗尔	3	4	15	伦敦	1	1
6	杭州	3	4	16	洛杉矶	1	1
7	纽约	3	4	17	迈阿密	1	1
8	柏林	2	3	18	圣何塞	1	1
9	雅加达	2	3	19	首尔	1	1
10	新加坡	2	3	20	深圳	1	1

注：案例数是对各城市2015～2017年大型投资案例的反映。

资料来源：笔者根据 Center for American Entrepreneurship（CAE）. Rise of Global Startup City［EB/OL］. 2018. https：//startupsusa. org/global-startup-cities/. 的相关数据整理而得.

显然，相较于在种子基金、天使基金投资水平方面的劣势，以上海为代表的中国一线城市在风险投资领域的成熟期交易方面则处于领先地位。但是，企业早期阶段对于风险投资的需求更迫切，因此，上海等中国全球城市在早期阶段案例的相对不足，将会严重制约其初创科技企业的发展。

上海历年融资案例投资阶段分布，见表7－17。从城市内企业融资阶段的变化趋势来看，企业初创期、企业扩张期的案例数量较高。具体来说，在2016年之前，投资企业初创期案例数量大多大于扩张期、成熟期，但在2016年之后，企业扩张期案例数量则开始大于企业初创期；而且，企业成熟期案例数增多，企业种子期案例数量占比则继续减少。上海风险投资的这种变化趋势，与企业的生命周期融资需求不相匹配。

表7－17　　上海历年融资案例投资阶段分布　　单位：个

投资阶段	2012年	2013年	2014年	2015年	2016年	2017年
种子期	121	148	479	916	471	237
初创期	220	273	463	1 018	1 037	843
扩张期	253	240	403	908	822	1 547
成熟期	117	118	164	418	560	1 300

资料来源：笔者根据清科私募通数据库截至2017年的相关数据整理而得，https：//www. pedata. cn/data/index. html.

（三）缺乏风险投资行业领军机构，弱化了风险投资“催化剂”作用

风险投资机构往往会表现出与高新技术企业类似的群簇效应，如果一个地区存在一家规模较大的风险投资机构，将会极大地吸引新的风险投资机构入驻。[①] 尽管上海在风险投资机构的设立数量、吸引金额以及投资案例数量上均处于领先地位，但不可否认，上海缺乏风投行业的领军机构。首先，根据清科集团的《2022 年中国股权投资年度排名报告》，早期投资机构排名前 20 强中，近一半集中在北京，上海不仅早期投资机构数量较少，而且排名比较靠后；其次，缺乏 VC 机构和 PE 机构的领军机构，这不利于构建良好的科技金融生态圈。2022 年中国 VC 机构排名和 PE 机构排名，见表 7－18。其中，中国排名前 10 的 VC 机构和 PE 机构，主要集中在北京、深圳等全球城市，而上海分别只有 2 家。

表 7－18　　2022 年中国 VC 机构排名和 PE 机构排名

排名	VC 机构	排名	PE 机构
1	红杉资本中国基金	1	高瓴投资
2	深圳市创新投资集团有限公司	2	中金资本
3	IDG 资本	3	腾讯投资
4	君联资本管理股份有限公司	4	金浦投资
5	江苏毅达股权投资基金管理有限公司	5	招银国际资本
6	苏州元禾控股股份有限公司	6	CPE 源峰
7	启明维创创业投资管理（上海）有限公司	7	国新基金
8	深圳市达晨财智创业投资管理有限公司	8	国投创新
9	GGV 纪源资本	9	招商资本
10	国投创业	10	中芯聚源

资料来源：笔者根据 2022 中国股权投资年度排名报告［R］. 北京：清科集团，2022 的相关数据整理而得.

风险投资行业领军机构，会对城市内的其他风投机构形成示范效应，并减少其信息搜寻成本，便于其学习专业风投机构的运作与管理，更好地进行目标企业的选择，推动地区风险投资水平、进而推动科技企业发

① 赵昌文，陈春发，唐英凯. 科技金融［M］. 北京：科学出版社，2009.

展。此外，风险投资机构的本地偏好特征，使得领军投资机构投资的本地科技创新企业大大受益，其资金支持、社会关系网络支持以及优质的管理层建设，将会更好地帮助当地科技创新企业的发展。

创新创业投资主体除了熟知的风险投资机构和被投资企业、创业者以外，还有一个重要的主体——公司创投（简称 CVC），公司创投为科创企业提供全生命周期、全链条的投融资服务，而且，孵化、培育众多创新企业尤其是独角兽企业，因此，公司创投成为最具竞争力和影响力的创新创业投资主体。2019～2021 年中国最活跃前十名公司创投（CVC）榜单，见表 7－19。2019 年 TOP10 中有 7 家公司创投在北京，2 家在杭州，1 家在深圳，而上海 1 家都没有。2020 年总部位于上海的公司创投只有哔哩哔哩一家，2021 年总部位于上海的有哔哩哔哩和上汽恒旭 2 家。而北京则是公司创投的大本营，深圳和杭州表现较好。因此，这些城市也成为创新企业、独角兽企业的集聚地和大本营。

表 7－19　2019～2021 年中国最活跃前十名公司创投（CVC）榜单　单位：起

2019 年			2020 年			2021 年		
投资主体	城市	事件数	投资主体	城市	事件数	投资主体	城市	事件数
腾讯投资	深圳	119	腾讯投资	深圳	170	腾讯投资	深圳	208
阿里巴巴	杭州	38	小米集团	北京	71	小米集团	北京	65
蚂蚁集团	杭州	36	字节跳动	北京	36	字节跳动	北京	50
小米集团	北京	32	联想创投	北京	30	联想创投	北京	32
百度风投	北京	27	阿里巴巴	杭州	27	哔哩哔哩	上海	32
字节跳动	北京	26	碧桂园创投	深圳	26	华为哈勃投资	深圳	24
京东	北京	20	哔哩哔哩	上海	25	阿里巴巴	杭州	24
新东方	北京	15	百度风投	北京	23	碧桂园创投	深圳	20
百度	北京	15	华为哈勃投资	深圳	18	百度风投	北京	18
好未来	北京	15	百度	北京	18	上汽恒旭	上海	14

资料来源：笔者根据 IT 桔子截至 2021 年的相关数据整理而得，https：//www. itjuzi. com/.

四、政府科技金融政策在解决“市场失灵”方面的作用及问题

（一）科技金融政策注重前瞻性，重点强化资本市场和创投

2010～2018 年，上海市委、上海市人民政府、上海市科学技术委员会

等共制定、颁布了 19 项涉及科技金融的综合性政策。综合性政策中以“实施意见”为多数，占 10 项，体现了上海市贯彻执行国家相关文件精神、阐明指导思想、明确目标任务、作出具体安排，并要求贯彻执行。近年来，上海市愈发注重前瞻性的统筹规划，且更突出“实”字。自 2015 年起，制定颁布相关规划、建设方案、计划共 3 项，2018 年由上海市政府出台 1 项具体行动方案。综合性政策对上海科技金融发展提出全面性要求，涉及银行、证券、保险等多个金融领域，尤其强化资本市场和创业投资，并鼓励支持外资参与。

2003 年，北京市实施中关村科技园区体制改革，之后，中关村管委会颁布了多项综合性科技金融政策，通过“瞪羚计划”“展翼计划”等促进科技创新发展。2017 年，北京以建设具有全球影响力的科技创新中心为引领，加快科技创新企业的培育发展并加强科技金融政策支持。

深圳市的科技金融综合政策以鼓励、支持小微企业创新发展为特色，主要围绕促进特区科技创新、创客发展、科技企业孵化。

（二）政府科技金融配套保障服务机制有待完善

目前，金融机构逐渐主动参与科技金融，除了关注科技金融供给主体及产品之外，还需要明确科技金融配套服务在发展过程中的短板，并针对此问题提供有效的解决方案。商业银行以及科技银行对科技企业的科技信贷支持不断加强，但在风险分担、信息共享及中介服务等方面，仍然存在不足。

一是缺乏有效的风险分担机制。在科技金融支持体系中，银行信贷资金风险容忍度最低（徐海龙和王宏伟，2018），因此，早期初创企业风险较高，不符合银行审慎经营原则，难以得到银行的信贷支持。限于财政资金约束及各商业性金融机构的专业化程度问题，以及缺少区县级担保基金和行业性担保基金，上海的风险分担机制和风险补偿机制仍有待完善。为科技金融市场提供支持的力度和覆盖范围都需加强。

二是科技投融资中介服务体系，特别是知识产权融资的服务体系，有待进一步完善。科技企业是知识技术密集型企业，开展知识产权融资对解决科创企业融资难至关重要，但目前，关于专利、商标等知识产权的评估、转让、交易的中介服务机构和平台尚不完善。

三是需要推进和完善面向科技型中小微企业的征信平台建设。目前，中小微企业财务信息不健全，缺少可长期观察的信用记录，相比上市公司，很多信息不公开、不透明，存在严重的信息不对称，信用信息归集存在数据鸿沟。财政科技投入信息、科创企业信息、工商税务等信息的互联互通和共享性不够，金融机构难以从一站式信用平台获取关于中小微科技企业的充足信息。

第八章　全球城市引领构建良好科技金融生态的路径选择

本书在科学、合理地界定科技金融生态圈定义的基础上，借鉴国内外研究经验，对标纽约、伦敦等良好的科技生态圈特点与构成要素，明确中国主要全球城市科技金融生态圈构建的短板与不足，提出全球城市引领构建良好科技金融生态圈的主要思路与路径选择。

第一节　构建良好科技金融生态圈的主要思路

根据前述国内外主要科技金融生态圈发展模式与演进经验，发现良好的科技金融生态圈都具有一些共性特征，即富有活力和创新能力的多层次创新主体、多元的科技金融供给主体、良好的政府与市场关系和强有力的科技金融外部支撑环境四个方面。近年来，上海出台多项政策措施，主动探索针对性的金融服务模式和配套监管机制，让金融引擎推动科创发展，实现科技与金融更好地融合。整体来看，上海科技金融生态环境不断改善，改革成效比较显著，逐步形成比较完善的科技金融服务体系。科技创新比较活跃，科技创新实力较强，创新土壤与创新文化得到进一步培育，但还存在一些明显的短板与不足。

对比这四大构成要素，根据对上海科技金融生态圈的分析，借鉴国内外良好科技金融生态圈的成功经验，立足上海市的基础和优势，提出构建良好的上海科技金融生态圈的主要思路：从这四大构成要素与共性特征入手，着力提升包括多层次创新主体、多元的科技金融供给主体、良好的政府与市场关系和强有力的科技金融外部支撑环境四个方面的能级，形成富有活力、可持续发展的良好的科技金融生态圈。构建良好的上海科技金融生态圈的思路，见图 8 – 1。

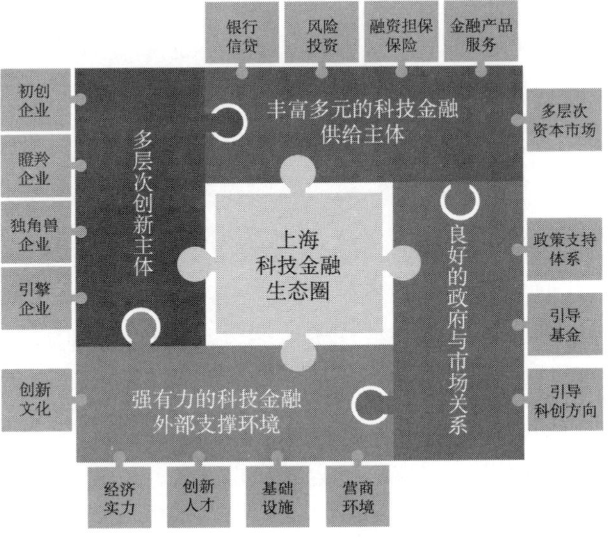

图 8-1　构建良好的上海科技金融生态圈的思路

资料来源：笔者根据相关公开资料整理绘制而得。

一、多层次创新主体构建思路

多层次创新主体是科技金融生态圈非常重要的一部分，是科技金融服务的需求方，是直接进行科技创新活动的创新创业者。建设科技金融生态圈的核心任务，是解决创新主体特别是科技型中小企业融资难这一阻碍科技创新创业活动发展的突出问题。多层次的企业、创新人才的集聚，是形成良好的创新创业生态、开展活跃的创新活动的前提。借鉴国内外发展经验，上海需要形成包括初创企业、瞪羚企业、独角兽企业、引擎企业在内的金字塔形的企业结构，形成富有活力和创新能力的多层次创新主体。首先，要鼓励大量富有活力的初创企业，形成大众创新、万众创业的局面；其次，采取各种激励措施培育一些有影响力和生命力的瞪羚企业、独角兽企业，最终成功培育本土科技引擎企业。

二、丰富多元的科技金融供给主体构建思路

多元化的科技金融供给主体是科技金融生态圈不可或缺的一部分，其

强大的资金支持是解决创新创业企业资金短缺最直接的方案。科技金融渗透到“雨林型”的科技金融生态系统，为科技创新主体提供全周期的科技金融服务。风险问题使得传统的银行信贷难以为初创的科技型小微企业提供充足的信贷支持，因此，需要创新风险补偿机制为银行大规模进入科技金融生态圈提供可能。同时，发达的风险投资、完善的融资担保保险等服务，也是为初创企业提供资金支持、分散风险的重要方式。另外，在直接融资平台方面，需要健全多层次资本市场，为不同发展阶段、不同风险的企业提供相对应的、多层次的直接融资服务。因此，中国全球城市需要构建多元丰富的科技金融供给主体，从而能够满足科技创新主体多元金融服务需求、能够为创新企业和创新项目提供与生命周期各个发展阶段相适应的金融产品与金融服务，实现科技金融供求适配。

三、构建良好的政府与市场关系

政府的作用是科技金融生态圈中尤为突出的一环。作为宏观经济管理者，一方面，政府发挥扶持作用，通过在基础设施建设、人才引进、税收减免等方面为初创企业提供政策支持，扶持初创企业成长；另一方面，政府可以运用掌握的社会经济资源，引导科技创新方向、引导民间资本进入科技创新领域。因此，中国的全球城市的市政府在出台相关配套支持政策的基础上，在尊重市场的前提下，适应市场需求，搭好平台、促进政策的有效实施，积极引导、推动科技创新发展。

四、科技金融外部支撑环境优化思路

科技金融生态圈不仅是科技创新者、资金供给方、政府管理者的三角互动，而且包括外部支撑环境，其影响科技金融生态圈的发展水平和运行效率。城市的经济实力、创新文化、基础设施与服务、创新人才、营商环境等，是外部支撑环境的组成部分。中国的全球城市在构建科技金融生态圈过程中，应同时关注外部支撑环境的建设，为创新人才的科创活动、初创企业的开办与发展，培育鼓励创新创业的社会氛围、打造“国际化、法治化、便利化、规范化、电子化”的良好营商环境，打造发达的基础设施以及多样化的中介机构，为创新创业提供杰出的会计、法律等专业服务，吸引国内外创新创业人才。

第二节　路径选择

近年来，上海市委、市政府就“促进金融服务创新、支持上海科技创新中心建设”出台了多项政策和意见，取得了一定成效，但对标国内外知名科技金融生态圈，上海科技金融生态圈的发展仍然存在短板和不足。上海具有庞大的银行体系和相对发达的资本市场，市政府也出台了各种鼓励科技创新活动的金融支持政策。要打造良好的科技金融生态圈，需要立足上海的基础和优势，根据上海科技金融生态圈的评价结果，针对未来发展的需求和现实“瓶颈”，借鉴国内外良好的科技金融生态圈的成功经验，才能找到行之有效的构建方案和现实路径。具有前瞻性、针对性、可操作性、可复制性并与上海资源禀赋条件和中国实际相结合的路径选择才能付诸实施，并能切实有助于上海建设具有全球影响力科创中心的目标。

基于以上思考，本书提出以下四条构建富有活力和特色、螺旋式上升的上海科技金融生态圈实现路径。

一、培育富有活力和创新能力的多层次创新主体

从创新主体来看，与国际领先的全球科技创新中心相比，上海本地企业研发投入力度和创新能力仍需提升，从而加大对本地高端制造业“龙头”企业的支持；上海瞪羚企业数量较少，远落后于北京；上海的独角兽企业行业分布广泛，但整体估值不高；上海民营经济和中小企业创新活力稍显不足，缺乏新兴的科技引擎企业。

国际知名科技金融生态圈的科技创新主体表现出共性特征，如注重扶持和鼓励初创企业发展，大量创新要素和初创企业集聚，孵化出的瞪羚企业、独角兽企业才能成长为科技引擎企业。从被誉为世界高科技中心、风险投资中心、创新创业中心的硅谷的发展演进经验看，多层次创新主体的构建与科技金融生态圈的发展相辅相成。一方面，创新企业集聚与大量科技引擎企业涌现，得益于硅谷先进、成熟的科技金融生态圈，目前，硅谷已形成由大型科技公司、初创企业、风险投资机构、科研院所、商业基础

设施等组成的先进、成熟的科技金融生态圈，不仅给初创企业提供了孕育成长的空间，也吸引了高科技企业；另一方面，大型企业和初创企业的集聚又吸引风险投资的注入，相应的金融服务机构也不断创新金融产品以满足科技创新主体的金融服务需求，这种互动发展、良性循环，使得科技金融生态圈不断优化，先进、成熟的科技金融生态圈与科技企业集聚形成了良性循环。

因此，培育富有活力和创新能力的多层次创新主体：一是夯实“雨林型”创新主体的金字塔底部，要从播种、育苗开始，给大量初创企业、中小企业足够的生长空间和配套支持；二是鼓励基础研究与产学研合作，促进科技成果转化与应用；三是通过财政、税收、人才、政府引导等多项政策配合，重点打造并培育上海科技创新的“龙头”企业，孵育出一批拥有自主知识产权和核心竞争力的本土创新型“龙头”企业。

具体建议主要有：一是借鉴硅谷校企合作模式，促进上海高校与企业之间的良性互动；二是借鉴以色列的大学创新创业教育与培训模式，培育创新人才与企业家精神；三是推广概念验证中心，助力重大科技成果市场化；四是依托长三角一体化战略，培育上海本土科技引擎企业。

二、完善丰富的多元科技金融供给主体

上海初步形成了“4 + 1 + 1”的科技金融服务体系，即投（VC、PE）、贷（银行、小额贷）、保（保险、担保）、引（政府引导），“一个机制”（科技金融保障机制）和“一个平台”（上海市科技金融信息服务平台）。但在满足科技创新主体的金融服务需求方面，仍然存在“供求错配”“供给不足”等问题：第一，传统金融机构，经营原则和信息不对称，难以满足中小科创企业的融资需求；第二，以浦发硅谷银行为例的创新型金融机构受政策限制，可能不能为科技型企业提供足够的贷款支持；第三，科技金融业务受经营理念和经营制度的影响，供给不足；第四，上海资本市场层次、功能不够完善，缺少灵活的升降转板机制，科创板的推出在一定程度上弥补了这一缺陷，但仍需深化改革；第五，债券市场产品单一，缺乏中小企业债等新型债券形式；第六，上海风险投资的发展与企业生命周期的金融服务需求不匹配，主要表现在偏重成

熟期交易，早期交易不足，未充分发挥风险投资对早期企业、初创企业的支持作用。

从全球领先的科技金融生态圈的发展模式与演进经验分析，在银行信贷方面，硅谷银行通过股权投资，开展投资联动、认股期权贷款、与风险投资机构合作，有效地为科创企业提供全周期、多元的金融服务。在多层次资本市场方面，纽约经过长期发展，形成了由主板市场、二板市场和场外市场组成的，集中与分散、全国与区域、场内与场外相结合、相协调的资本市场结构。而且，这种多层次的资本市场具有灵活的升降转板机制，充分发挥了资本市场“优胜劣汰”的作用，为不同层次、不同发展阶段和不同风险的企业提供多元化的融资选择。例如，在融资担保与保险方面，日本建立了较完善的中央和地方两级信用担保制度，建立并完善中小企业信用担保体系，提高了金融机构为高科技企业提供融资服务的信心，降低了高科技企业的融资成本，为科技型中小企业提供了重要的融资担保补充支持。

基于金融供给主体现状不足，上海可从三个方面进行完善：第一，以试点带动“投贷联动”，鼓励商业银行与外部金融机构合作，积极推动知识产权质押融资业务。第二，积极促进科技保险发展，加快设计并完善科技保险产品，逐步优化科技保险保费补贴机制，发挥高新技术企业出口信用保险作用。第三，完善多层次资本市场结构，以科创板为契机，完善为科技企业提供直接融资的制度等。构建并完善丰富多元、供求适配的科技金融供给体系。

三、积极发挥政府作用，有效解决市场失灵，引导科技金融生态圈良性发展

上海市政府对于科技金融有着相对完备的政策体系，政策支持力度持续增强，针对科技金融发展与体制机制之间的矛盾问题，建立了具有上海特色的“4465”科技金融框架体系。上海市的科技金融政策，总体上具有前瞻性。科技信贷以信用增级和风险补偿办法为主；在创业投资上，加大政府专项资金政策支持力度及联动统筹管理；多层次资本市场支持科创企业，并推进本地区域性股权市场发展；引导基金基本上发挥了财政资金的

杠杆放大效应，但总体资金利用率和支持力度有待提升，引导基金对“早期、高科技、中小企业”的引导支持作用尚需提升；在融资担保方面，科技保险发展存在产品单一、险种不均衡、政府配套服务风险分担机制缺乏等不足。此外，上海未充分发挥国际金融中心、金融科技中心的优势，金融与科技协同发展水平仍需提升。

在政府职能方面，纽约、东京、特拉维夫都探索出有效的支持科技创新发展的做法。纽约以包括“应用科学”计划、“众创空间”计划、“融资激励”计划等全方位的政策，支持中小企业发展。东京具有强大的政策性金融支持体系，对高科技企业进行税收减免并构建官产学研一体的科技创新系统，为高科技企业的发展提供了完善的金融支持。特拉维夫市政府引导基金和私人资本有机结合，为初创企业提供充沛的资金。爱尔兰作为“欧洲硅谷”，政府采取了包括调整政府工作部门职能、建立卓越的教育体系、建立科学基金会等方式支持科技创新。

伦敦、新加坡作为著名的国际金融中心和金融科技中心，为金融与科技的有机结合提供了良好的范例。伦敦通过推动“科技城”的建设，实现了“科技城”和“金融城”的双城互动，在“科技城”与“金融城”之间，不同的公司、行业相互碰撞、交叉融合，在“科技城”与“金融城”发展的同时，多样化的新商业生态逐渐形成，金融服务机构充分利用新兴技术，设立技术支持部门，改善金融服务，创新金融产品，推动金融科技快速发展，为金融行业提供技术服务。新加坡作为领先的国际金融中心，拥有大量专业化金融人才，同时，出台相关战略规划和具体政策加强自主创新，推动经济从劳动密集型向知识密集型转型。

中国全球城市要构建良好的政府与市场关系，需要进一步厘清政府与市场的边界，鼓励市场自主创新。但市场无法实现自我平衡，出现市场失灵的情形，需要政府的引导与支持。一是完善相应的支持政策，上海的相应政策尚比较完善。需要加强政策的协同性和可操作性，促进政策落地及有效执行，并发挥作用；二是政府积极搭建平台，促进科技金融供给主体与科技金融需求主体的有效对接；三是发挥政府公共服务职能；四是明确具有前瞻性，能够引导科技金融生态圈的发展方向，构建政府引领的科技金融服务共同体；五是提升政策有效性、加强对政企双方的监管，政府科技补贴、奖励等资金分配的普惠性，同时，强调效率和针对性。

四、优化科技金融外部支撑环境

上海的城市定位是国际经济中心、国际金融中心、国际航运中心、国际贸易中心和具有影响力的国际科技创新中心。在《上海市城市总体规划（2017～2035年）》中，明确了建设卓越的全球城市和社会主义国际大都市的目标。[①] 近年来，上海通过多种举措不断优化营商环境与创新创业环境，但与卓越全球城市相比仍存在不足。第一，根据世界银行报告，上海在政策公开、办事规范、法治环境等方面水平较高，但开办企业、保护投资者、纳税和跨境贸易等指标的名次相对靠后，上海的要素使用成本上升；第二，上海的政务效率虽在国内领先，但与伦敦、纽约等城市相比，仍有提升空间；第三，上海基础设施建设相对完善，但国际化深度不足；第四，上海经济自由度和市场化水平与顶级全球城市相比，有待进一步提高；第五，上海的科技金融第三方服务机构、国际化创新人才和颠覆式创新精神，与全球主要科技金融生态圈相比仍有提升空间。总体来看，上海的创业融资环境有较大发展、完善的空间。

国际上卓越的科技金融生态圈表现出共性的环境特征，也为中国全球城市构建良好的科技金融外部支撑环境提供了经验借鉴和路径选择：开放包容鼓励创新、不惧怕失败风险的城市文化；强大的经济实力能够为创新活动提供支持；发达的国际金融中心，为科技创新提供丰富的金融资源和强大的金融支撑；优秀的创新人才，推动科技创新发展；发达的基础设施，以及多样化的中介机构能为初创企业在创新活动过程中提供会计、法律等方面的专业服务，帮助企业成长；良好的营商环境，为企业的开办和成长提供便利。

---

① 上海市人民政府．上海市城市总体规划（2017～2035年）［EB/OL］．（2017－12－15）［2023－02－23］．https：//www.shanghai.gov.cn/nw42806/index.html.

第三节　完善丰富多元的科技金融供给主体的对策建议

一、以试点带动投贷联动，提高科技支行的专业化运作

（一）鼓励银行积极开展外部投贷联动，加强对科技中小企业的支持力度

上海作为投贷联动业务的试点城市，拥有 3 家试点银行和 1 个试点地区。但限于开展内部投贷联动业务的约束，建议积极争取试点支持政策，加大商业银行与 VC 机构、PE 机构合作，进一步推进“投贷联动”业务的开展。因此，上海应积极争取针对“投贷联动”业务的政策支持，利用上海金融改革开放前沿阵地的优势，先行先试，适当放松对科技贷款业务和投贷联动业务的分业监管限制，以投贷联动试点方式带动商业银行产品创新，加强商业银行投贷结合业务对科技企业的扶持力度，为建设良好的科技金融生态圈提供适合的金融产品与金融服务，具体做法有以下两点。

1. 发挥外部投贷联动业务功能，扩展业务适用范围

针对商业银行投贷联动业务范围限于内部投贷联动的情况，发挥外部投贷联动业务功能，拓展业务适用范围。对科技型中小企业贷款业务试点委托尽职调查工作，允许试点商业银行评审合作风险投资和私募股权投资（VC、PE）的有关项目，VC、PE 也可对试点商业银行的项目进行评估与分析，双方共同参与评审，使试点商业银行与投资机构的审批标准协调一致，进而提高效率、扩大投贷联动覆盖面。

2. 建议在中国（上海）自由贸易试验区内先行先试

利用上海在深化金融改革开放方面先行先试的制度优势，可以在中国（上海）自由贸易试验区内试点，针对中小科创企业的科技信贷及投贷联动业务，探索试点开展商业银行科技信贷业务的混业经营，在风险可控的前提下，允许试点商业银行与其合作的风险投资机构共同出资，建立股权投资机构，允许业务适当交叉，打通业务联系，实现真正意义上的投贷联动。鼓励试点商业银行为科创企业提供信贷支持，并为风险投资等机构提

供股权投资和增值服务，两者分工合作、相互配合，从根本上实现投贷联动，有效地为企业提供资金支持。

（二）以浦发硅谷银行为契机，提高科技支行的专业化运作

浦发硅谷银行是专注服务于科技型中小企业的合资银行，是全国第一批投贷联动业务试点商业银行之一。其可借鉴硅谷银行的经验与支撑，对创新企业提供业务服务与支持，但国内外金融环境及法律等约束使得浦发硅谷银行不可直接复制硅谷银行的业务，建议因地制宜加以借鉴与改进，以浦发硅谷银行为契机，逐步完善投贷联动等科技金融业务开展，提高科技支行专业化水平。

硅谷银行是培育与支持科技型企业发展的创业投资银行，为大量中小科创企业提供投资服务与咨询服务，虽然创业投资是高风险项目，但其坏账率却很低，仅为1%，这要得益于硅谷银行借助合作风险投资机构的经验与资源，二者密切合作，有效地克服了信息不对称。这也是其发展科技金融，创新金融方式支持科创企业发展最重要的经验之一。首先，出于资金安全的考虑，硅谷银行只为通过严格筛选的科创企业提供贷款；其次，硅谷银行持有风险投资机构的股份，通过交叉持股、密切合作，结成利益共同体，有效控制风险。

上海可以借鉴上述经验，规范商业银行科技支行的营运、提高科技金融服务专业化水平，在目前国内商业银行不能参股风险投资公司的情况下，可通过与风险投资公司密切合作，结合实际、大胆创新、先行先试，在培育、扶持科创企业发展的同时，提升科技支行服务水平，将其塑造成为专业化、特色化的科技金融服务机构，增强科技支行影响力。建议在中国（上海）自由贸易试验区先行先试的政策优势下，允许科技银行开展投贷联动业务的混业经营，在严格实施风险控制和风险管理的前提下，进一步放开利率限制和监管考核约束，探索设立、实施有利于科技信贷业务开展的新标准、新审核机制，最大限度地实施市场化运营。鼓励在高新技术开发区、金融改革示范区等科技与金融资源紧密结合的区域密集设立科技支行，大力开展科技信贷业务和投贷联动等业务创新，大力开发新型科技信贷产品，强化对科技企业的信贷支持力度。

二、积极促进科技保险发展，分散企业科技创新风险

目前，上海科技保险险种范围较为狭窄，产品结构过于单一，难以满足科技创新企业的保险要求。需要创新科技保险服务模式，提高科技保险服务水平。以更好地满足科创企业不同阶段的需求，开辟更广阔的发展空间。大力开发和创新科技保险产品，如，“保投联动”“保险＋期货”“保单质押融资”“知识产权保险”等创新产品，① 鼓励保险公司开发针对科技企业投保的企业财产险，针对研发人员开发特色的健康险等科技保险。保险公司应针对科创企业、研发人员的特点，精准设计特色保险产品，利用大数据精算等科学、合理定价，为科创企业和研发人员提供及时、有效、量身定做的特色科技保险产品和服务，在推动科技创新的同时，也提高保险公司的声誉和收益。

鼓励大力发展科技保险业务，通过科技保险补贴制度，引导和支持金融机构开发并创新保险产品，科技企业利用保险工具和科技保险产品化解风险和管理风险。建议启动科技保险专营机构的运行机制，出台更具体可行的科技保险补贴政策及专利补贴政策，以降低企业创新风险，加强对企业成长的扶持与保障。政府方面可借鉴国内外典型经验和典型做法，通过加强宣传推广、提供适度补贴、设立专项基金引导扶持等方式，吸引更多企业和金融机构参与。

目前，上海科技保险费占比最高的是出口信用保险，但险种比较单一，只有短期出口信用保险和中长期出口信用保险，而高新技术企业财产险、专利险等在内的其他险种占比很小。针对此种情况，可大力发展并推广高新技术企业出口信用保险、专利险、营业中断险等险种，可采取“保险＋补贴”模式，投保的高科技企业可以申请一定的补贴，政府也可以通过专项补贴、保费减免、税收优惠等举措鼓励企业投保，引导并鼓励保险公司开发相应的产品，提高服务水平。

① 易明．科技金融系统理论与实践［M］．北京：科学出版社，2019.

三、完善多层次资本市场结构，拓宽融资渠道

（一）完善多层次资本市场结构与优胜劣汰机制，满足科创企业多元融资需求

上海要发展多层次的资本市场体系，可以借鉴纽约、伦敦等全球城市资本市场建设的成功经验，结合国内特点发展多层次资本市场来满足不同科技型企业的多样化融资需求。上海积极建设的科创板，是中国多层次资本市场的有效补充，为广大科技创新型企业上市融资敞开了新的大门。因此，上海要借助科创板机遇，为科创企业提供高效的金融服务。

引进优胜劣汰机制，建立灵活的升降转板制度。从上升阶梯来看，企业在发展壮大时可以逐层进入高一级的市场，有效地推动企业发展。常见的上升路径，从最初的产权交易所到三板柜台市场，进一步进入创业板市场，最终到主板市场，股权融资的准入门槛、标准、要求也不断提高。从下降阶梯来看，要有逐层退出机制，当企业的经营绩效不再符合高层级市场标准和要求时，要让不合格企业及时退出，改变上市公司的“终身制”，优化金融资本配置。因此，要加快制定退市制度，推出可量化评估的退市标准。全球城市引领构建完善的多层次资本市场，引入灵活的转板机制，充分发挥资本市场“优胜劣汰”的功能和直接融资功能。资本市场应要求上市公司严格遵循不同层次的市场规则与上市标准，灵活升降，以满足不同层次企业的多元化需求。

（二）搭乘科创板顺风车，为企业发展提供更多融资机遇

科创板的推出是推动上海国际金融中心、科技金融中心建设的重大举措，为广大科技创新型企业上市融资敞开了新的大门，实行的注册制也提高了市场的价值发现功能。上海的资本市场现已形成主板、科创板、上海股权托管交易中心等多种形式的股份交易平台。科创板的设立，无疑为上海科技金融生态圈的构建注入了一股新鲜血液。积极完善科创板规则，鼓励更多资金流向创新型企业，以有效地缓解企业的融资约束问题。

一是采用更灵活的财务标准来评估科创企业的盈利能力。科创板作为首个配套注册制的场内市场，强调信息披露的完整性、真实性。信息透明方可上市，有效地改善了核准制行政介入过多的缺点。根据中国证

券监督管理委员会和上海证券交易所下发的多份针对科创板的政策规则，目前，存在发行股票上市的五套市值指标，大多考虑预估市值与净利润、营业收入之间的关系，且考虑企业经营活动所产生的现金流量净额。然而，处于生命周期不同发展阶段的科创企业的收入、利润、现金流等都存在差异，因此，如何合理地评估科创企业的盈利能力非常关键。科技创新型企业具有独特的“三无”属性，故在确定其成长潜力时，不能忽视其特点所带来的价值，企业的知识产权、专利水平是至关重要的资产，评估其盈利能力时需要聘请专门的评估机构，在确定其盈利水平时可适当缩短前推时期，以避免低估尚处于早期阶段或初创阶段的企业价值。总之，对科创企业进行盈利能力评估时，需要结合生命周期理论采取更灵活的财务标准。

二是采取可量化的退市指标且应侧重市场类数据。中国多层次资本市场的构建，需要各个板块实现有效的吐故纳新，2013 年以来，A 股年均退市企业数量仅为个位数，港股年均退市企业数量为 10 余家，而美股年均退市企业数量则为 300 余家。科创板作为新设板块，尚未实现有效退市，主要原因在于其退市制度所设定的财务标准不统一。例如，被暂停上市的标准是企业连续三年亏损，其判断依据是“净利润”，若企业第四年仍然亏损，则被强制退市，其判断标准则是“扣除非经常性损益前后的净利润孰低者”。① 这种模式容易导致一些企业为了逃避退市而选择在“非经常性损益”上动手脚，通过“非经常性损益”实现扭亏为盈，因此，科创板若想实现有效退市必须从制度上加以明确。在具体的退市制度设定上，可参考纳斯达克的退市标准。例如，纳斯达克的“一美元标准”，若公司未能达到持续上市标准，则按照市场竞争原则，该公司被退市。

纳斯达克每年都能有效地实现吐故纳新，科创板在设定退市标准时，可在一定程度上进行参考。此外，还需注意两个方面：一是要采用量化指标，非量化指标过于依靠主观判断，会导致社会资源被浪费，只有采用量化判断的依据，才能完全由市场主导；二是指标体系应是市场化数据和财

① 笔者根据中国证券监督管理委员会官网公开资料整理而得。

务数据相结合，且侧重于市场化数据，企业容易利用现有的财务指标粉饰财务报表，进行财务造假，因此，必须引入市场化数据，如股东人数、公众持股量、公众持股市值、最低报买价、做市商数、市值等，并且，提高这些数据在退市指标体系中的比重。市场类数据是市场对上市企业资质的公平反映，能够有效地实现科创板优胜劣汰的机制。同时要注意，指标的量化标准，应该结合中国科技创新型企业的发展特色，不可过高，也不可过低，合理设定才能维持科创板的长久活力。

四、吸引海外创业资金，拓宽资金来源，打造国际风险投资中心

相比国外前沿全球城市，上海吸引的国际风险投资案例数和风险投资金额较少，而且，考虑人均风险投资金额后，上海离前沿城市的差距更大。上海风险投资的国际化程度和国际影响力有待提升。究其原因，一方面，是当前中国的资本账户尚未完全开放，资本流入、流出有严格的限制，上海仍可以通过积极举办国际性的创业投资交流大会，增强其与国际创业投资市场的联系，加强上海科技企业、创投机构与海外创投机构之间的合作与沟通，拓宽上海初创科技企业的海外创业资金来源；另一方面，也是中国创业风险资金筹集渠道来源相对较少引起的，美国有包括养老金在内的母基金、银行、保险公司、政府部门等创业资金的供给者，使得美国风险资金的融资规模十分庞大。而当前中国风险资金主要来源于政府部门的引导资金、国有创业投资公司资金和民营部门资金，来源结构相对单一，决定了风险资本融资规模较小，也限制了其对于科技创新企业的扶持作用。

中国养老基金数额庞大，且国外已有养老金进入风险投资（VC）领域和私募股权（PE）领域的成功经验，上海应加以借鉴。养老基金全面进入 VC、PE 领域，需要国家的立法支持，但在局部地区，上海市政府可以争取通过在上海设立试点的方式，率先探索养老基金进入创业投资领域的投资方式、组织方式以及风险控制方式等，抢占风险投资领域的新高地。通过这一举措，上海可以在拓宽风险资金的来源渠道、扩大风险企业资金规模的同时，吸引更多国内外风险投资机构入驻。

五、参考“深创投”模式，政企联手做大做强创业投资

深圳市创新投资集团有限公司（简称“深创投”），1999 年由深圳市政府联合社会资本共同出资设立，是专业从事创业投资的具有广泛影响力和示范效应的国有创业投资公司。“深创投”已投资项目 1 532 个，累计投资金额约 923 亿元，其中，239 家投资企业分别在全球 17 个资本市场上市，形成了国际化、专业化、多元化的投资网络和服务网络。其在近年来的各类 VC 机构、PE 机构排名榜单中，一直稳居本土创投机构前三名。2016 ~ 2022 年，在清科中国创业投资机构年度评选中，“深创投”均为本土创投机构第 1 名。① 上海可借鉴“深创投”模式以下三点具体经验。

一是政府和民营部门合资设立，坚持市场化运作、支持高科技企业的导向。深创投主要为中小科创企业、高新技术企业提供投融资、咨询辅导等服务，兼具政府和市场的资源运作优势与管理优势。

二是注重与地方政府建立良好的合作关系，有效地发挥创业投资资金对创新的引导作用和支持作用。“深创投”并没有将眼光局限于本地，而是选择立足深圳，面向全国。投资时注重与各地方政府紧密合作，与地方政府合资设立创业投资子基金或引导基金。一方面，有利于按市场原则筛选优质项目；另一方面，也有利于项目管理，减少道德风险，达到合作共赢的目的。

三是建立严密的投资决策体系和风险控制体系，实行高管强制跟投机制与主动跟投机制，降低风险，保障投资质量。深创投建立了完善而富有成效的风险管理机制和投资决策机制。其一，采取投资经理团队负责制，要求对项目的筛选、评审、听证等全程负责；其二，实行“阳光下决策”机制与“全员参与”机制，在广泛征集意见、建议的基础上，最终由投资决策委员会投票表决；其三，实行高管强制跟投机制与主动跟投机制，投票表决通过的项目要求高管和投资经理团队强制跟投。员工出于风险自担原则，自愿跟投。通过一系列举措，保障投资项目质量。

① 深圳市创新投资集团有限公司官网，http：//www. szvc. com. cn.

第四节　构建良好的政府与市场关系，引导科技金融生态圈良性发展

一、完善长短期结合的效果评估机制，提升政策有效性

1. 确立政府资金利用效果评估机制，委托第三方实施

尽管许多研究表明，政府直接投入对科技创新有促进作用，但政府并非万能，在哪些领域投入政府资金，投入力度、投入方式等都需要认真考虑，并且，应当根据实际效果进行优化调整。无论是制定政策或修改政策，还是使用政府资金，都应当进行科学、严谨的评估。政府资源和能力的有限性，以及为避免利益冲突和道德风险，应当委托独立客观、具有相关专业评估能力的第三方机构（比如，科学研究机构、高等院校、专业服务机构）具体实施。

2. 为每一个申请政府资金支持的企业建立项目档案，短期评估和长期评估相结合

在项目申请立项和结项考核阶段，政府相关部门已经建立了科技项目立项、评审、验收等管理机制。政府资金支持项目要求申请人保证提交材料的真实性，失信惩戒。但是，资金使用的实际效果，往往需要更长的时间周期才能显现。科技企业申请获得政府补助和资金支持后，企业盈利能力和绩效在短期内会有改善，在生产规模投入上也有正向作用，但能否真正促进技术进步却难以测评。因此，主管部门应为每一个申请政府资金支持的企业建立项目档案，让信息可追溯，从而在更长时间周期内进行评估。

3. 整合现有各类网上申报管理平台，推进信息系统统一和数据标准化

政策有效性需要利用大数据分析，前提基础是统一的信息系统和标准化的数据信息。目前，上海市的科技项目，主要通过“中国上海”网站“一网通办”点击“上海市财政科技投入信息管理平台”进行申报，部分科技项目通过“上海科技”网站申报。上海市科技创新券的用券和兑券，通过“上海市科技创新券综合服务平台”申报，国家科技项目通过“国家

科技管理信息系统公共服务平台”申请。上海市“一网通办”，已经显著地提升了信息系统的统一程度和便利程度，应继续整合现有各类网上申报管理平台，推进信息系统的统一和数据标准化。

4. 建立评估结果监督机制，实施责任倒查

在对政策有效性进行短期评估、长期评估的基础上，上海市政府、上海市科学技术委员会等有关部门既可以评估结果为依据调整相关财政支持政策和财政制度供给，也可以根据独立、客观的评估报告对行政审核机关开展审计监督，对违法违规行为和严重失职行为实施责任倒查。

在科技金融领域存在市场失灵，但政府资金直接或间接参与市场、政府政策对部分产业（企业）的倾斜，也可能产生利益冲突等问题。要想保证政策的实际落实和持续有效，以有为政府推动有效市场的完善，则必须依据科学公正的评估结果，并将评估结果纳入政府工作绩效考核。上海市在金融支持科技创新领域，构建了评估监督机制和问责机制，是构建有为政府必不可少的环节。对行政机关问责，使制度更加完善，成为一个自给自足的闭合系统，符合权责相统一的原则。建立评估监督机制、实施责任倒查的目的在于，使具有真正科技创新能力的企业得到扶持，促进经济高质量发展，杜绝少数企业蒙混过关、打着科技创新的旗号骗取政府资金的现象。

二、加强对政企双方监管，保证政府科技补贴、奖励等分配的公平性

1. 对申报企业和个人的失信行为，应严格惩戒

诚信是科技创新的基石。目前，上海市正在认真贯彻落实 2018 年中共中央、国务院印发的《关于进一步加强科研诚信建设的若干意见》，要求对严重违背科研诚信要求的责任者实行“一票否决”。对从事科研的各类企业、社会组织，如果为获取科技补贴、研发专项资金、科技创新奖励等政府资金而造假的行为，都应当坚持零容忍，强化责任追究。发现一起，查处一起。政府职能部门应根据违法失信情节和社会危害程度严格惩戒。

2. 生成科研信用信息，将造假企业信息纳入上海市社会信用系统并在一定范围内公开

目前，对社会公开的企业失信信息和个人失信信息，主要为法院失信

被执行人名单信息。建议将造假骗取政府资金的申请企业及其直接责任人和主要负责人的信息在纳入审核部门“黑名单”的同时，纳入上海市社会信用系统，政府间信息共享互通，并在一定范围内公开。让守信者一路绿灯，失信者处处受限。

3. 推广全流程在线操作，实现过程监控，加强“双随机、一公开”监管

根据2019年1月1日起实施的《上海市科技创新券管理办法（试行)》，目前，上海市科技创新券综合服务平台已上线使用，用券和兑券都能在该平台上实现。另外，科技型中小企业技术创新资金项目、科技小巨人工程项目、创新创业服务体系建设项目等，通过上海市政府官网“一网通办”连接上海市财政科技投入信息管理平台在线申报。网上平台操作在便利申请人申报、提交材料的同时，更使申报审批的每一步骤可追踪、可查询。在此基础上，加强“双随机、一公开”监管，既可以加强对申报人的管理，也是对政府审核部门及其相关人员的监管，让政府审批权力在阳光下行使，使失信行为人无一漏网、难以立足。

三、构建政府引领的科技金融服务共同体

1. 政府是科技金融服务共同体的重要成员

上海市构建服务型政府成绩显著，通过搭建各类服务平台、整合资源，为科创企业、科研人员等市场主体提供更为便利的服务。比如，“一网通办”方便科技项目申请人在线填报，上海市科技创新券综合服务平台连接创新券各方主体（包括发券主体、用券主体和接收创新券并向政府兑券的主体）。在科技金融市场中，科技创新的特殊性和信息不对称等诸多因素导致市场失灵。政府则在弥补市场失灵中发挥重要作用，其在科技金融服务共同体中的服务功能主要体现在构建平台，为科技金融的供给方和需求方建立连接渠道。

2. 科技金融服务共同体的构建，需要政府引领

在科技金融生态圈中，政府不仅要发挥服务功能，服务科技金融的需求者和供给者，还应当发挥引领作用，尤其是在市场失灵的领域。在中国的现实经济环境下，政府作为引领社会发展的“火车头”，应通过财政支

持、税收优惠、政府引导基金等工具，对金融促进科技发展起到至关重要的作用。政府可以通过财政资源投入为科技创新提供服务，也可以通过政策工具影响科技服务业和科技金融服务主体的行为与活动，既有研发投入、税收优惠等直接财政政策支持，也有平台等基础设施建设、法律法规完善等公共服务支持。①

四、鼓励发展科技金融中介服务，打造科技金融创新软环境

1. 促进科技金融中介组织集聚，提升科技金融服务水平

纽约、伦敦作为全球著名的国际金融中心，成功打造卓越的全球城市科技金融生态圈的经验和重要原因之一，是其集聚了世界知名的金融中介机构与金融中介组织，且专业化服务水平较高，有效地保障了科技金融顺利有效开展与持续发展。会计师事务所、律师事务所、资产评估师事务所等高端金融服务中介以及人才等各类资源的聚集，为市场进一步发展提供了强有力的支撑。集聚金融的各类要素资源，打造完整的金融生态系统，能够提升产业能级，扩大产业规模，为企业发展提供动力，反过来，促进经济与金融进一步良性发展。目前，在科技金融整体发展水平方面，上海与卓越的全球城市尚有差距，这与其缺乏较为知名、专业化的科技金融中介服务机构密切相关。

2. 鼓励发展第三方科技金融中介服务

借鉴主要全球城市良好科技金融生态圈的发展经验，首先，上海要通过深化金融改革开放，加强与国际接轨的制度规则建设，大力吸引国际知名的会计师事务所、律师事务所、评估咨询机构、信用管理公司等科技金融中介服务机构入驻，特别是总部型、功能型的机构；其次，要鼓励培育和发展本土的会计师事务所、律师事务所、评估担保机构、信用信息咨询服务等功能性机构，形成国际化、专业化、市场化的科技金融服务体系。

此外，要推动向政府引导与市场调节相结合的模式转变，要借鉴美国、日本等国家科技服务机构发展的成功经验，同时，结合上海信息化发

① 贾宝林，宁凌，刘亮．科技服务业激励政策体系中的政府作用［J］．科技管理研究，2011（13）：23－29.

展突出的特点和市场需求走向，及时调整服务取向。推动由大企业技术革新向科技型中小企业技术创新转变，鼓励科技金融中介服务机构为科技型中小企业提供专业化、创新性服务，在激发中介服务机构活力的同时，推动科技成果转化。

第九章　中国主要全球城市区域的科技金融联动问题

第一节　区域科技金融问题提出的现实逻辑——以长三角区域为例

当今世界正经历百年未有之大变局，新一轮科技革命和产业变革深入发展，而且，全球创新发展呈现出以全球城市科技创新中心引领，全球城市区域作为创新共同体代表所在国参与全球科技创新竞争的新格局。中国以长三角区域为代表的全球城市区域正在引领区域科技金融联动实践。因此，本章从全球城市区域视角研究中国的科技金融实践，以长三角区域为例，探讨全球城市区域内科技金融的联动合作，为打造区域科技创新共同体，提升区域科技创新水平提供金融支持。全球主要经济体都非常重视对科技创新的支持。十九届五中全会明确提出坚持创新和科技自立自强在中国特色社会主义现代化国家建设中的主导地位，提出“十四五”时期创新能力显著提升，到2035年进入创新型国家前列的目标。① 十九届五中全会和中央经济工作会议都强调，要强化国家战略科技力量，发挥企业在科技创新中的主体作用。②

2019年12月，《长江三角洲区域一体化发展规划纲要》的发布，标志着长三角一体化国家发展战略的顺利实施。长三角区域是中国对外开放程度最高、经济活力和创新能力最强的区域之一，也是全球科技创新网络中具有重要影响力和创新活力的全球城市区域。2020年中国主要城市群科技创新发展指数比较，见图9－1。

---

①② 中国政府网．中国共产党第十九届中央委员会第五次全体会议公报［EB/OL］．［2020－10－29］．https：//www. gov. cn/xin wen/2020－10/29/content－5555877－htm.

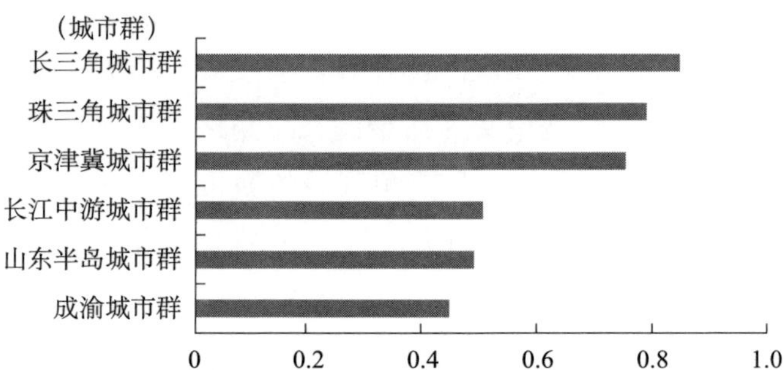

图9-1　2020年中国主要城市群科技创新发展指数比较

资料来源：笔者根据首都科技发展战略研究院．中国城市科技创新发展报告2020［R］．北京：首都科技发展战略研究院，2021的相关数据整理绘制而得．

金融是现代经济的核心，有效地服务实体经济是金融业安身立命之本（李扬，2017）。科技金融与创新生态的紧密结合，是建设创新型国家和促进区域经济高质量发展的重要基础和先决条件。科技金融作为创新驱动发展的"牛鼻子"，是拉动区域、国家经济增长和高质量创新发展的新引擎。长三角区域高质量一体化的重要依托是科创产业的协同发展，而科创产业协同发展需要科技金融的有力支撑。科技金融联动发展，既是长三角一体化的重要组成部分，更为构建长三角科技创新网络、打造开放型创新生态体系提供高质量的金融支持，也是打造长三角区域科技、资本、产业高水平循环的必然要求。

一、全球城市区域科技金融联动的现实逻辑

（一）打造全球领先的科技创新共同体需要区域科技金融联动提供有效支撑

长三角区域的区域创新能力突出，科技创新活跃，初步具备较好的创新生态。从国内城市群创新能力排名来看，长三角区域是国内创新能力最强最集中、创新产出最丰富的区域之一。全球城市上海正在建设具有全球影响力的科技创新中心，成为长三角区域科技创新的核心引领城市。杭州、南京、合肥、苏州等长三角区域城市的综合创新能力，在全国居于前列。

随着国家科技发展战略布局，长三角区域内科技协同创新水平和创新

合作程度不断提升，成为协同创新的发展高地。根据《长三角区域2021协同创新指数》报告，长三角区域国际科技论文合作数量在2011～2020年，增长了近5倍，以科技论文为纽带的长三角区域科研合作网络，实现全覆盖。① 在数字经济背景下，长三角区域的城市同样表现突出。上海位列第2，长三角区域以上海、杭州为代表，有22座城市入榜，是所有城市群中入榜最多的。②

2020年12月，科技部发布的《长三角科技创新共同体建设发展规划》提出长三角科技创新共同体的战略定位：高质量发展先行区、原始创新动力源、融合创新示范区、开放创新引领区，并提出2035年全面建成全球领先的科技创新共同体的建设目标。③ 而长三角区域科技金融联动，是长三角区域建设全球领先的科技创新共同体的关键要素和关键环节，是形成创新生态的关键纽带。

长三角区域科技金融联动，有强大的现实需求和现实驱动基础，国家政策利好，也为长三角区域科技金融联动提供了战略机遇。目前，长三角区域开放程度高，经济发达，市场化程度高，营商环境和创新生态比较好，有长三角一体化示范区、科创板、自由贸易试验区等国家战略利好政策，因此，长三角区域科技金融联动，既有打造科技创新共同体的内在需求，也有国家发展的战略机遇。

（二）双循环格局下发挥长三角区域的战略链接功能，形成科技、资本、产业的高水平良性循环

目前，中国正加快建立以内循环为主、外循环与内循环联动互补的双循环发展新格局，科技创新将成为推动经济高质量发展的驱动力量，科技金融的重要意义日益凸显。双循环新发展格局的核心要义之一，是通过创新和改革开放，提升国内大市场的开放度、创新性和流动性，畅通国内的

① 浙江省科技信息研究院和上海市科学学研究所，江苏省科技情报研究所，安徽省科技情报研究所．长三角区域2021协同创新指数发布［EB/OL］．（2022－02－07）．https：//stcsm.sh.gov.cn.

② 2019～2020中国城市数字经济发展报告［R］．北京：数字经济发展研究小组，2020.

③ 科技部．长三角科技创新共同体建设发展规划［EB/OL］．（2020－12－10）［2023－02－07］．http://www.gov.cn/zhengce/zhengceku/2020－12/30/content_5575110.htm.

大循环来更好地联通国内市场和国际市场。这与破除资源要素流动障碍，打造长三角区域创新生态和区域科技金融联动具有内在一致性，有助于形成科技、资本、产业的高水平良性循环。

（三）全球产业链布局重构背景下，要求为提升长三角区域在全球和区域产业链布局中的优势地位提供有效金融支持

目前，全球价值链格局呈现新的发展趋势：一是全球产业链“三足鼎立”格局已经形成，伴随全球化向区域化转变，中国成为全球产业链的重要中心；二是全球产业链布局从“离岸化”转向“近岸化”，从“全球化”转向“区域化”，从“一体化”走向“碎片化”；三是新冠疫情加剧了全球供应链的脆弱性和区域化、近岸化布局趋势。出于产业链安全考虑，全球产业链出现重构。而长三角区域又是全球产业价值链的核心区域和重要根据地。科技创新是国家、区域经济增长和竞争力提升的核心动力，因此，提升中国的全球城市区域在全球创新网络和全球生产网络中的竞争力，关键在于打通区域产业链、创新链、资金链，三者有机融合，实现资本、技术、产业高水平良性循环。而区域产业链和区域创新链的形成，需要横跨区域资金链的支持，① 需要构建长三角科技金融联动发展的服务体系，为区域产业链、区域创新链有机融合和区域协同创新提供充足的资金支持和全方位的科技金融服务。长三角区域产业链、创新链、资金链的协同发展，需要加强科技金融对重点产业链的支持，尤其需要加大对核心科技、“卡脖子”技术创新的科技金融协同联动的支持力度。

二、区域科技金融联动发展的现实基础

从科技金融服务供给端来看，具备区域科技金融联动发展的现实基础。以长三角区域为例，总结了以下四点。

（一）金融资源高度集聚，科技金融基础雄厚

长三角区域有较好的金融发展基础，总体金融实力雄厚。长三角区域金融要素市场，见表9－1。长三角区域集聚了股票、债券、外汇、保

① 孟添，祝波．长三角科技金融的融合发展与协同创新思路研究［J］．上海大学学报（社会科学版），2020，37（4）：58－73.

险等各类高度发达的全国性金融要素市场，目前，长三角区域各类型金融要素市场有 26 个，其中，上海市有 13 个、浙江省有 5 个、江苏省有 5 个、安徽省有 3 个。长三角区域金融机构高度集聚，汇集了银行、证券、保险、基金、信托、消费金融公司等各类金融机构。根据万得数据库统计，2020 年，长三角区域金融业生产总值高达 19 240.08 亿元，占比高达长三角区域生产总值的 9.10%，金融实力雄厚。2020 年末，长三角区域本外币各项贷款余额同比增长 14.48%，本外币贷款余额占全国的比重为 24.91%。①

表 9－1　　长三角区域金融要素市场

地区	金融要素市场	地区	金融要素市场
上海市	上海证券交易所	浙江省	浙江产权交易所有限公司
	中国外汇交易中心		浙江股权交易中心
	上海期货交易所		浙江金融资产交易中心
	上海钻石交易所		浙江互联网金融资产交易中心股份有限公司
	上海黄金交易所		中国（浙江）大宗商品交易中心
	上海联合产权交易所	江苏省	江苏省产权交易所
	上海联合期货交易所		江苏省股权交易中心
	上海清算所		江苏交易场所登记结算有限公司
	上海股权托管交易中心		江苏省金融资产交易中心有限公司
	上海保险交易所		江苏省金融资产交易中心有限公司
	上海票据交易所	安徽省	安徽省产权交易中心
	上海信托登记有限责任公司		安徽省金融资产交易所有限责任公司
	全球中央对手方协会（CCP12）		安徽省股权托管交易中心

资料来源：笔者根据两种资料整理而得：蒋英杰．融金时代：长三角城市金融业发展盘点［R］．上海：上海华略智库，2019－04－08；万得（Wind）数据库、华略智库金融研究院、方正证券研究所研究报告．

国际金融中心与国际城市群往往协同共进，从长三角区域与国内主要城市群比较来看，上海在国际金融中心中的地位不断提升，基于健全的金融机构体系，长三角区域正逐步形成以上海为核心的国际金融中心核

① 笔者根据万得（Wind）数据库的相关数据整理而得。

心承载区。上海在第 29 期全球金融中心指数（GFCI29）中排名第 3。上海传统金融高度发达，金融市场门类齐全、金融机构多元，成为全球金融市场体系最齐全的国际金融中心之一。2020 年 2 月，中国人民银行等联合上海市人民政府发布《关于进一步加快推进上海国际金融中心建设和金融支持长三角一体化发展的意见》，明确提出“发挥上海国际金融中心的引领辐射作用，完善金融服务长三角一体化发展体制机制，加大金融支持区域协调发展、创新驱动发展等国家重大战略的力度”。① 上海市“十四五”专项规划提出，做强长三角资本市场服务基地，加快构建长三角创新共同体，在更广范围内实现创新链、产业链、资金链良性循环。长三角区域城市在国内金融中心和世界金融中心的地位，如表9－2所示。主要长三角城市在国内金融中心排名总体靠前，杭州排名第 5，南京排名第 9，且杭州金融科技高度发达，在新金融发展方面具备比较优势。

表 9－2　长三角区域城市在国内金融中心和世界金融中心的地位

区域城市	中心城市	第 29 期全球金融中心指数（GFCI29）排名	第 29 期全球金融中心指数（GFCI29）得分	2020 中国金融中心指数（CDI · CFCI）
长三角	上海	3	742	1
	杭州	108	501	5
	南京	113	484	9
京津冀	北京	6	737	2
	天津	110	492	7
粤港澳大湾区	香港	4	741	—
	深圳	8	731	3
	广州	22	706	4

注：“—”表示无数据。

资料来源：笔者根据两种资料整理而得：英国 Z/Yen 集团，中国（深圳）综合开发研究院. 第 29 期全球金融中心指数（GFCI29）［R］. 深圳：中国（深圳）综合开发研究院，2021－03；中国（深圳）综合开发研究院课题组. 2020 中国金融中心指数［R］. 深圳：中国（深圳）综合开发研究院课题组，2020.

（二）资本市场实力雄厚，为科技创新提供资本融资支撑

近年来，随着创新驱动不断升级，长三角区域的资本市场发展迅速，

① 中国人民银行门户网站，http：//www. pbc. gov. cn/.

目前，长三角区域已经形成主板、科创板、区域股权交易市场等多层次的资本市场，长三角区域资本市场在中国已占据举足轻重的地位。资本市场的快速发展，也为加快构建长三角区域资本市场提供了新的动力，特别是科创板表现良好，为长三角区域科技创新企业提供了有力支持。资本市场长三角区域上市公司占比情况，见图9－2。截至2021年7月，A股上市公司4 396家，其中，公司所在地在长三角区域的共1 577家，占比约36%，其中，市值排名前10%的公司中，公司所在地在长三角区域的占比约34%。科创板上市公司311家，其中，公司所在地在长三角区域的共140家，占比约45%，其中，市值排名前10%的公司中，公司所在地在长三角区域的占比约52%。可以看出，长三角区域上市公司数量占比在科创板明显高于A股，而科创板市场是资本与科技融合的典范，硬科技属性突出。因此，资本市场对长三角区域的科技创新类公司有较好的创新支撑作用和孵化作用。

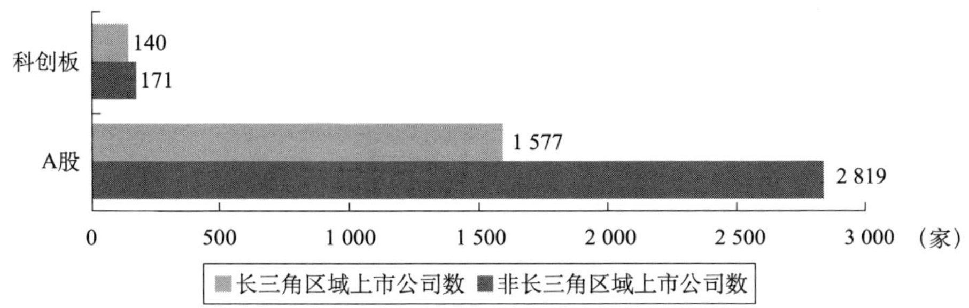

图 9－2 资本市场长三角区域上市公司占比情况

资料来源：笔者根据万得（Wind）数据库截至2021年7月的相关数据整理绘制而得，https：//www. wind. com. cn/portal/zh/EDB/index. html.

（三）风险投资高度集聚发达，为创新提供有力支撑

1. 长三角区域风险投资高度集聚发达

风险投资作为一种有效的股权融资方式，被视为高新技术产业化的催化剂和推动区域创新的引擎。长三角区域风险投资集聚情况，见表9－3。总体来看，长三角区域不仅是风险投资最活跃的区域之一，也是风险投资案例数、投资金额相对集聚的区域。尽管从核心城市来看，北京是国内风险投资最发达的城市，几乎各项指标都遥遥领先，但从区域总体来看，长三角区域风险投资的各项发展指标都居于国内领先水平。其中，早期案例

数、早期投资金额、VC 案例数、VC 投资金额、PE 案例数、PE 投资金额都是最多的，各项指标占全国比例均超过 1/3。

表 9－3　　长三角区域风险投资集聚情况

区域	省（市）	早期案例数（个）	早期投资金额（亿元）	占全国比例（%）	VC 案例数（个）	VC 投资金额（亿元）	占全国比例（%）	PE 案例数（个）	PE 投资金额（亿元）	占全国比例（%）
长三角区域	上海	207	21.84	17.74	543	342.76	17.55	578	1 319.80	19.42
	江苏	88	12.99	10.55	497	254.98	13.06	389	508.04	7.48
	浙江	140	13.00	10.56	327	176 88	9.06	304	478.09	7.04
	安徽	25	344.00	2.79	41	15.89	0.81	69	252 51	3.72
	总计	460	51.27	41.64	1 408	790 51	40.48	1 340	2 558.44	37.66
京津冀	北京	258	33.15	26.93	651	457.37	23.42	688	1 823.26	26.83
	河北	1	0.10	0.08	11	13.66	0.70	21	31.09	0.46
	天津	15	2.29	1.86	28	24.03	1.23	45	74.11	1.09
	总计	274	35.54	28.87	690	495.06	25.35	754	1 928.46	28.38

资料来源：笔者根据清科研究中心 . 2020 年中国股权投资市场回顾与展望［R］. 北京：清科研究中心，2020 的相关数据计算整理而得 .

2. 风投机构总数领先，VC 机构和 PE 机构占比大

长三角区域风险投资机构数量众多，在国内城市群中处于领先地位。2021 年中国三大城市群风险投资机构（总部）存量，见图 9－3。截至 2021 年 11 月，长三角城市群风险投资机构最多，之后是京津冀城市群，但风险投资机构在各城市间分布很不均匀，风险投资机构主要集中在北京和上海等大城市。长三角区域风险投资机构 50% 以上都集中在上海。从机构类型来看，长三角区域的风险投资机构主要是 VC 机构和 PE 机构，占比在 50% 以上，但是，早期投资机构很少，三大城市群的早期投资机构占总数之比均不到 2%。长三角区域的 VC 机构存量和 PE 机构存量均较大幅度地超过其他两大城市群。

3. 长三角区域主要城市也是公司创投的大本营

从在风险投资中对培育创新主体发挥重要作用的公司创投来看，长三角区域主要城市也是公司创投的大本营。公司创投，即企业风险投资（简称“CVC”），是投资培育独角兽企业的重要投资主体。独角兽企业被视为新经济的风向标，以科创企业为主。中国 CVC 机构注册地统计情况，见图 9－4。目前，中国 CVC 机构注册地主要集中在长三角区域、珠三角区域和

环渤海经济圈，三大区域占全部 CVC 机构总量的 68.23%。上海、浙江和江苏居于全国前列，仅次于北京和广东。

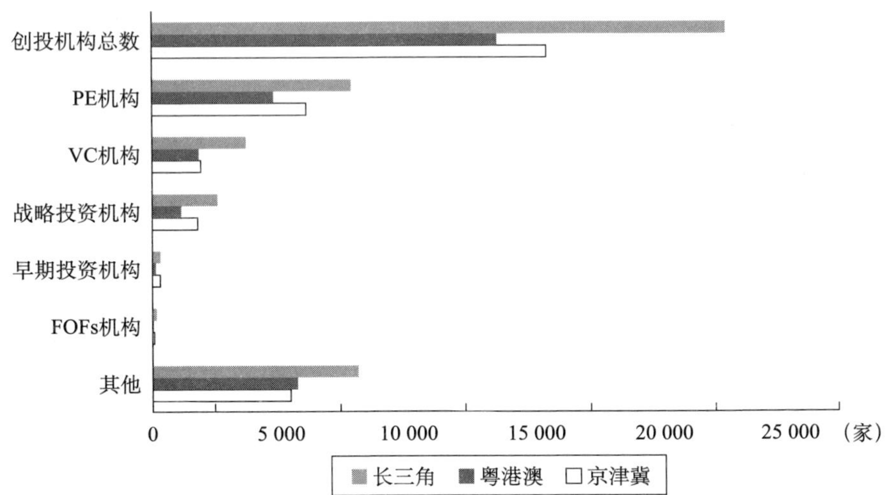

图 9－3　2021 年中国三大城市群风险投资机构（总部）存量

资料来源：笔者根据清科私募通数据库截至 2021 年 11 月的相关数据整理绘制而得，https：//www.pedata.cn/data/index.html.

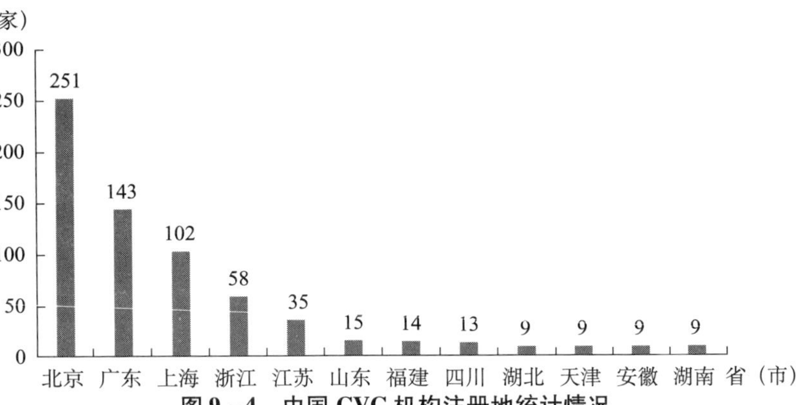

图 9－4　中国 CVC 机构注册地统计情况

资料来源：笔者根据融资中国 .2020 年中国企业风险投资（CVC）发展报告［R］. 北京：融中研究，2021 的相关数据计算整理绘制而得 .

（四）金融科技居于全球前列，有助于为科技金融提供创新解决方案

金融科技总体水平居于全球前列。根据《国家科技服务业统计分类（2018）》，金融科技（例如，小额贷款科技服务、消费金融公司科技服务、网络借贷科技服务、非金融机构支付科技服务等）是科技金融的重要组成

部分。长三角金融科技水平总体上位于全球前列，已初步形成双核驱动、多点联动的格局，具备协同发展的基础。2020 年全球金融科技 GFHI 区域排名，见图 9－5。在全球主要城市群的比较中，长三角区域在全球金融科技中心指数（GFHI）区域总指数排名、金融科技产业排名、金融科技体验指数排名均为第 1，金融科技生态排名第 3。

金融科技企业在长三角区域高度集聚，上海与杭州成为龙头城市，杭州连续三年金融科技体验排名全球第 1。2020 年八大全球金融科技中心城市排名，如图 9－6 所示。其中，长三角城市群中两个城市上榜，上海位列全球第 4，杭州位列全球第 6，长三角金融科技的总体水平位于全球前列。

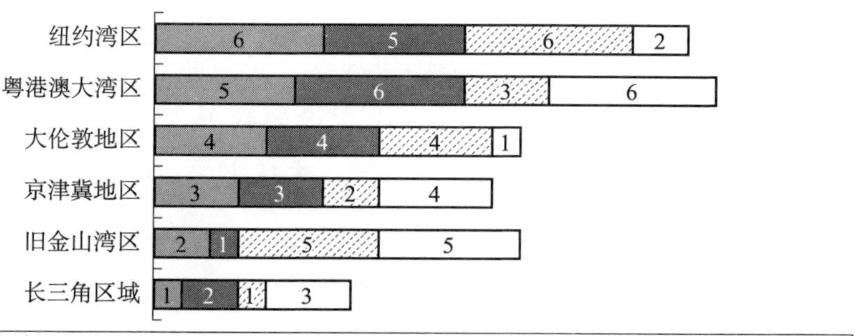

图 9－5　2020 年全球金融科技 GFHI 区域排名

资料来源：笔者根据浙江大学金融科技研究院. 2020 全球金融科技中心城市报告［R］. 杭州：浙江大学金融科技研究院，2019 的相关数据计算整理绘制而得.

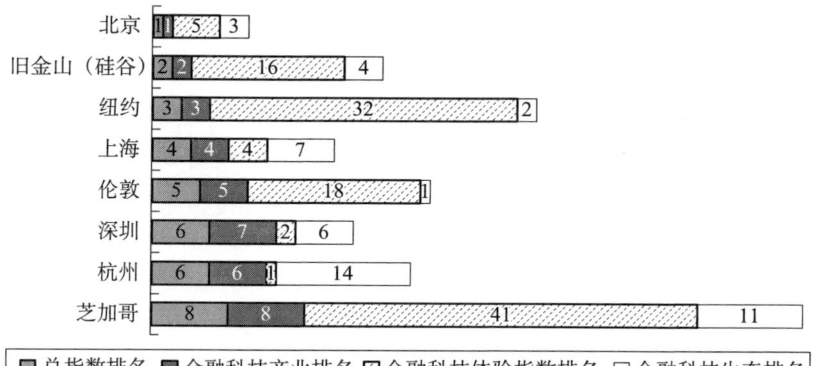

图 9－6　2020 年八大全球金融科技中心城市排名

资料来源：笔者根据浙江大学金融科技研究院. 2020 全球金融科技中心城市报告［R］. 杭州：浙江大学金融科技研究院，2019 的相关数据计算整理绘制而得.

第二节　区域科技金融联动取得长足进展

动态追踪长三角区域科技金融联动的最新进展，总结梳理其发展现状。虽然长三角科技金融联动与科技金融一体化程度要滞后于经济一体化，但长三角区域科技金融联动已初见成效，开局良好，有利于未来在更大领域、更宽范围内结合战略定位与发展机遇，创新拓展区域科技金融联动。

一、国家层面战略规划与区域科技金融联动政策进展

长三角区域一体化发展上升为国家战略，长三角各地区积极响应号召，纷纷出台了相关的科技创新政策、科技金融政策，以推动长三角一体化发展。按照政策的具体内容侧重的不同，大体上可以将政策分为三类：国家战略政策、长三角层面政策、地方政策。

（一）国家层面区域一体化战略规划方案

国家层面发布的长三角区域一体化发展规划、建设方案，见表 9 - 4。国家层面发布的关于长三角区域一体化提纲挈领的文件，主要是 2019 年 12 月发布的《长江三角洲区域一体化发展规划纲要》明确提出坚持创新共建、协调共进的原则，“打造区域创新共同体，进一步发挥上海龙头带动作用，苏浙皖各扬所长，形成分工合理、优势互补、各具特色的协调发展格局”①，并就打造信用长三角、加强各类资本市场分工协作等提出规划发展建议。金融业是长三角区域重点发展的先进生产性服务业和现代服务业之一，区域科技创新和区域协调发展已成为今后一段时期长三角区域一体化发展的关键战略目标之一，无疑为长三角区域科技金融联动发展提供了历史性机遇。

---

① 中共中央，国务院．长江三角洲区域一体化发展规划纲要［EB/OL］．（2019 - 12 - 01）［2023 - 02 - 05］．http：//www. gov. cn/zhengce/2019 - 12/01/content_ 5457442. htm.

表 9－4　　国家层面发布的长三角区域一体化发展规划、建设方案

政策	具体内容	年份	发布机构
《长江三角洲区域一体化发展规划纲要》	发挥上海龙头带动作用，苏浙皖各扬所长，加强跨区域协调互动；深入实施创新驱动发展战略，走“科创＋产业”道路，促进创新链与产业链深度融合，以科创中心建设为引领，打造产业升级版和实体经济发展高地；坚决破除制约一体化发展的行政壁垒和体制机制障碍，建立统一规范的制度体系，形成要素自由流动的统一开放市场	2019	中共中央、国务院
《关于推进国家技术创新中心建设的总体方案（暂行）》	围绕落实国家重大区域发展战略和推动重点区域创新发展，聚焦长三角一体化发展等区域发展战略，布局建设综合类国家技术创新中心，把国家战略部署与区域产业企业创新需求有机结合，开展跨区域、跨领域、跨学科协同创新与开放合作，促进创新要素流动、创新链条融通	2020	科技部、财政部
《长三角科技创新共同体建设发展规划》	“科创＋产业”引领，充分发挥上海科技创新中心的龙头带动作用，强化苏浙皖创新优势，优化区域创新布局和协同创新生态，深化科技体制改革和创新开放合作，努力建成具有全球影响力的长三角科技创新共同体	2020	科技部
《长三角 G60 科创走廊建设方案》	强化区域联动发展：以金融服务为重点、加快发展现代服务业、打造协同开放的经济发展高地、推动产业协同创新中心建设；推动产业链深度合作，加强区域协同创新	2021	科技部、国家发改委、工信部、中国人民银行、中国银行保险监督管理委员会、中国证券监督管理委员会

资料来源：笔者根据相关政府官网资料整理而得。

长三角科技创新共同体相关发展规划主要有 2020 年科技部、财政部联合发布的《关于推进国家技术创新中心建设的总体方案（暂行）》，2020 年 12 月，科技部发布的《长三角科技创新共同体建设发展规划》，以及 2021 年科技部等联合发布的《长三角 G60 科创走廊建设方案》。

（二）区域层面的综合科技金融联动政策

长三角区域层面的综合科技金融联动政策，见表 9－5。

表 9 – 5　　长三角区域层面的综合科技金融联动政策

政策	具体内容	年份	类型	发布机构
《关于在长三角生态绿色一体化发展示范区深化落实金融支持政策推进先行先试的若干举措》（简称“示范区金融16条”）	围绕推进同城化金融服务、试点跨区域联合授信、提升移动支付水平、支持设立一体化金融机构、推进跨区域公共信用信息共享、推进一体化绿色金融服务平台建设、推进一体化科技金融服务、建立金融信息共享合作机制8个方面提出16条具体举措	2020	科技金融	长三角生态绿色一体化发展示范区执行委员会、中国人民银行上海总部及“两省一市”相关金融管理部门和监管部门等
《金融支持长三角G60科创走廊先进制造业高质量发展综合服务方案（15条）》	从缓解融资难、融资贵、提升融资适配性和解决信息不对称四个方面发布15条政策举措，旨在促进长三角G60科创走廊9个城市先进制造业高质量发展和总体创新水平	2019	科技金融	中国人民银行上海总部
《关于开展长三角科技创新券通用通兑试点的通知》	鼓励长三角科技型中小企业共享使用长三角科技创新资源开展创新创业，加快构建长三角科技创新共同体，提升长三角区域城市竞争力。明确试点区域、要求和流程	2021	科技创新	长三角生态绿色一体化发展示范区执行委员会；沪、江、浙、皖科学技术厅（委）

资料来源：笔者根据公开文件和政府官网资料整理而得。

一是2020年，《关于在长三角生态绿色一体化发展示范区深化落实金融支持政策推进先行先试的若干举措》（简称“示范区金融16条”），提出推进同城化金融服务、试点跨区域联合授信等8个方面的16条具体发展举措。① 这些措施的出台，有利于推动长三角区域科技金融联动发展，为长三角区域科技创新提供金融服务支撑。

二是《金融支持长三角G60科创走廊先进制造业高质量发展综合服务方案（15条）》。从缓解融资难、融资贵、提升融资适配性和解决信息不对称四个方面发布15条政策举措，旨在促进长三角G60科创走廊9个城

---

① 长三角生态绿色一体化发展示范区执行委员会、中国人民银行上海总部及“两省一市”相关金融管理部门和监管部门．关于在长三角生态绿色一体化发展示范区深化落实金融支持政策推进先行先试的若干举措［EB/OL］.（2020－04－02）［2023－02－05］. http://jrj.sh.gov.cn/YWTBZCCX166/20200402/0031－158833.html.

市先进制造业高质量发展和总体创新水平。

三是2021年《关于开展长三角科技创新券通用通兑试点的通知》，明确了试点区域、试点要求和试点流程。

（三）区域内主要省市层面推进一体化的政策

江苏省地方性政策、浙江省地方性政策、安徽省地方性政策以及上海市地方性政策。对比来看，上海在推动长三角区域一体化方面的地方政策最为全面，覆盖营商环境、政府引导基金、协同创新等多方面，在推动长三角区域一体化，尤其是推动科技金融合作、科技创新方面发挥了积极的引领作用。

二、逐步构建各类科技金融服务平台，助力科技金融联动

（一）信用一体化建设逐步打造信用长三角

《长江三角洲区域一体化发展规划纲要》提出："打造诚信长三角，推动诚信记录共享共用，健全诚信制度，建立重点领域跨区域联合奖惩机制，不断提升各类主体的诚信感受度，加强信用建设区域合作，优化区域整体信用环境"。①

长三角区域信用一体化建设历程，见表9－6。2004年5月《共建信用长三角宣言》（简称"湖州宣言"）开启了信用一体化建设，2005年《沪苏浙信用体系建设区域合作推进方案》，明确提出长三角区域信用合作规划。2006年6月，苏、浙、沪共同签订了《信用长三角宣言》。2010年，安徽省加入长三角区域，形成三省一市的区域信用一体化格局。2016年，成立了长三角信用合作示范区。2018年，颁布《长三角地区深化推进国家社会信用体系建设区域合作示范区建设行动方案（2018～2020年）》。

① 中共中央，国务院．长江三角洲区域一体化发展规划纲要［EB/OL］．（2019－12－01）［2023－02－05］．http：//www.gov.cn/zhengce/2019－12/01/content_5457442.htm.

表 9 - 6　　长三角区域信用一体化建设历程

时间	方案（行动）
2004 年 5 月	《共建信用长三角宣言》（简称“湖州宣言”），
2005 年	《沪苏浙信用体系建设区域合作推进方案》
2006 年 6 月	《信用长三角宣言》
2010 年	安徽省加入长三角区域
2016 年	成立了长三角信用合作示范区
2018 年	《长三角地区深化推进国家社会信用体系建设区域合作示范区建设行动方案（2018 ~ 2020 年）》
2020 年 2 月	《关于进一步加快推进上海国际金融中心建设和金融支持长三角一体化发展的意见》
2020 年 11 月	长三角征信机构联盟第二次例会提出打造长三角征信链
2022 年	《2022 年长三角区域信用合作工作计划》

资料来源：笔者根据政府官网和相关公开资料整理而得。

目前，在信息共享方面，已建成“信用长三角”平台，也是全国首个区域信用信息共享平台。为进一步夯实信用合作基础，强化信用联动，合力打造信用长三角，推动“十四五”区域信用建设高质量一体化发展，江苏、浙江、安徽、上海三省一市信用办共同制定《2022 年长三角区域信用合作工作计划》，拟订 2022 年信用长三角合作任务清单，提出优化信用长三角平台功能，提升重点领域信用联动效果，发挥重点区域信用合作优势，进一步完善信用专题合作机制。

（二）逐步打造科技金融综合服务平台，推动科创资源流动

伴随长三角区域一体化进程，逐步建立各大金融服务平台。长三角区域各类科技金融服务平台建设情况，见表 9 - 7。一是长三角征信链平台、“信用长三角”平台等信用一体化平台；二是综合金融服务平台，如长三角 G60 科创走廊综合金融服务平台，目的是为银行和中小企业搭建桥梁，开发信贷产品，推动信贷资源在长三角区域的自由流动与优化配置，提高企业融资效率，但覆盖范围和覆盖面仍然有限。此外，还建成科技创新综合服务平台。

表9－7　　长三角区域各类科技金融服务平台建设情况

平台		具体内容	年份
信用一体化平台	长三角征信链平台	利用区块链、大数据技术实现了长三角区域内征信机构跨区域、跨系统的信息共享和服务协同	2020
	“信用长三角”平台	长三角三省一市联合发布《长三角区域社会信用体系建设规范纲要（2010～2020）》，是全国首部区域信用合作专项规划。围绕“信息共享、监管共为、市场共育、规制共建、品牌共铸”，共同打造“信用长三角”平台，建成全国首个区域信用信息共享平台	2019
综合金融服务平台	长三角G60联席办牵头的长三角G60科创走廊综合金融服务平台	G60科创走廊综合金融服务平台采用“1＋9”架构，有效解决银企信息不对称问题和企业融资难问题，打造产融结合新高地	2019
科技创新综合服务平台	长三角科技资源共享服务平台	由江、浙、沪、皖四地科技主管部门共同倡议建设。以需求为导向，共享为核心，提供动态科技资源地图、跨区域仪器预约、需求对接等服务	2018
	长三角双创券平台	助力长三角企业以更低成本跨区域使用科技资源。在第二届“科交会”上共有1 373项服务资源入驻	2019
	清华长三角云上科创平台	平台的使命与目标是提供中国最完整的科技人才服务体系，成为国家创新体系建设的示范先驱	2019
	国际标准化长三角协作平台	由沪苏浙皖三省一市市场监管部门共同创设，将有效对接长三角协同创新产业体系建设	2020

资料来源：笔者根据公开报道和相关政府官网资料整理而得。

长三角区域科技金融相关平台，多以推动长三角各省市的科创资源有效自由流动为主。清华长三角云上科创平台以及国际标准化长三角协作平台还强调要发挥长三角各省市的区位优势，建设长三角协同创新产业体系，实现长三角区域高质量、一体化发展。

三、跨区域科技金融产品逐渐丰富，但跨区域授信仍处于初级阶段

跨区域金融合作平台的搭建，提高了长三角金融资源配置效率。由长三角三省一市人民银行分支机构制定的《再贷款再贴现支持长三角高质量一体化发展实施方案》，将再贷款、再贴现覆盖到整个长三角区域的企业。截至 2019 年 12 月末，共发放 14.4 亿元跨区域的再贷款、再贴现，涉及沪苏浙皖企业 1 347 家。①

（一）金融机构推出跨区域的特色科技金融产品

长三角区域的主要金融机构，积极响应长三角区域一体化政策，先行先试推出跨区域科技金融产品。长三角区域科技金融联动举措、产品一览（部分），见表 9－8。在长三角区域债券市场方面，各大银行及金融机构响应国家发展战略号召，开发跨区域信贷产品，推动信贷资源在长三角区域自由流动及有效配置，降低企业融资成本。

表 9－8　长三角区域科技金融联动举措、产品一览（部分）

主体	推动长三角区域科技金融联动的举措、产品	年份
金融机构	中国银行发布银行业首个《长三角一体化综合金融服务方案》	2019
	浦东发展银行成立了长三角一体化发展委员会，并在业内率先成立长三角一体化示范区管理总部，打造“长三角一体化”金融特色工具箱，包括“长三贷”“长三链”“长三债”	2020
	交通银行落地数据 E 贷、线上抵押贷和惠民贷等产品，创新推出集团客户小微关联企业授信“0 + N”模式，推进长三角区域分行联合授信	2019
	G60 科创走廊与江苏银行联合推出“G60 科创贷”	2020
科创走廊	长三角 G60 科创走廊发行“双创债”	2020
试验区	湖州获批国家绿色金融改革创新试验区	2017
工业园区	苏州工业园区“投拨结合”支持重大项目落地	2019

资料来源：笔者根据公开发布的相关报道和政策文件整理而得。

交通银行在业内率先实现了长三角区域转账零手续费，提供一体化服务，助力企业在长三角区域的产业链整合。中国银行在上海发布银行

① 中国人民银行货币政策分析小组．中国区域金融运行报告（2020）［R］．北京：中国人民银行货币政策分析小组，2020.

业首个长三角区域一体化综合金融服务方案。① 2020 年，上海浦东发展银行积极打造“长三贷”“长三链”“长三债”等特色金融产品，以助力长三角区域企业创新。②

（二）金融机构与示范区、科创走廊等创新载体合作推出创新的科技信贷产品

长三角科创示范区与金融机构合作，推出跨区域金融产品，推动对长三角高科技企业的跨区域信用支持。例如，G60 科创走廊与江苏银行联合推出主要面向具有创新能力和较高成长性的高科技企业的“G60 科创贷”。科创型企业纯信用贷款的最高授信额度可达 5 000 万元。③ G60 科创走廊推出“科创债”“双创债”帮助中小科创企业解决融资难问题。《长三角 G60 科创走廊 2021 年度报告》显示，2021 年以来，科创走廊联动九城市注册发行“双创债”31 单，融资金额达到 181.1 亿元，占全国已发行总规模的 1/6。④ 综合银行及金融机构的信贷产品发放效果，基本满足“示范区金融 16 条”对于试点跨区域联合授信的要求。

长三角区域一体化发展上升为国家战略后，长三角区域主要城市也在积极探索跨区域的特色金融联动产品。例如，湖州市国家绿色金融改革创新试验区在全国首创“绿贷通”银企对接服务平台。苏州工业园区通过“拨投结合”，即拨款与股权投资相结合的方式加大科技招商引资力度，为孵化和培育战略性新兴产业提供有效的金融支持。

四、资本市场逐步推动跨区域资本流动，支持长三角区域科技创新

（一）依托长三角区域资本市场服务基地区域资本市场试点联动

《长江三角洲区域一体化发展规划纲要》明确提出，要加强各类资本

---

① 中国银行．中国银行发布银行业首个长三角一体化综合金融服务方案［N］．中国银行官网，2019－08－01.

② 浦发银行打造“长三角一体化”金融特色工具箱 助力企业高速发展［EB/OL］．（2021－03－29）［2023－02－07］．中国财经，http：//finance. china. com. cn.

③ “G60 科创贷”产品发布 纯信用贷款最高授信额度 5000 万元［EB/OL］．［2020－12－16］．解放日报，https：//www. shanghai. gov. cn/nw4411/20201216/3a683a4ddbaf4524beb321f7b9c89f66. html.

④ 长三角 G60 科创走廊建设专责小组．长三角 G60 科创走廊 2021 年度报告［R］．上海：长三角 G60 科创走廊，2021.

市场分工协作，促进资本跨区域有序自由流动。在上海证券交易所设立科创板并试点注册制，鼓励长三角区域高成长创新企业到科创板上市融资。鼓励资本市场为长三角区域科技创新提供金融支持，这无疑为长三角区域科技金融联动发展提供了历史性机遇。

就长三角区域资本市场联动来看，区域内核心城市已悉数加入长三角区域资本市场服务基地。长三角区域资本市场服务，见表 9-9。科创企业上市培育库向长三角区域扩容，颇有成效：截至 2020 年末，科创板上市企业占到全国科创板上市企业的 48%，资本市场联动成效好。随着长三角区域资本流动加速，预计未来几年，长三角区域资本市场服务基地会扩大覆盖面积，为越来越多中小科技企业提供配套金融服务。

表 9-9　长三角区域资本市场服务

资本市场服务	具体内容	年份	发布机构
长三角区域资本市场服务基地	截至 2021 年 7 月 21 日，基地成员共有 136 家，基地联盟城市包括南京、杭州、合肥等 35 座，实现长三角中心区城市全覆盖	2018	上海市浦东新区人民政府、上海证券交易所
上海市科技创业中心实施建设的科创企业上市培育库向长三角区域扩容	截至 2020 年末，长三角区域累计申报科创板企业 240 家，科创板上市企业 104 家，占全国科创板上市企业的 48%	2019	上海科学技术委员会

资料来源：笔者根据相关政策文件和官网信息整理而得。

（二）资本市场多措并举服务长三角区域科技金融联动一体化

资本市场作为科技金融的重要组成部分，在区域科技金融联动方面发挥重要的作用。以区域核心城市上海为“龙头”，引领长三角区域资本市场一体化建设。上海浦东新区率先尝试与上海证券交易所合作，成立长三角区域资本市场服务基地，利用上海发达的资本市场特别是上海证券交易所的资源和优势，发挥引领辐射作用，为长三角区域企业提供多层次的股权融资服务。长三角区域获融资企业数超过 1.3 万家，其中，上海有 6 000 多家，约占一半，浙江和江苏分别为 3 405 家和 2 875 家。① 此外，上海证

① 浙江省科技信息研究院，上海市科学学研究所，江苏省科技情报研究所，安徽省科技情报研究所．长三角区域 2021 协同创新指数发布［EB/OL］．（2022-02-07）［2023-02-06］．https：//stcsm. sh. gov. cn.

券交易所还与 G60 科创走廊沿线城市合作，推出“上海证券交易所资本市场服务 G60 科创走廊基地”，提供孵化、培育指导和融资支持，鼓励优质科创企业在科创板上市等服务，发挥资本市场对区域科技创新的支持作用。

长三角区域也在开展债券市场的合作与联动。2019 年 6 月，长三角区域系列债券指数在上海发布，这是长三角区域一体化发展战略实施后的首个具有鲜明长三角区域特征的债券指数产品，有助于打破长三角区域股权交易市场、产权交易市场的区域壁垒，畅通资本在长三角区域的循环。

资本市场是科技金融的重要组成部分，科创板是区域科技金融（资本）联动的重要抓手和突破点，通过股权交易中心的联动升级，带动长三角区域的协同发展。上海股权托管交易中心在开展面向长三角区域股权市场的登记托管、交易结算、证券交易等服务。长三角区域各交易所在探索通过一体化建设，允许长三角区域未上市企业的股权和金融机构的资产进行交易。

第三节　中国区域科技金融联动发展存在的主要问题与障碍

本节阐明了长三角区域科技金融联动发展现状，进一步分析存在的主要问题、瓶颈与障碍，为构建有效的联动路径和引导机制提供决策依据。从总体评估来看，长三角区域科技金融协同层级较低，区域内各类科技金融服务主体缺乏有效协调，风险和收益不匹配。目前，区域一体化主要是在科创券、征信平台和政府引导基金等方面取得了一定进展，但其他科技金融服务跨区域合作联动的进展不理想，区域合作联动的层级较低。

针对长三角区域科技金融联动存在的主要问题和障碍，主要从五个方面进行评估：一是区域科技金融资源禀赋一体化发展角度的联动状况与问题分析；二是核心城市，如上海在长三角区域科技金融中的引领作用和辐射溢出效应及存在的问题分析，主要核心城市科技金融竞合关系分析；三是科技金融政策与政府科技金融公共服务的跨区域联动合作存在的问题分析，包括政府引导基金、多层次融资及风险担保与保障服务、一体化征信平台等；四是政府引导基金作用发挥情况与问题分析；五是对重点发展的区域科技金融服务主体在供需匹配、跨区域联动方面的问题分析，主要是科技信贷、风险投资、金融科技等联动中发展存在的问题分析。

长三角区域金融资源丰富、集聚度高、创新实力强，有较好的金融支持科技创新的发展基础。但从整体来看，长三角区域科技金融联动协同发展程度尚不够理想，对区域科技创新发展的金融支持力度和金融服务深度、广度都有待加强。上海作为长三角区域的龙头中心城市，也是具有全球影响力的国际金融中心，金融业非常发达，金融资源高度集聚，是区域科技金融联动发展的排头兵。但目前，上海与区域内其他城市还缺少科技金融跨区域运行的有效互动，在金融信息跨区域互联互通和金融资源跨区域共享等方面，仍处于初级阶段。这也是制约长三角区域科技金融联动与区域创新协同发展的因素之一。因此，长三角区域科技金融联动要发挥上海作为核心全球城市的引领辐射作用，带动长三角科技金融要素的流动与科技金融资源的优化配置，充分发挥区域科技金融对长三角科技创新和打造具有世界影响力的科技创新共同体的金融支撑作用。

一、金融一体化程度不高，科技金融资源跨区域配置难

（一）科技金融一体化程度的测度比较：基于区位熵的分析

1. 区位熵理论

区位熵（location quotien，LQ）用于测度某一区域具体产业的专业化程度，以及该产业的区域集聚化程度。区位熵值越大，则表示区域内该产业具有越高的专业化程度和集聚程度。① 而集聚程度越高，则说明一体化程度越低。本节使用区位熵指数，比较长三角区域三个中心城市金融产业的集聚程度。区位熵计算公式如下：

$$LQ_{ij} = \frac{\frac{L_{ij}}{q_j}}{\frac{L_i}{Q}} \quad (9-1)$$

在式（9－1）中，LQ 表示区位熵，LQ_{ij}表示区域 i 金融业的区位熵指

① Chorley R. J. , Haggett P. Trend-surface Mapping in Geographical Research [J] . Transactions of the Institute of British Geographers, 1965, 37: 47－67.

数，i 分别取长三角区域四个中心城市，即上海市、南京市、杭州市和合肥市；L_{ij}表示每个城市的金融产业从业人员数；q_j 表示每个城市各产业的从业人员数；L_i 表示长三角区域的金融业从业人员总数；Q 表示长三角区域各产业的从业人员总数。

2. 基于区位熵的一体化程度测度结果

2003～2019 年长三角区域核心城市基于金融业从业人员的区位熵比较，见表 9－10。上海、南京、杭州、合肥四个城市的区位熵指数都维持在较高水平，大部分大于 1.00。以 2019 年的截面数据来看，上海区位熵指数最高，为 2.87，之后是杭州，为 1.59，而合肥的区位熵指数最低，为 0.69，说明长三角区域金融资源在少数中心城市集聚，金融一体化程度较弱。从发展趋势看，上海和杭州的熵指数一直保持较高水平。2003～2019 年，上海在四个中心城市中一直位列第 1，杭州在 2006 年超过南京，位居第 2。测度结果与上海国际金融中心的地位相匹配，根据第 31 期全球金融中心指数（GFCI31），上海位居全球第 4，杭州排名第 93。① 这表明，长三角区域金融发展不均衡，一体化程度较弱。因此，长三角区域科技金融联动在很大程度上取决于上海的引领辐射作用。

表 9－10　2003～2019 年长三角区域核心城市基于金融业从业人员的区位熵比较

年份	上海	南京	杭州	合肥
2003	3.61	1.86	1.34	1.09
2004	3.27	1.79	1.43	0.88
2005	3.62	1.54	1.40	0.84
2006	3.70	1.45	1.51	1.09
2007	3.15	1.35	1.64	0.94
2008	3.24	1.01	1.57	0.96
2009	2.98	0.92	1.64	1.12
2010	3.15	0.97	1.71	0.99
2011	3.33	1.05	1.63	0.87

① 英国 Z/Yen，中国（深圳）综合开发研究院．第 31 期全球金融中心指数（GFCI31）［R］．深圳：中国（深圳）综合开发研究院，2022－03．

续表

年份	上海	南京	杭州	合肥
2012	3.23	1.01	1.66	0.84
2013	3.20	0.92	1.66	0.84
2014	2.86	1.11	1.66	0.72
2015	2.74	0.99	1.71	0.69
2016	2.61	0.95	1.74	0.74
2017	2.47	0.99	1.61	0.72
2018	2.49	1.48	1.54	0.76
2019	2.87	1.23	1.59	0.69

资料来源：笔者根据万得（Wind）数据库，2003～2019年的相关数据应用式（9－1）计算整理而得。

（二）科技金融一体化发展水平测度比较：基于金融相关度的分析

戈德史密斯（Goldsmith，1995）用宏观经济学方法提出了衡量一国金融发展水平的指标——金融相关度（FIR），即国家金融资产总量F与国民财富W之比。国家经济发展越好，该指标值越大。计算公式为式（9－2）：

$$FIR = F/W \tag{9-2}$$

在式（9－2）中，用社会融资总额表示金融资产总量F，用所在地GDP表示国民财富W。

2013～2020年长三角区域三省一市金融相关度（FIR），见表9－11。可以看出，长三角区域三省一市的FIR总体上处于较高水平，但2016～2018年大多呈下降趋势，而2018～2020年则大多处于上升阶段，且2014～2017年上海的FIR高于其他三省。从各地金融发展趋势来看，省市之间差距较大。可见，长三角区域金融发展不平衡，各省市金融发展差异较大。上海、浙江两地金融业发达、经济金融化程度最高，江苏、安徽金融发展水平与其有一定差距。该差异的存在，也增加了经济金融一体化过程中的不确定性。

表9－11　2013～2020年长三角区域三省一市金融相关度（FIR）

年份	上海市	江苏省	浙江省	安徽省
2013	0.3687	0.2040	0.2221	0.2610
2014	0.3294	0.2065	0.1992	0.2044
2015	0.3408	0.1625	0.1467	0.1625

续表

年份	上海市	江苏省	浙江省	安徽省
2016	0.4175	0.2203	0.1610	0.2605
2017	0.3899	0.1775	0.2575	0.2558
2018	0.1601	0.1899	0.3362	0.1583
2019	0.2265	0.2419	0.3554	0.1955
2020	0.2821	0.3272	0.4977	0.2392

注：金融相关度 = 当地社会融资总额/当地 GDP。

资料来源：笔者根据万得（Wind）数据库，2013～2020 年的相关数据应用式（9－3）计算整理而得。

（三）行政区划分割导致科技金融资源难以跨区域最优配置

要素自由流动对于长三角一体化是不可或缺的，而金融资源的优化配置可以助力区域经济协调发展，推动区域合理分工，及区域一体化快速发展。区域内金融发展不平衡，其主要根源在于，当前中国行政区主导下的金融体系垂直化运作、监管及调控等因素造成的市场分割。长三角区域由江、浙、沪、皖等多个省市组成，既有行政区划分割导致的行政壁垒，又有各地利益冲突导致资金难以跨省、市流动，没有形成服务于长三角区域科技金融联动的具有全局性和统一性的金融资源整合机制及利用机制。多种因素导致科技金融资源难以自由流动，科技金融资源重复投入浪费问题较为突出，即难以实现金融资源配置的帕累托最优。

二、政府层面区域科技金融政策协同面临诸多现实问题

《长三角科技创新共同体建设发展规划》提出到 2035 年长三角区域要全面建成全球领先的科技创新共同体。这一规划目标的实现，离不开政府层面的合作与联动，尤其是在重大产业集群、重大科研平台和产业链支持方面。而目前，各地政府在跨区域科技金融联动的合作等方面仍面临诸多现实问题，主要表现为以下两方面。

（一）缺少整体层面的长三角科技金融联动与协同创新的政策支持

1. 缺少服务于长三角整体层面的政策，地区层面更多是“竞争”而非“竞合”

上海、江苏、浙江和安徽均出台了相关支持长三角一体化发展的政

策，包括协同创新、营商环境、知识产权、天使投资引导基金等多方面，但直接涉及长三角层面区域科技金融联动的实施政策与具体措施的政策文件相对较少。目前，缺少长三角区域层面的引导性政策，各地虽然出台了相关政策，但是未从全局视野出发，不是支持长三角区域发展而更多的是支持本地发展，城市之间多为同质化竞争。

2. 缺少整体层面对协同创新和重点产业集群的金融支持

目前，虽然各地已出台的科技创新相关政策较多，长三角区域科技金融联动相关政策（部分），见表9－12。但对于如何发挥长三角区域科技金融联动助力区域协同创新的政策仍较为匮乏，长三角区域层面的科研项目推进缺乏纲领性文件和指导性文件。为更好地服务于科技金融发展，上海为科技型企业提供上海市科技金融信息服务平台、科创板企业培育中心、浦发硅谷银行等多平台的创新支持；苏州则设立政府创业投资引导基金并提供“科贷通”服务；嘉兴则设立政府引导基金、风险补偿基金等；安徽省以合肥、芜湖、蚌埠三市为主体，创新政府投资基金与科技保险服务模式和管理机制。

表9－12　长三角区域科技金融联动相关政策（部分）

地区	政策	年份	类型
上海	《关于打造嘉定区、昆山市和太仓市协同创新核心圈行动方案》	2018	科技创新
	《推进更高质量发展战略合作框架协议》	2018	科技创新
	《关于促进上海创业投资持续健康高质量发展的若干意见》	2019	科技金融
	新版《上海市天使投资引导基金管理实施细则》	2020	科技金融
	《推进上海西部五区科技和产业协同发展实现与长三角G60科创走廊联动发展的战略合作框架协议》	2020	科技创新
	《上海市优化营商环境条例》	2020	科技金融
	《上海市推进科技创新中心建设条例》	2020	科技创新
浙江	《浙江省推进长三角市场体系一体化专项行动计划》	2020	科技金融
	《浙江省高级人民法院关于全面加强知识产权司法保护工作的实施意见》	2021	科技金融
安徽	《合肥市推动长三角地区更高质量一体化发展重点工作推动方案》	2020	科技创新
	《长三角一体化高质量发展宣城行动方案》	2018	科技金融

资料来源：笔者根据各地区政府官网相关公开资料整理而得。

但目前，缺少长三角层面的通过科技金融联动支持长三角重点产业集群协同创新以及对原始创新、重大技术创新等方面的统筹规划。集群创新的部分环节依然明显存在“卡脖子”问题，这成为制约长三角区域建设世界级产业集群的重要短板。如电子信息产业中的芯片制造环节，医药产业中的重大创新药、高端医疗器械环节，装备制造业中的尖端材料环节等与世界级产业集群相比尚有差距。同时，长三角区域国际顶尖大学、科研院所相对缺乏，限制了长三角区域产业自主研发水平和自主创新水平的提升。①

当前，长三角区域科技创新要素的跨区域流动、跨区域协作仍然存在诸多障碍和问题，创新主体缺少协同创新的内在动力，区域协同创新与区域科技金融发展难以实现“1+1>2”的协同效应。根据长三角区域与长江经济带研究中心课题组测算，1985~2018年，长三角区域城市间专利合作次数为28702次，城市内部专利合作次数为23589次，长三角区域城市间专利合作仅占长三角区域城市间和城市内部的所有专利合作比重的54.89%。② 其中，上海、杭州、南京、苏州等城市与长三角区域内城市建立了较为紧密的合作联系，而大量城市在长三角区域制造业专利合作网络中相对边缘化，长三角区域科技创新共同体建设目标仍有待完善。

究其原因，重要的一点是，目前，长三角区域层面出台的政策仍各自为政，金融要素并未在长三角区域内得到自由流动以支持科技创新，未联合多方力量、发挥各地政府的统一协调作用，未在重大创新平台、关键技术领域、重大产业集群建设等方面实现突破，短期内成效不显著。科技金融资源方面缺乏协作共享，更多从竞争角度考量，各自为政、重复投入，造成金融资源浪费和缺位。

---

①② 长三角与长江经济带研究中心课题组．长三角共建世界级产业集群需要破解的短板与瓶颈［EB/OL］.（2021-05-20）［2023-02-05］. https://cyrdebr.sass.org.cn/2021/0520/c6129a105412/page.htm.

（二）政策规则不统一与行政壁垒阻碍了长三角科技金融资源的统筹利用

当前，仍有很多障碍制约科技金融要素自由流动，其背后的根源，正是行政区经济模式历经多年延伸出的各种行政壁垒。首先，各地为在招商引资中获得竞争优势，往往会采用税费减免、财政补贴和租金减免等政策，各地财政投入主要支持本地创新，各地政府缺乏分享财政资金的意愿，未形成贯通支持长三角区域科技金融联动的整体创新及各方面发展的“资金池”；其次，在市场准入、资质认定、环境保护、安全监管、信用评价、知识产权、土地使用等公共管理领域，各地执行的标准和程序存在差异，因此，也带来相互之间不能互认证书、共享信息的行政分割情况，也加深了长三角区域科技金融联动推进过程中所面临的信息不对称问题。

三、要素跨区域流动障碍加剧科技金融的信息不对称和风险问题

科技金融的核心，是解决科技创新活动融资难、融资贵问题。科技金融支持科技创新，实际上要解决两个关键问题：一是如何解决信息不对称问题；二是由谁承担风险以及如何激励风险承担。而跨区域的科技金融合作既有地理空间障碍，又有行政边界分割导致的信息、数据、资本等资源自由流动的障碍，以及利益分割冲突等更为复杂的问题。这些问题会加剧区域科技金融联动的信息不对称问题和风险问题。因此，长三角区域科技金融联动的核心在于，构建有效的跨区域风险识别机制、风险分担机制、风险补偿机制和风险激励机制。而市场在解决信息不对称时会出现市场失灵，需要政府构建各种平台、协会组织、联盟等发挥作用。但目前，长三角区域内部要素跨省（市）流动障碍加剧了科技金融的信息不对称，缺乏有效的跨区域风险识别机制与风险承担机制。

（一）信用一体化范围仍需扩大，信用数据与金融数据尚未完全互联互通

缓解跨区域信贷配置问题的关键，是解决科技金融供求双方的信息不对称。数据不能共享导致在长三角跨区域融资过程中，银行等科技金融服务主体更难以对跨区域的科创企业进行风险识别和风险定价。目前，有用信息分

布在不同的平台，银行难以获得，平台方的征信数据成为“数据孤岛”。长三角区域企业征信服务处于起步阶段，运作体系相对割裂，主要由政府主导的公共征信机构和市场主导的私营征信机构组成，两者之间信息未能互联互通。公共征信机构掌握大量一手数据但使用效率不高，主要为政府和大中型金融机构提供征信服务。私营征信机构主要采用大数据和人工智能加强产品服务，其收集的数据与企业信用状况的关联较低，不能满足市场需求。长三角区域企业信息被省、城市、集团等不同信息主体割裂，企业征信共享平台和数据交换机制尚未形成。

长三角征信链平台、信用长三角平台通过新兴技术实现了对长三角区域企业的信用评级，为信贷安全提供了保障，但目前，服务范围和覆盖面仍然有限，未覆盖整个长三角区域。目前，长三角征信链覆盖面、覆盖节点，仅限于少数城市和少数区域。截至 2021 年 6 月，江浙沪皖的 8 个城市和 11 个节点已连通，长三角征信链上链企业用户突破 1 000 万，上链信用信息近亿条，已有近 500 多家金融机构查询使用，开通查询用户5 000多户。①

中国对于金融信息保护和金融数据收集等方面的法规不断完善，但关于数据流动的相关法律存在缺失且不完善。中国金融数据相关的监管文件，见表 9 – 13。长三角区域乃至全国金融数据的收集与流动，因机构权益和地域分割等存在跨区域流动共享障碍。银行和金融科技企业的经济利益引发的排他性，使内部数据共享存在“瓶颈”。大型金融科技企业受益于网络效应和规模经济，挤压了中小金融科技企业的市场空间，逐步形成数据垄断。数据共享存在一些现实难题，例如，数据所有权的界定和归属确权难，且数据权属不易分离、价值难以计量等，因此，数据资源难以跨区域有效流动和共享。

表 9 – 13　中国金融数据相关的监管文件

发布时间	监管文件名	发布机构
2005 年 8 月	《个人信用信息基础数据库管理暂行办法》	中国人民银行
2007 年 8 月	《金融机构客户身份识别和客户身份资料及交易记录保存管理办法》	中国人民银行

① 中国金融网．征信链赋能供应链金融 上海银行服务小微企业有新招［EB/OL］.（2021 – 07 – 19）［2023 – 02 – 07］. http：//www. financeun. com/newsDetail/43830. shtml.

续表

发布时间	监管文件名	发布机构
2010 年 6 月	《银行业金融机构全面风险管理指引》	中国银行业监督管理委员会
2011 年 1 月	《中国人民银行关于银行业金融机构做好个人金融信息保护工作的通知》	中国人民银行
2012 年 3 月	《中国人民银行关于金融机构进一步做好客户个人金融信息保护工作的通知》	中国人民银行
2013 年 2 月	《银行业金融机构信息科技外包风险监管指引》	中国银行业监督管理委员会
2016 年 12 月	《中国人民银行金融消费者权益保护实施办法》	中国人民银行
2018 年 5 月	《银行业金融机构数据治理指引》	中国银行保险监督管理委员会
2019 年 10 月	《个人金融信息（数据）保护试行办法》	中国人民银行
2019 年 12 月	中国人民银行关于《中国人民银行金融消费者权益保护实施办法（征求意见稿）》	中国人民银行
2020 年 2 月	《个人金融信息保护技术规范》	中国人民银行

资料来源：笔者根据相关官网公开发布的政策文件整理而得。

（二）科技金融联盟、组织、平台尚处于初级阶段作用有限

1. 共建共享缺少具体的联动机制，阻碍联动的发挥

长三角区域科技金融相关平台，多以推动长三角各省市科创资源的有效自由流动为主。近几年，虽然长三角区域科技创新资源共享平台建设取得了长足进展，如长三角大型科研仪器设备共享网、G60 科创走廊“一网通办”、技术市场联盟等，但仍缺乏有效的共建共享协同创新机制，而且，科技金融平台进展相对滞后。《长江三角洲区域一体化发展规划纲要》第九章关于创新一体化发展体制机制，提出“建立区域间成本共担利益共享机制”①，但对于各类公共服务平台共建共享中的成本共担机制，并未作出相应安排。即使可以共享创新平台和资源，成本费用也成为共享障碍，而且，对没有财税贡献的外来研发设计中心，缺乏热情。

2. 相关平台、联盟等建设仍处于初级阶段，覆盖范围、辐射面、参与主体数量、发挥作用都不够理想

目前，长三角区域科技金融相关联盟助力区域联动，但平台建设仍处

---

① 长江三角洲区域一体化发展规划纲要［EB/OL］.（2019 - 12 - 01）［2023 - 02 - 05］. http：//www. gov. cn/zhengce/2019 - 12/01/content_ 5457442. html.

于初级阶段，主要的平台联盟多是近年来设立或建设的，时间短，覆盖范围、辐射面、参与主体数量、发挥作用都不够理想，实践效果和执行力有待观察。近年来，成立的一些跨区域产业联盟能够发挥的作用极其有限，而且，难以申请成为社团组织。协调机制较弱的根本原因在于，各个中心城市尚未充分发挥其应有的牵头协调作用。一方面，协调各地产业分工和产业合作是一项艰巨的任务，普遍存在畏难情绪；另一方面，对中心城市来说，此事虽然意义重大但需要其扩散资源甚至让渡一定利益，在现行行政区划格局下往往缺乏内在动能。以长三角知识产权联盟为例，截至2021年4月26日，参与长三角知识产权运营服务体系重点城市联盟的长三角区域主体仅有9个地区，覆盖范围仅达到34.6%。① 此外，目前，区域科技金融联动方式比较单一，主要是政府引导基金牵头，但覆盖面小，尚未充分发挥联动引导作用。产业领域的协调机制建设相对明显滞后，比如，缺少三省一市层面共同设立的长三角区域产业基金。

（三）缺乏长三角全局性的风险识别机制、风险承担机制设计

跨区域科技金融联动的关键在于，有效的风险识别机制与风险承担机制，使得科技信贷等金融服务供给能够克服跨区域的信息不对称，实现科技金融资源跨区域有效配给与联动发展。目前，长三角正通过信用长三角平台、长三角征信链平台等缓解信息不对称，助力风险识别。但其覆盖面有限，特别是对大量跨区域的科技信贷而言，存在风险识别难、跨区授信难。目前，长三角区域也没有统一的融资担保、信用增级、风险缓释等配套服务。虽然三省一市构建了各自的担保体系，但是，各地政策差异，仍制约着长三角区域一体化的科技创新链、产业链和资金链的形成，且目前的政策主要集中于利用大数据技术公开区域内征信信息，但尚未完全形成城市及企业全覆盖。

四、政府引导基金的跨区域合作引导功能仍需加强

政府引导基金在解决科创企业的市场失灵时发挥了重要作用，特别是

① 上海发布．长三角一体化发展上升为国家战略三年来进展如何？国新办发布会今天深度解读！［EB/OL］．（2021－11－04）［2023－02－07］．http：//www.scio.gov.cn/xwfbh/xwbfbh/wqfbh/44687/47366/wz47368/Document/1715883/1715883.htm.

对于早期阶段企业和初创阶段企业，该阶段的科创企业轻资产、高投入、高风险的特点明显，而且，缺少可抵押的资产和盈利能力证明，难以获得银行信贷、资本市场等融资支持。政府引导基金投入支持，可以有效地缓解该阶段的企业融资约束，而且，可以引导和带动社会资本投资早、高、小企业，弥补市场失灵，更好地支持科技创新。

长三角区域科技金融联动需要政府引导基金发挥对科技创新的引导支持，尤其是在支持长三角区域科创企业和重点产业协同创新方面。但目前，长三角区域政府引导基金在推动跨区域协同创新方面的引导作用与功能发挥仍存在不足，有待加强。具体表现在以下三个方面。

（一）总体来看发挥了一定作用，但对区域协同创新的引导作用仍需加强

1. 长三角区域政府引导基金主要投向长三角区域

根据清科私募通数据库，自2000年以来，长三角区域的政府引导基金累计投资 3 253 次，其中，63.9% 的投资事件面向长三角区域的企业，26.1% 的投资事件面向其他地区的企业。① 整体而言，长三角区域政府引导基金募集到的资金，主要投向长三角区域。

2. 投资产业主要为高新技术产业，但投资比重仍需提升

从投资产业来看，高新技术产业是长三角区域的政府引导基金主要投资的产业，但投资事件在总投资事件中的占比仅为57%，略超过其他产业。这说明，政府引导基金的实际投资与目标愿景仍存在差距，筹集资金已成规模，却没有流向重点领域。

3. 投资阶段明显后移，不利于支持整体科技创新

2015 年 8 月发布的《关于促进金融服务创新支持上海科技创新中心建设的实施意见》明确提出，要推动股权投资创新试点，发挥政府创业投资引导基金的引导作用和放大作用，鼓励更多社会资本持续加大对创新成果在种子期、初创期的投入力度，缓解科技创新企业“最先一公里”的资金来源问题。②

---

① 资料来源：笔者根据清科私募通数据库截至 2021 年 11 月 17 日的数据整理而得，https://www.pedata.cn/data/index.html.

② 上海市人民政府办公厅．关于促进金融服务创新支持上海科技创新中心建设的实施意见［EB/OL］．（2015 - 08 - 21）［2023 - 02 - 07］．http：//www.gov.cn/zhengce/2016 - 03/28/content_5058933.htm.

长三角区域的政府引导基金投资企业所处阶段（按投资事件口径），见图9－7。从投资企业所处的阶段来看，仅有31%的投资是面向早期阶段企业的，长三角区域的政府引导基金投资阶段明显后移，投资以发展期、成熟期的企业为主。从投资企业的规模来看，投资基金流向中小企业的投资事件占比仅为总投资事件的57%。

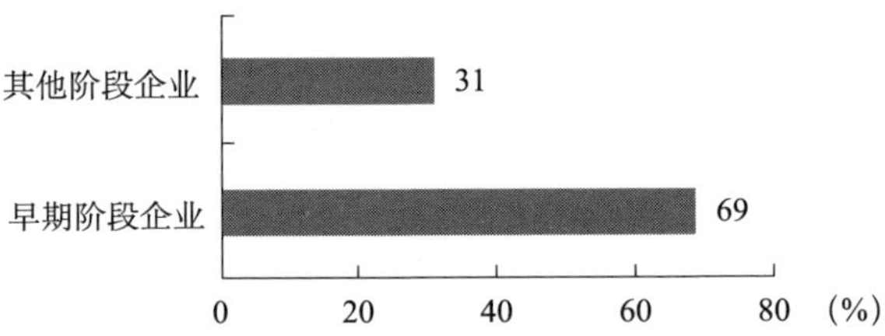

图9－7　长三角区域的政府引导基金投资企业所处阶段（按投资事件口径）

资料来源：笔者根据清科私募通数据库截至2021年11月17日的相关数据整理绘制而得，https：//www.pedata.cn/data/index.html.

4. 对标发展规划，对长三角区域重点领域的支持力度仍需加强

2020年12月，科技部印发了《长三角科技创新共同体建设发展规划》，为长三角区域科技创新发展制定了目标：2035年全面建成全球领先的科技创新共同体。《长三角科技创新共同体建设发展规划》中明确指出，长三角区域未来科技创新发展的重点领域，包括集成电路、新型显示、人工智能、先进材料、生物医药、高端装备等，这与硬科技相关的产业方向有所重叠。①

硬科技是引领全球科技与产业变革，对经济社会发展产生重大影响的关键核心技术，代表性的硬科技，如新一代信息技术、半导体、生物技术等。② 相比以商业模式创新为主的软科技，硬科技存在一定技术壁垒，技术含量较高且难以被复制模仿，是金融"脱虚向实"、实现创新引领发展目标的攻关要点。长三角区域主要城市硬科技创新指数排名，见表9－14。与国内其他主要城市相比较，共有10座城市入榜，其中，排名最前的是上海，城市硬科技创新指数为50.48。尽管整体排名情况不错，但是，都与排名第1的北京差距很大，北京硬科技创新指数为84.04，排名第2的上

① 科技部．长三角科技创新共同体建设发展规划［EB/OL］．（2020－12－10）［2023－02－07］．http：//www.gov.cn/zhengce/zhengceku/2020－12/30/content_5575110.htm.

② 亿欧．2020中国硬科技创新白皮书［R］．北京：亿欧，2020.

海，与北京相差了 33.56。因此，长三角区域在科技创新环境、科研人才引进等方面仍有较大改进空间。

表 9－14　长三角区域主要城市硬科技创新指数排名

城市	名次	城市硬科技创新指数	与第一名差距
上海	2	50.48	－33.56
杭州	7	32.99	－51.05
合肥	8	29.77	－54.27
南京	9	28.01	－56.03
苏州	11	26.76	－57.28
无锡	17	19.42	－64.62
宁波	21	18.01	－66.03
常州	26	16.82	－67.22
温州	33	11.74	－72.30
南通	34	11.32	－72.72

资料来源：笔者根据亿欧. 2020 中国硬科技创新白皮书［R］. 北京：亿欧，2020 的相关数据整理而得.

（二）新设立的长三角区域的政府引导基金的引导作用未充分发挥

1. 面向长三角区域的引导基金全面开花

2019 年《长三角区域一体化发展规划纲要》发布以来，长三角区域成立了多支致力于加快经济一体化、促进区域内科技创新发展的政府引导基金，如，中金共赢长三角科创基金、长三角融合发展基金、长三角联合基金等。部分面向长三角区域发展的政府引导基金，见表 9－15。

表 9－15　部分面向长三角区域发展的政府引导基金　　单位：亿元

基金名称	注册地	成立时间	目标规模
长三角 G60 科创走廊科技成果转化基金	上海市	2021 年 11 月	—
长三角数文（绍兴上虞）股权投资	浙江省绍兴市	2021 年 7 月	15
中金共赢长三角科创基金	上海市黄浦区	2019 年 7 月	100
长三角融合发展基金	安徽省铜陵市	2019 年 2 月	—
长三角协同优势产业基金	上海市	2018 年 11 月	100
长三角联合基金	上海市	2018 年 3 月	—

注：“—”表示无数据。

资料来源：笔者根据清科私募通数据库截至 2021 年 11 月 17 日的相关数据整理而得，https://www.pedata.cn/data/index.html.

2. 新设基金与支持引导跨区域重大项目协同创新契合度不高

行政地域边界和事权财权条块分割，使得各地的财政投入主要支持本地创新，各地政府缺乏分享财政资金的意愿。实际上，财政资金撬动的可以是长三角区域的社会资本，也可以是本地的社会资本。从投资收益来看，可以将资金投向长三角区域，也可以投向本地。如果长三角区域有一个统一的投资机构或是投资公司，那么，能更好地推动长三角区域的协同一体化进程，提高跨区域科技金融联动水平。然而，目前，新设立的长三角区域的政府引导基金，与这一目标的契合度不够高。

3. 设立时间较短，引导作用发挥尚有待观察

以中金共赢长三角科创基金为例，该基金成立于 2019 年 7 月，由上海市黄浦区人民政府与中金资本运营有限公司共同发起设立，目标规模为 100 亿元，重点投向上海和长三角区域的战略性新兴产业等。2020 ~ 2021 年中金共赢长三角科创基金部分投资项目，见表 9 - 16。从中金共赢长三角科创基金投资项目情况来看，该基金 2020 ~ 2021 年主要投资了上海的科技创新项目，也有对长三角区域其余三省项目的投资，还有对北京市项目的投资，投资领域主要为生物医药、软件、信息技术服务和电子商务，基本上达到了主要投资于长三角区域战略性新兴产业、促进长三角区域经济协调发展的目标。但是，新设立的长三角区域的政府引导基金未来能否关注并重点投向长三角区域的重点领域、重点产业、重点平台和基础设施建设，以带动更多社会资本进入，有效地发挥引导作用，还有待考察。

表 9 - 16　　2020 ~ 2021 年中金共赢长三角科创基金部分投资项目

项目名称	地区	投资时间	投资金额	投资轮次	项目领域
睿力集成	合肥市	2020 年 12 月	20 000. 00 万元	A	半导体
燧原科技	上海市	2021 年 4 月	5. 17 万元	C	软件和信息技术服务
鲲驰电商	上海市	2020 年 12 月	450. 16 万元	—	电子商务
埃提斯生物	上海市	2020 年 10 月	34. 25 万元	—	生物医药
凯乐士	浙江省嘉兴市	2020 年 5 月	4 654. 42 万元	D	其他机械制造
方润医疗	上海市	2021 年 3 月	3 830. 76 万元	B +	医疗设备
瑞声通讯	江苏省常州市	2020 年 10 月	10 000. 00 万元	A +	软件

续表

项目名称	地区	投资时间	投资金额	投资轮次	项目领域
每日优鲜（现已退出）	北京市	2020 年 8 月	3 531.07 万美元	G	电子商务

注："—" 表示无数据。

资料来源：笔者根据清科私募通数据库截至 2021 年 11 月 17 日的相关数据整理而得，https://www.pedata.cn/data/index.html.

五、科技信贷缺少有效联动，跨区域授信难

（一）长三角区域科技支行多是"更名"而来，联动业务尚处于起步阶段

2020 年 2 月，《关于在长三角生态绿色一体化发展示范区深化落实金融支持政策推进先行先试的若干举措》提出，支持符合条件的金融机构设立一体化示范区管理总部或分支机构，支持符合监管政策的地方法人银行设立资金营运中心。① 响应该号召，四大国有商业银行纷纷设立长三角一体化示范区支行，但细究其设立前身不难发现，主要是由原来的地区支行更名为长三角一体化示范区支行。长三角部分银行设立长三角示范区支行，见表 9－17。2020 年，长三角区域有 10 家支行更名为长三角示范区支行。更名后的关键，应该是其业务范围尤其是跨区域授信业务的变更，但目前更名时间较短，仍以支行所在区域授信为主，真正意义上的跨区域授信业务开展尚需时日。

表 9－17　长三角部分银行设立长三角示范区支行

地区	更名前	更名后
上海	中国工商银行上海市青浦支行	中国工商银行上海长三角一体化示范区支行
	中国银行上海市朱家角支行	中国银行上海长三角一体化示范区支行
	中国农业银行上海青浦支行	中国农业银行上海长三角一体化示范区支行
	中国建设银行上海青浦支行	中国建设银行上海长三角一体化示范区支行
	中国民生银行上海分行青浦支行	中国民生银行上海长三角一体化示范区支行

① http://www.ploc.gov.cn/.

续表

地区	更名前	更名后
浙江	中国工商银行嘉善支行	中国工商银行浙江长三角一体化示范区支行
	中国农业银行嘉善县支行	中国农业银行浙江长三角一体化示范区支行
	中国银行嘉善支行	中国银行浙江长三角一体化示范区支行
	嘉兴银行嘉善支行	嘉兴银行长三角一体化示范区（浙江嘉善）支行
江苏	中国工商银行苏州汾湖支行	中国工商银行苏州长三角一体化示范区支行

资料来源：笔者根据澎湃新闻．半年10家支行更名为长三角示范区支行，更名前后有何不一样［N］．澎湃新闻，2021－03－17的相关资料整理而得．

金融是需要流动的，银行之间跨区域的资金争夺是激烈的，在此情况下，长三角一体化示范区支行挂牌之后，在资金流动、存贷款方面，包括一些行内出台的区域性措施方面可以达到一致，有利于资金在长三角区域内更合理地配置。长三角区域科技金融联动的核心主旨，是为打造长三角区域科技创新共同体提供金融支持，而这不是一地的金融供给所能完成的，需要三省一市金融协调发展，尤其是需要跨区域一体化示范区支行发挥作用。

（二）跨区域信息不对称更突出，导致授信难

科创企业难以跨越区域壁垒了解其他区域的银行产品，与跨区域银行沟通，地理距离会加剧信息不对称，银行担心由此带来的信用风险，基于审慎经营理念，银行无动力跨区域授信。因此，银行惜贷现象就会在很大程度上制约长三角区域科技型企业的融资需求。此外，重大科技创新项目的融资需求，可能不是单一银行授信能够解决的，需要长三角区域内不同城市的银行机构打破行政壁垒，充分利用本地信息优势、信息共享、互利合作，通过跨区域的银团贷款等联合授信，为区域内重点创新项目和平台建设提供金融支持。

第十章　以全球城市为核心的区域科技金融联动路径设计

坚持“战略协同、高地共建、开放共赢、成果共享”① 的基本原则，从科技金融的不同服务供给主体为长三角科技创新共同体建设提供科技金融联动支持的视角，以市场为资源配置的主要方式，同时，发挥政府的规划引导作用，构建科技金融共建、共享、政策激励相容的科技金融生态，实现科技、资本、产业的高水平良性循环。

第一节　以全球城市为核心的区域科技金融联动路径设计

一、立足协同发展理念，强化政策协作的顶层设计

科技金融联动要求区域内主要全球城市和区域内其他省市之间立足协同发展理念，强化政策协作的顶层设计。长三角区域亟须出台纲领性的长三角科技金融联动方案或行动计划，完善顶层设计，并与长三角总体战略协同，目的是通过科技金融联动促进城市利益共享，打造科技创新共同体。比如，设立长三角科技金融政策规划联盟，设立长三角区域金融科技监管沙盒联盟。基于长三角主要城市和省份的相关政策和实践，探索长三角科技金融联动的思路和整体路线，并研究机制设计和制度安排，以制定强化科技金融联动的协同政策。针对打造全球领先的科技创新共同体的目标，构建与之相匹配的区域科技金融联动路径，并通过市场化机制促进科技金融主体之间的协同创新发展。

---

① 科技部：长三角科技创新共同体建设发展规划［EB/OL］.（2020－12－10）［2023－02－07］. http：//www. gov. cn/zhengce/zhengceku/2020－12－30/content_5575110. htm.

（一）核心目标是为打造全球领先的科技创新共同体提供金融支持

全球领先的科技创新共同体，需要跨区域的空间金融联动支持。长三角科技协同创新的重要目标是，打造全球领先的科技创新共同体，这也是长三角作为科技创新高地，推动科技创新和长三角高质量发展的重要依托。长三角区域科技金融联动，是打造全球领先的科技创新共同体的关键环节，是形成协同创新生态的关键纽带。构建长三角产业链和创新链，推动长三角区域高质量一体化发展，离不开全面、完备的资金链支持。依托“双链”发展构建长三角区域科技金融服务链，对于实现科技金融资源在区域内的自由流通以及资源配置的不断优化，都有积极影响。

长三角科技金融协同联动发展，在面对区域行政壁垒时存在市场失灵，因此，需要政府这只“看得见的手”的引导和协同支持，破解市场失灵。行政区划分割导致科技金融要素在长三角区域内不能完全自由流动，需要超越行政边界的组织机构与政府文件进行规划，以推动科技金融服务供给方与科技创新主体需求方的有效衔接，引导资金的跨区域优化配置，为跨区域协同创新提供有效的金融支持，特别是在科技金融联动发展的早期阶段。

（二）构建一体化的科技金融领导机构

区域作为整体，应该有一个各方授权、各方认可的能进行全面管理的主体机构，来执行长三角科技金融联动的主要事宜。因此，应加快建立长三角的纵向权力主体和共同的领导机构，整合各个城市的利益诉求，解决由市场分割引起的科技金融要素流动受阻、资源配置效率不高等问题，制定共同发展目标，促进各城市科技金融与科技创新协同联动。首先，进一步发挥长三角区域合作办公室、长三角 G60 科创走廊联席会议办公室和长三角科技金融联盟等实体机构的作用，整合相关资源，设立长三角科技金融联动委员会，并设立专门的办公室；其次，打破行政区划监管，建立跨区域功能性协同监管新机制，则要求在长三角一体化的总框架内，引入长三角金融监管联席会议机制，设立长三角金融监督管理领导小组办公室，设置日常议事机制，实现信息共享和监管标准一体化。

（三）基于竞合关系建立区域科技金融联动的政策体系

长三角科技金融联动发展的当务之急，是建立符合市场经济规律的区域规则和以长三角为主要服务对象的全局性政策，解决由市场分割引起的生产要素流动受阻、资源配置低效等问题。发挥市场在资源配置中的决定性作用，同时，通过政策协同整合行政壁垒导致的“块块经济”。政府可以鼓励组建一体化的利益相关者联合会，以促进横向协调避免恶性竞争，进而使产业联盟、园区联盟等各种非政府民间联盟成为一体化的新载体。目前，关于长三角整体层面金融支持的政策，更多是从同城化金融和金融联动等区域间合作层面进行阐述。但要想用“一张蓝图管全域”，还需着力建立地方政府之间良性竞争与横向协作的机制，通过城市间产业分工协作、金融资源共享、科技协同创新、科技金融政策协同等手段，以及探索建立财政与税收共享等机制，把“一盘棋”思想贯彻到底。

二、共建区域科技金融综合信息服务平台，破解科技金融核心问题

科技金融支持创新活动，亟须解决信息不对称和风险承担这两个关键问题。而如何发挥“有为”政府的作用，打造长三角内各省市良性的竞合关系，关键是建立一体化的长三角科技金融综合信息服务平台，依托该平台整合科技金融资源和信息，建立统一的协调机制，实现区域内科技金融信息的自由流动。以破解跨区域信息共享面临的信用数据壁垒，以及由此导致的信息不对称问题和风险识别问题，缓解跨区域授信难、融资难，实现科技金融资源的优化配置。重点建设长三角一体化信用平台、征信信息共享平台、融资担保保障服务平台、知识产权质押融资一体化市场交易与评估平台。

（一）共建共享长三角区域科技金融综合信息服务平台

由长三角科技金融联动委员会牵头，与长三角区域金融机构、相关协会组织、高科技园区、大型科技企业等科技金融主体和科技创新主体紧密合作，共建共享长三角区域科技金融综合信息服务平台，为区域内科技金融机构和中小企业提供跨区域支付结算、信用信息共享、合作担保、跨区域知识产权质押评估等区域科技金融服务。通过该科技金融综合服务平台，有效地链接各方资源和信息，实时更新区域内科技金融以及投融资相关的动态信息，鼓励区域内科创主体在平台发布融资需求，银行等金融机构收集识别企业的有效需求，动态实时匹配借贷双方信息，解决跨区域金

融活动面临的信息不对称与风险承担。在实践中，应坚持统一规划原则，由三省一市联合发起，并以各自的高科技园区作为主要载体。总部可设在上海，并在浙江、江苏和安徽分别设立重点业务部门，以对接其分管区域内的高科技园区，负责协作相关部门获取相关性数据和相关信息。

（二）共建区域统一征信服务平台和知识产权评估平台，破解信息不对称

长三角统一征信服务平台，是长三角科技金融综合性信息服务平台的重要组成部分，也是基础平台之一。可借鉴美国全球领先的专业数据服务商及征信机构益百利（Experian）的模式，率先尝试设置长三角企业信用公共服务机构，强化对信用服务的监管，并推动企业信用体系的建立与完善。鼓励和支持发展会计、审计、法律咨询、无形资产评估、信用评级及征信评估等中介服务机构，鼓励其在长三角区域设立分支机构，鼓励知识产权评估等信息和服务的共建共享。破解跨区域科技金融供求双方的信息不对称。支持银行等金融机构通过金融科技手段，精准识别企业需求与企业资信，并利用大数据、人工智能、区块链等技术，在风险可控的前提下创新金融产品和金融服务，实现企业需求与金融资源的高效对接。

三、推进区域资本市场一体化建设，形成技术、资本的良性循环

（一）借鉴欧盟经验，推进资本市场一体化建设

借鉴欧盟资本市场一体化过程中的经验，统筹协调，推进资本市场一体化建设，减少资本跨区域流动壁垒，推动资本在长三角区域的优化配置。建议以推进长三角区域股权交易市场一体化为突破口，由上海股权托管交易中心牵头，将目前处于分割状态的长三角各城市（区域）股权交易所或股权托管交易中心有机整合，构建成一个规则标准兼容统一、更具规模经济和竞争力的长三角区域股权交易所或股权交易所联盟，探索跨区域的股权交易服务、清算服务、托管服务，逐步统一规则，推进资本市场一体化建设，[①] 为科技创新企业提供多层次的直接融资支持。

---

① 姚亚伟，刘江会．长三角区域资本市场一体化程度评价、测度及未来发展建议［J］．苏州大学学报（哲学社会科学版），2021，42（3）：18－31．

（二）发挥科创板的辐射引领作用

目前，科创板已形成一股“长三角力量”，长三角上市公司已成为科创板主体。根据国泰安数据库，截至 2022 年 3 月 11 日，科创板的 393 家上市企业中，有 183 家长三角科创企业，占比约为 47%，其中，上海市有 60 家，江苏省有 75 家，浙江省有 33 家，安徽省有 15 家，上海市的 60 家企业中，多是六大硬核产业的“领头羊”。①

应加强科创板与区域股权市场联动，设立灵活的升降转板制度，利用科创板中科技创新专板这个“孵化器”，更好地支持长三角科创企业在资本市场融资。充分发挥长三角资本市场服务基地的服务功能，为长三角区域“硬科技”企业对接科创板提供便捷服务，通过基地分中心、联盟城市等分支机构和合作对象，为长三角区域跨省（市）生产经营的科技创新企业提供融资支持。

（三）推动区域债券市场合作

中国人民银行等联合发布的《关于进一步加快推进上海国际金融中心建设和金融支持长三角一体化发展的意见》明确提出，“推动 G60 科创走廊相关机构在银行间债券市场、交易所债券市场发行创业投资基金类债券、双创债务融资工具、双创金融债券和创新创业公司债”②，目前，“双创债”推进较好，由上海金融主管部门牵头与长三角 G60 联席办及多地金融主管部门协同建立了常态化的发行机制与推进机制。因此，可通过补贴、奖励、担保增信等措施扩大长三角 G60 科创走廊“双创债”的发行，扩大“双创债”辐射面和受益范围。

此外，推动长三角区域科创企业集合债发行，鼓励中小科创企业联合发行集合债，有效地缓解中小科创企业融资风险与融资收益不对称的问题，拓宽科创企业的直接融资渠道。目前，长三角区域科创企业集合债发行过“长三角科创企业 2020 年度第一期集合短期融资券”，该债券 2020 年由上海韦尔半导体股份有限公司在内的四家公司联合发行，并由上海浦

---

① 笔者根据国泰安数据库截至 2022 年 3 月 11 日的相关数据整理而得，http://cndata1.csmar.com/.

② 中国人民银行等．关于进一步加快推进上海国际金融中心建设和金融支持长三角一体化发展的意见［EB/OL］．（2020－02－14）［2023－02－08］．http://www.gov.cn/zhengce/zhengceku/2020－02/14/content_5478985.htm.

东发展银行独家主承销。

（四）市场为导向推动风险投资跨区域合作

风险投资作为专注高科技企业，特别是初创阶段专业投融资服务的股权资本，其投资行为更多根据市场化的专业判断，提供专业化的投资、咨询、辅导等服务。风险投资跨区域合作多采取联合投资形式，克服地理距离带来的信息不对称。因此，一方面，政府应鼓励通过长三角联合投资等市场行为扩大风险投资跨区域合作辐射效应，同时，通过政府引导基金、财政支持等手段，引导风险投资投向区域内早期初创高科技企业；另一方面，政府应支持创业投资机构以发行创新创业公司债券等方式融资，增加其资金来源，所募资金用于科创领域的股权投资，加快建立、健全信用激励机制，通过政策性安排为科创企业创造更多融资机会。

第二节　以全球城市为核心的区域科技金融联动引导机制

一、区域科技金融政策协同机制与竞合机制

长三角区域秉承合作大于竞争的理念，构建有效的区域科技金融竞合机制。上海发挥国际金融中心的绝对优势，杭州发挥金融科技发达的优势，优势互补，寻求合作共赢。并采用雁阵模式，上海与杭州作为双核，带领区域的金融与科技融合发展。重点把握长三角各区域城市的优势、特色，进行合理分工与布局，实现战略协同发展。

（一）完善中央和地方两个层面的统筹协调机制

《国务院金融稳定发展委员会办公室关于建立地方协调机制的意见》指出，将在各省（区、市）建立金融稳定发展委员会办公室地方协调机制，加强中央和地方在金融监管、风险处置、信息共享和消费者权益保护等方面的协作。①

---

① 国务院金融稳定发展委员会办公室．国务院金融稳定发展委员会办公室关于建立地方协调机制的意见［EB/OL］．（2020－01－14）［2023－02－08］．http：//www.gov.cn/xinwen/2020－01/14/content_5469125.htm.

长三角区域科技金融联动政策，同样需要中央和地方两个层面完善协调机制：一是中央层面的统筹协调机制，建议由中国人民银行牵头，协调“两会一局”和长三角各省市的金融监管部门，共同建立长三角金融协同发展长效机制，建立地方政府金融工作议事协调机制；二是地方之间的协同落实推进机制，建议由上海总牵头，长三角区域合作办公室负责协调，三省一市金融监管部门全面配合，协作分工，形成合力；三是强化中央和地方金融监督管理工作的协调性，既要保证中央金融决策落地落实，也允许地方因地制宜，对监管范围内的事项主动作为。同时，要处理好监管与发展的关系，避免行政力量对市场运行和资源配置的不当干预。

（二）加强城市战略协同，发挥比较优势实现协同发展

借鉴美国旧金山湾区和中国粤港澳大湾区的发展经验，长三角城市群协同发展建设可从三个方面着手：第一，上海是国际金融中心和传统金融高地，杭州是中国金融科技发展高地，作为长三角城市群的双核城市，发挥自身优势的同时，通过互相协作的发展战略，带动周边城市实现快速发展，从而提高长三角区域科技金融协同发展；第二，上海周边城市在市场竞争中形成优势互补的产业分工协作格局，抓准比较优势，制定符合自身优势的政策规划，形成城市的错位竞争，促进科技金融、科技创新与产业融合发展；第三，发挥上海科技创新中心和国际金融中心的龙头带动作用，进一步强化苏浙皖科技创新和科技金融发展的比较优势。长三角区域各方主体秉承“战略协同、高地共建、开放共赢、成果共享”的基本原则，促进科技金融要素流动，科技金融联动发展推动形成科技创新合力，努力建成具有全球影响力的长三角科技创新共同体和全球城市区域科技金融支持体系。

（三）加强各参与主体的协同，四链融合打造区域科技金融生态圈

科技金融生态圈涉及多个利益相关的参与主体，如科技创新企业。此外，还涉及多个科技金融供给主体，如商业银行、风险投资、科技保险等，以及政府的科技金融服务平台和政府部门。长三角科技金融联动需要构建各参与主体之间的有机联系与协调机制，尤其是跨区域联系，需要加强科技金融各参与主体的跨界协同、跨区域协同、多链融合，提升科技金

融整体服务水平。

具体而言，一是推动政策联动，完善政策链，围绕跨区域科技金融服务的痛点、难点靶向施策，提高政策精准度；可围绕长三角区域科技园区横向联动、三省一市区域内市县纵向联动逐层分级推动政策联动。二是通过长三角科技金融综合信息服务平台建设，畅通长三角信息链。三是紧扣企业科技创新需求，优化长三角科技金融服务链，在供给侧集聚优势资源，打造科技金融资源池；在连接端打造长三角投融资对接平台，在信用长三角基础上，打造长三角企业征信平台，形成多维度、广覆盖的企业信用信息动态数据库。四是通过跨区域的利益共享与风险共担机制建设，撬动资金链，引导科技金融资源在长三角的区域流动与高效配置。

二、地区间的利益共享模式和利益冲突解决机制

构建地区间的利益共享模式和利益冲突解决机制。秉承“非零和博弈”的地方利益最大化理念，实现区域科技金融资源和科创成果共享。基于长三角科技创新共同体一盘棋，共建长三角政府引导基金和产业引导基金，做大“长三角协同优势产业基金”，引导并撬动社会资本投向科创项目，加大对优势产业链中的协同创新项目、产业链“卡脖子”关键核心技术等的跨区域科技金融联动支持，打造世界级的优秀企业。

第一，建立区域利益共享机制，打破地区行政壁垒。遵循政策引导、市场为主、多方参与的原则，设置利益分享机制，在此基础上，形成三省一市系统化利益共同体。具体来说，需要构建多方受益的规则体系，激励区域内各地资源的共建、共享。

第二，依托协同创新载体，建立利益共享机制与冲突解决机制，完善跨区域的产业链、创新链和资金链。具体来说，可依托长三角区域园区的“飞地”经济模式，通过推动跨省（市）园区间的合作，建立并完善长三角“三链”，促进三省一市利益捆绑机制的建立。探索共建科技创新合作研发基地，发挥市场机制作用，通过事先预设合作各方的利益分配规则，并促进研发资源、金融资源在区域内的自由流动消除条块分割。

第三，建立利益共享机制和利益补偿机制。只要不忽视整体利益，区域发展就不应回避局部利益。长三角区域共同领导机构需探索能够实现利益最大公约数的利益共享机制和利益补偿机制，保证区域利益增加且各方

利益不受损，避免恶意竞争。长三角共享公共服务平台有效建立的前提是“共建”，包括建设成本与运营成本的共筹共担，以及实际运作和权责问题的明确与解决。

三、构建数据共享共治共建机制与流动机制，推动金融与科技的融合创新

秉承合作大于竞争的理念，构建有效的区域科技金融竞合机制、跨区域信息共享机制、跨区域信用共享机制。区域内信息流通不畅，是科技金融有效支持科技创新的一大障碍。为疏通科技金融对科技创新的信息影响渠道，需建立长三角地区跨区域信息共享平台，打破行政壁垒，推动区域内信息、信用的流动。

1. 落实政策要求，进一步完善长三角征信链

《关于在长三角生态绿色一体化发展示范区深化落实金融支持政策推进先行先试的若干举措》中已提出探索推进联合授信机制，支持一体化示范区先行试点跨区域联合授信。目前，已初步建立长三角征信链，并初步取得一定成效，未来可通过多地政策联动，进一步共建并完善长三角征信链。截至 2020 年 12 月，长三角共有 8 个城市、11 个节点上链，上链企业 789 万家。目前，已有 65 家金融机构查询使用“长三角征信链”，依托该征信链、金融机构累计放贷 523 户，累计授信金额 12.8 亿元。①

2. 鼓励银行为跨省（市）信贷资源流动建立专门的工作机制和工作制度

可在长三角区域推广交通银行、上海浦东发展银行等的做法，由中国人民银行上海总部和地方金融主管部门统一协调制定针对长三角跨省市联合授信活动的专项制度规则，并探索建立跨区域授信标准、贷后管理、风险控制、风险分担等制度。鼓励大中型银行在示范区设立分行，在长三角各相关机构协同联动过程中发挥重要作用。

3. 整合社会公共信息，打造区域信用品牌

长三角科技金融协同发展需要区域内信息共享，克服跨区域科技信贷

① 苏州市人民政府．“长三角征信链应用平台”实现涉企信用信息互联互通［EB/OL］．（2021－01－29）［2023－02－07］．http：//www.suzhou.gov.cn/szsrmzf/szyw/202101/7da4848e9fe0433ba1601c3ca6c0d595.shtml.

面临的信息不对称，以及由此导致的信用风险。要实现金融资源在区域内的自由流动，需要深化长三角信用区域的合作示范区建设。具体来说，可以考虑根据目前长三角征信链以及上海、苏州等地社会公共信息平台的建设经验，建立长三角一体化的综合信息服务大平台，整合区域内各有关部门的公共信用信息。

四、强化政府引导基金的引导作用机制推动区域科技金融联动

（一）依托专业投资机构管理政府引导基金，坚持市场化运作

为避免政府的过度介入，引发过度干预及干预失灵局面，政府引导基金的日常管理和投资运作应交给专业性投资机构，进行专业化、市场化的运营管理。可参考以色列等国家的政府主导型产业引导基金的运作管理模式。根据清科私募通数据，截至2021年11月，在长三角区域的495只政府引导基金中，仍有154只采取自管的形式，占比约为1/3。①

政府投资基金方式成功地将政府对科技创新的直接补贴式支持转变为专业化的基金运作，这是迈向扶持方式市场化的一大突破。同时，政府引导基金在支持科技创新发展时，应该更多考虑通过贷款风险补偿和绩效奖励的方式，而不是直接补贴的方式。政府应该逐渐以有偿方式替代无偿方式使用财政基金，以更市场化的方式支持科技创新。

（二）设计合理的利益分配机制和市场化的退出机制，推动科技成果转化

作为出资方，政府引导基金首要关注如何发挥引导作用，带动社会资本投向科技创新企业，尤其是投向早期高科技中小企业。政府要充分考虑社会资本的注资顾虑，设计合理的利益分配机制及市场化的退出机制，向社会资本表明政府的退出机制，及政府不与民争利，充分保障社会资本利益的态度。一旦企业进入扩张阶段和成熟阶段，发展趋于平稳，资金比较充裕，有更多融资选择，此时，政府应及时退出，让社会资本分享在企业发展早期阶段进入，并在企业成长、扩张阶段增持股份所带来的收益。

只有打消了社会资本的顾虑，才能提高政府引导基金杠杆比，有效地吸

① 笔者根据清科私募通数据库的相关数据整理而得，http：//www. pedata. cn.

引社会资本投向科技创新发展的关键领域，帮助企业在全生命周期获得充足的资金支持，提高科技成果转化率，进而实现产业、资本、技术高水平的良性循环，科技金融有效地支持长三角区域构建科技创新共同体的事业。

（三）设置区域一体化基金，扶持创业型企业或科技型企业发展

基于欧盟政府引导基金的经验，可以推动长三角一体化投资基金的设立与运营，引导三省一市的社会资本流向创新项目和有创新潜力的中小企业。创新活动和创新项目，具有风险高、投资周期长的特性。因此，可由长三角省市层面的各级政府联合出资，设立面向长三角区域重点产业、优势产业和重大创新平台的长三角一体化政府引导基金，以及面向长三角区域内中小科创企业的一体化中小企业创新引导基金。基金定位为母基金，采取“参股投资＋融资担保”的模式，依托专业化基金进行市场化运作。作为种子基金引导社会资本有序进入相关领域，畅通技术、产业、资本循环，实现区域内科技进步与创业投资双方互利共赢的目标。

五、探索建立跨区域联合授信机制

探索建立长三角区域跨省（市）联合授信机制，推动信贷资源流动。根据长三角区域产业结构和金融需求的特点，优势互补，合作互利，创新解决跨区域授信信息不对称的问题。可以考虑设立长三角政策性协作担保基金，鼓励银行设立科技支行长三角事业部，以区域科技银行的跨界经营或组建科技银行联盟为切入点，实施长三角科技支行联合授信，突破银行跨区域经营壁垒，还可以在长三角区域范围内试点外部投贷联动等创新业务，加强长三角传统信贷机构与风险投资的融合创新。

（一）试点跨区域联合授信，推动长三角一体化示范区信贷资源优化配置

充分发挥长三角一体化示范区先行先试的制度优势，有序开展跨区域联合授信试点，推动示范区内信贷资源流动与优化配置。2020 年《关于在长三角生态绿色一体化发展示范区深化落实金融支持政策推进先行先试的若干举措》明确提出，“示范区将探索推进联合授信机制”“支持符合条件的金融机构试点设立一体化示范区管理总部或分支机构”“推进跨区域业

务的同城化开展以及面上业务的统筹、试点，打破地域分割”。①

目前，部分省市已经开展相关试点，比如，浙江省已建成抵押登记线上办理系统，通过该系统，为“试点开展异地抵押物线上办理抵押登记”提供了平台支持，需要总结试点经验，进一步完善跨区域联合授信的制度建设。

《长江三角洲区域一体化发展规划纲要》中明确提出，要加快金融领域协同改革和创新，促进资本跨区域有序自由流动。② 长三角区域三省一市的融资成本、信贷资源充裕度不同，具体来说，上海市资金充沛而融资成本较低，若实现上海的资金向长三角区域流动，可以有效地缓解区域内科创企业的融资约束。联合授信可以通过提高区域内科技金融资源供求双方的匹配度，优化科技信贷的资源配置。比如，在实践中，交通银行建立集团客户“同城化”服务机制，定制了营销服务与授信管理的一体化方案。交通银行集团客户一体化管理模式，见图 10－1。

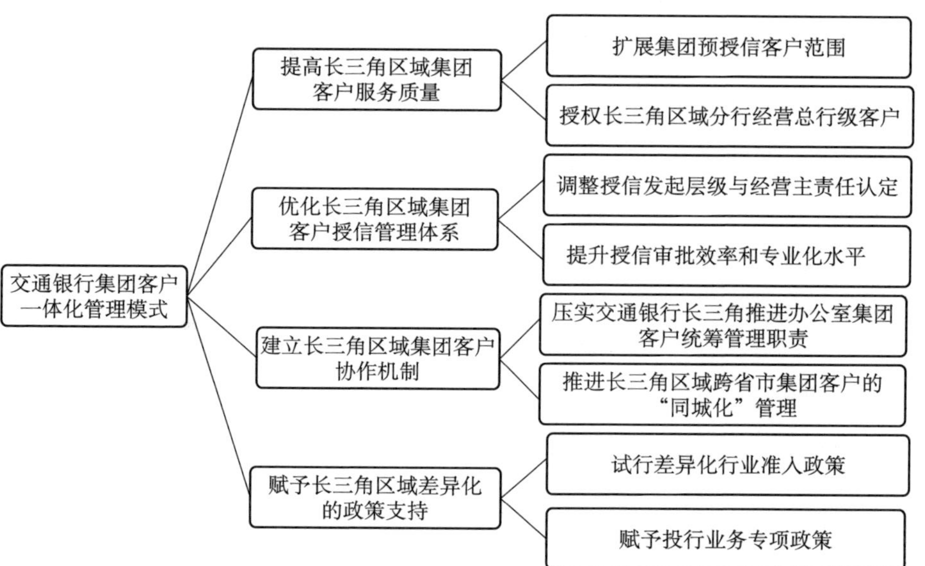

图 10－1　交通银行集团客户一体化管理模式

资料来源：笔者根据交通银行相关公开资料整理绘制而得。

---

① 中国人民银行上海总部．关于在长三角生态绿色一体化发展示范区深化落实金融支持政策推进先行先试的若干举措［EB/OL］．（2020－04－03）［2023－02－08］．http：//shanghai. pbc. gov. cn/fzhshanghai/113571/4002780/index. html.

② 中共中央，国务院．长江三角洲区域一体化发展规划纲要［EB/OL］．（2019－12－01）［2023－02－08］．http：//www. gov. cn/zhengce/2019－12/01/content_5457442. htm.

（二）设置跨区域联合科技支行，成立科技支行区域合作事业部

鼓励银行设立科技支行，与高科技园区合作，专门解决科技型中小企业融资难问题。在实践中，上海农商银行、上海浦东发展银行、中国工商银行等都已设立总行科技型中小企业融资中心，建立专门针对科技中小企业的信贷业务和风险管理办法。长三角区域内的其他主要银行也纷纷成立科技支行长三角事业部，打破行政区划障碍，提高区域内的科技信贷服务效率，在一定程度上促进长三角科技金融协同发展。

为了避免跨区域授信面临的信息不对称问题，长三角科技支行可通过跨区域新设机构或重组机构，或与本地机构合作。因此，应进一步优化长三角区域的金融管理政策，适当开放区域内机构，可以跨区域设立分支机构。此外，可以考虑推动区域内机构战略重组，缓解区域内部分银行机构风险突出、资本实力弱等问题。

（三）构建区域投贷协作联动机制，推动跨区域的投贷联动业务开展

投贷联动业务将传统商业银行的信贷业务与风险投资、私募股权等专业化的风险投资服务有机结合，通过银行信贷与社会资本的深入合作，突破地域限制，跨区域开展合作和授信。因此，投贷联动业务的开展，是推进长三角区域科技金融联动合作的重要举措，可以通过构建区域投贷协作机制与投贷联动机制，鼓励银行等金融机构和风险投资在长三角区域内探索开展跨区域的投贷联动业务，提升区域内科技金融协作效率。

鼓励银行与风险投资机构合作开展投贷联动业务，使用金融科技，实现科创企业信贷风险和信贷收益的匹配。可利用金融科技优势和互联网银行优势，推动跨区域联合贷款发放。互联网银行或大型金融科技公司拥有的线上场景资源和风控能力，能够利用大数据、人工智能等技术有效地收集信息、识别风险，降低跨区域科技信贷业务的运营成本和运营风险，助力风控能力较弱的中小银行发放贷款，实现资金的跨区域合理配置和快速对接，为区域内中小企业提供快捷的融资服务。此外，健全完善相关法律法规，对商业银行建立有效的风险控制机制和风险隔离机制，对风险投资机构建立合适的风险分担机制和利益共享机制，推动跨区域投贷联动业务顺利开展，为科创企业提供持续的资金支持。

参考文献

[1] [美] 埃德加·M. 胡佛. 区域经济学导论 [M]. 北京：商务印书馆，1990.

[2] 安虎森，彭桂娥. 区域金融一体化战略研究：以京津冀为例 [J]. 天津社会科学，2008 (6)：65 - 71.

[3] 白钦先，白炜. 金融功能研究的回顾与总结 [J]. 财经理论与实践，2009，30 (5)：2 - 4.

[4] 白钦先，谭庆华. 论金融功能演进与金融发展 [J]. 金融研究，2006 (7)：41 - 52.

[5] 白钦先. 金融可持续发展研究导论 [M]. 北京：中国金融出版社，2001.

[6] 曹颢，尤建新，卢锐，陈海洋. 我国科技金融发展指数实证研究 [J]. 中国管理科学，2011，19 (3)：134 - 140.

[7] 陈邦强. 投贷联动机制探析 [J]. 中国金融，2016 (5)：46 - 48.

[8] 陈海强，范云菲. 融资融券交易制度对中国股市波动率的影响——基于面板数据政策评估方法的分析 [J]. 金融研究，2015 (6)：159 - 172.

[9] 陈敏，李建民. 金融中介对我国区域科技创新效率的影响研究——基于随机前沿的距离函数模型 [J]. 中国科技论坛，2012 (11)：85 - 90.

[10] 陈婉玲，陈亦雨. 区域协调发展的利益调整与法治进路 [J]. 上海财经大学学报，2021，23 (6)：123 - 137.

[11] 陈宪. 加快建设创新型国家——理论演进、主体转换和生态优化 [J]. 探索与争鸣，2017 (11)：12 - 16.

[12] 陈旭，邱斌，张群，张亮. 金融空间分布与企业全球生产链嵌入 [J]. 经济研究，2022，57 (7)：101 - 117.

［13］程翔，杨小娟，张峰．区域经济高质量发展与科技金融政策的协调度研究［J］．中国软科学，2020（S1）：115－124.

［14］崔艳娟，赵霞．科技金融与中小高新技术企业发展的实证分析［J］．经济与管理，2013，27（10）：82－85.

［15］蔡庆丰，陈熠辉，林焜．信贷资源可得性与企业创新：激励还是抑制？——基于银行网点数据和金融地理结构的微观证据［J］．经济研究，2020，55（10）：124－140.

［16］戴志敏，郑万腾，杨斌斌．科技金融效率多尺度视角下的区域差异分析［J］．科学学研究，2017，35（9）：1326－1333.

［17］党兴华，弓志刚．多维邻近性对跨区域技术创新合作的影响——基于中国共同专利数据的实证分析［J］．科学学研究，2013，31（10）：1590－1600.

［18］邓建平，曾勇．金融生态环境、银行关联与债务融资——基于我国民营企业的实证研究［J］．会计研究，2011（12）：33－40.

［19］翟爱梅，马芳原，罗伟卿．区域金融一体化的阶段水平与发展轨迹的测度方法［J］．数理统计与管理，2013，32（5）：883－895.

［20］翟胜宝，王菡，陆正飞．金融生态环境和企业创新能力——基于中国制造业的经验数据［J］．经济与管理研究，2015，36（7）：53－59.

［21］杜金岷，梁岭，吕寒．中国区域科技金融效率研究——基于三阶段DEA模型分析［J］．金融经济学研究，2016，31（6）：84－93.

［22］樊明捷．世界湾区的区域协同机制［J］．城乡建设，2019（20）：67－69.

［23］方芳，李长治．金融集聚效应：城市群边界VS省际行政边界［J］．经济地理，2020，40（9）：53－61.

［24］房汉廷．关于科技金融理论、实践与政策的思考［J］．中国科技论坛，2010（11）：5－10，23.

［25］冯邦彦，彭薇．香港与伦敦、纽约国际金融中心比较研究［J］．亚太经济，2012（3）：87－92.

［26］冯锐，高菠阳，陈钰淳，张婷婷．粤港澳大湾区科技金融耦合度及其影响因素研究［J］．地理研究，2020，39（9）：1972－1986.

［27］弗朗索瓦·佩鲁. 经济空间：理论与应用［J］. 经济学季刊，1950（64）.

［28］冯根福，郑明波，温军等. 究竟哪些因素决定了中国企业的技术创新——基于九大中文经济学权威期刊和 A 股上市公司数据的再实证［J］. 中国工业经济，2021（1）：17－35.

［29］高杰英，游蕊. 长三角和京津冀区域金融一体化分析：信贷的扩散与极化［J］. 经济与管理研究，2015，36（7）：60－67.

［30］高雅. 高质量发展背景下纽约创新中心营造及启示［J］. 北京规划建设，2021（2）：93－99.

［31］辜胜阻，洪群联，张翔. 论构建支持自主创新的多层次资本市场［J］. 中国软科学，2007（8）：7－13，55.

［32］顾朝林. 巨型城市区域研究的沿革和新进展［J］. 城市问题，2009（8）：2－10.

［33］郝凤霞，张诗葭. 长三角城市群交通基础设施、经济联系和集聚——基于空间视角的分析［J］. 经济问题探索，2021（3）：80－91.

［34］何德旭，姚战琪. 中国产业结构调整的效应、优化升级目标和政策措施［J］. 中国工业经济，2008（5）：46－56.

［35］何韧，刘兵勇，王婧婧. 银企关系、制度环境与中小微企业信贷可得性［J］. 金融研究，2012（11）：103－115.

［36］何紫云，孙艳芝，潘峰华，梁进社，张同升. 基于 APS 企业金融合作关系的世界城市网络特征——以中国内地企业赴港 IPO 为例［J］. 经济地理，2022，42（2）：134－142.

［37］胡苏迪，蒋伏心. 基于 LS 模型的科技金融中心集聚研究［J］. 科研管理，2020，41（9）：123－131.

［38］黄灿，许金花. 日本、德国科技金融结合机制研究［J］. 南方金融，2014（10）：57－62.

［39］黄国妍，刘江会，姜鑫涛，贾高清. 基于复杂网络分析方法的国内外主要城市竞争力比较研究［J］. 城市发展研究，2019，26（1）：38－46.

［40］黄国妍，孟晨阳，栗凡. 上海金融中心功能演进与功能拓展研究

[J]. 全球城市研究（中英文），2020，1（1）：135－146，191－192.

[41] 黄国妍，刘江会，栗凡. 伦敦金融科技产业生态初探［N］. 中国社会科学报，2019－12－04.

[42] 黄国妍，孟晨阳，卢海燕，熊奇. 全球城市网络关系资产的国际比较与深度拓展研究［J］. 全球城市研究（中英文），2021，2（1）：1－20，188.

[43] 黄国妍，唐瑶琦. 美国硅谷的科技金融生态圈［N］. 中国社会科学报，2019－03－27.

[44] 黄国妍. 促进在沪跨国公司总部能级提升的思路与对策［J］. 科学发展，2022（11）：48－57.

[45] 黄金木. 长三角城商行一体化发展［J］. 中国金融，2019（3）：37－38.

[46] 黄益平，邱晗. 大科技信贷：一个新的信用风险管理框架［J］. 管理世界，2021，37（2）：12－21，50，2，16.

[47] 季菲菲，陈雯，魏也华，袁丰. 长三角一体化下的金融流动格局变动及驱动机理——基于上市企业金融交易数据的分析［J］. 地理学报，2014，69（6）：823－837.

[48] 解维敏，方红星. 金融发展、融资约束与企业研发投入［J］. 金融研究，2011（5）：171－183.

[49] 解维敏，唐清泉，陆姗姗. 政府 R&D 资助，企业 R&D 支出与自主创新——来自中国上市公司的经验证据［J］. 金融研究，2009（6）：86－99.

[50] 黎杰生，胡颖. 金融集聚对技术创新的影响［J］. 金融论坛，2017（7）：39－52.

[51] 李刚，高洪民. 当代国际金融中心发展的决定因素与上海的对策［J］. 世界经济研究，2020（9）：65－74，136.

[52] 李合龙，徐杰，汪存华. 粤港澳大湾区科技创新与金融创新的耦合关系［J］. 科技管理研究，2021，41（14）：56－64.

[53] 李后建，刘思亚. 银行信贷、所有权性质与企业创新［J］. 科学学研究，2015，33（7）：1089－1099.

[54] 李华民，吴非，廉胜南等. 银行规模、金融生态环境与小企业融资 [J]. 科学决策，2017 (9)：25 –43.

[55] 李敬，徐鲲，杜晓. 区域金融发展的收敛机制与中国区域金融发展差异的变动 [J]. 中国软科学，2008 (11)：96 –105.

[56] 李俊霞. 科技与金融合作的国际比较及启示 [J]. 宏观经济管理，2013 (5)：86 –87.

[57] 李天树，崔可心. 创新驱动型城市总部经济发展模式研究——基于杭州“聚变”模式与纽约“裂变”模式的比较分析 [J]. 中国集体经济，2018 (22)：19 –22.

[58] 李万福，杜静，张怀. 创新补助究竟有没有激励企业创新自主投资——来自中国上市公司的新证据 [J]. 金融研究，2017 (10)：130 –145.

[59] 李希义. 硅谷银行支持高科技企业融资模式及对我国银行的启示 [J]. 管理现代化，2013 (5)：101 –103.

[60] 李心丹，束兰根. 科技金融：理论与实践 [M]. 南京：南京大学出版社，2013.

[61] 李扬，王国刚，刘煜辉. 中国城市金融生态环境评价 [M]. 北京：人民出版社，2005.

[62] 李扬. “金融服务实体经济”辨 [J]. 经济研究，2017，52 (6)：4 –16.

[63] 李志刚，施先旺. 战略差异、管理层特征与银行借款契约——基于风险承担的视角 [J]. 中南财经政法大学学报，2016 (2)：68 –77，159.

[64] 林瑶鹏，林柳琳，高琦. 区域科技金融发展水平评价研究 [J]. 技术经济与管理研究，2022 (6)：70 –75.

[65] 林毅夫，孙希芳，姜烨. 经济发展中的最优金融结构理论初探 [J]. 经济研究，2009，44 (8)：4 –17.

[66] 林永军. 金融生态建设：一个基于系统论的分析 [J]. 金融研究，2005 (8)：44 –52.

[67] 刘朝明，廖林，涂瑞. 区域金融生态系统基本性状模型研究 [J]. 金融研究，2008 (5)：194 –202.

［68］刘江会．金融支持上海建设具有全球影响力科技创新中心对策研究［J］．科学发展，2017，103（6）：13－26.

［69］刘生龙，张捷．金融一体化对经济增长的影响［J］．南开经济研究，2009（3）：73－86.

［70］刘文丽，郝万禄，夏球．我国科技金融对经济增长影响的区域差异——基于东部、中部和西部面板数据的实证分析［J］．宏观经济研究，2014（2）：87－94.

［71］刘煜辉，陈晓升．中国地区金融生态评价（2009－2010）［M］．北京：社会科学文献出版社，2011.

［72］卢亚娟，刘骅．科技金融协同集聚与地区经济增长的关联效应分析［J］．财经问题研究，2018（2）：64－70.

［73］罗仲伟，任国良，文春晖．为什么小微企业融资缺口越来越大：一个理论分析［J］．经济管理，2012，34（9）：53－60.

［74］吕峻，胡洁．企业创新融资理论和实证研究综述［J］．北京工业大学学报（社会科学版），2021，21（3）：80－94.

［76］马翠莲．科创板助力上海科创中心建设［N］．上海金融报，2017－12－29（A05）：13－26.

［76］马希良，刘弟久．对建立科技金融市场的构想［J］．科学管理研究，1988（4）：4－9.

［77］马玉林，马运鹏，彭文博．中国科技金融效率的区域差异及动态演进分析［J］．宏观经济研究，2020（7）：124－137.

［78］梅亮，陈劲，刘洋．创新生态系统：源起、知识演进和理论框架［J］．科学学研究，2014，32（12）：1771－1780.

［79］孟添，祝波．长三角科技金融的融合发展与协同创新思路研究［J］．上海大学学报（社会科学版），2020，37（4）：58－73.

［80］莫大喜．纽约建设创新引领型全球城市的经验及启示［J］．特区实践与理论，2019（1）：59－64.

［81］潘峰华，方成．从全球生产网络到全球金融网络：理解全球－地方经济联系的新框架［J］．地理科学进展，2019，38（10）：1473－1481.

［82］潘峰华，蒙莎莎．金融化、金融全球化和金融地理学发展［J］．

经济地理，2021，41（10）：106－116.

［83］潘娟，张玉喜．政府、企业、金融机构科技金融投入的创新绩效［J］．科学学研究，2018，36（5）：831－838，846.

［84］瑞斯托·劳拉詹南．金融地理学［M］．北京：商务出版社，2001.

［85］上海市科委与上海银监局．2017年上海科技金融发展报告［R］．上海：上海市科委与上海银监局，2018.

［86］上海银保监局．金融大治理中的上海银行业监管思考［M］．北京：中国金融出版社，2018.

［87］沈彬彬，张志昂．流量经济：上海迈向卓越全球城市的新引擎［J］．科学发展，2018（9）：84－87.

［88］沈炳熙，高圣智．日本的中小企业金融政策［J］．金融研究，2002（9）：53－60.

［89］沈立，倪鹏飞．全球产业链演变趋势下中国城市发展格局的未来走向及政策建议［J］．经济纵横，2022（2）：60－68.

［90］盛垒，洪娜，黄亮，张虹．从资本驱动到创新驱动——纽约全球科创中心的崛起及对上海的启示［J］．城市发展研究，2015，22（10）：92－101.

［91］盛维，周海蓉，沈彬彬等．全球城市资源要素流量指数研究［J］．全球城市研究（中英文），2020，1（1）：44－61，189.

［92］盛天翔，范从来．金融科技、最优银行业市场结构与小微企业信贷供给［J］．金融研究，2020（6）：114－132.

［93］苏宁．“金融生态环境”的基本内涵［J］．金融信息参考，2005（10）：6.

［94］孙国茂，范跃进．金融中心的本质、功能与路径选择［J］．管理世界，2013（11）：1－13.

［95］孙伍琴．论不同金融结构对技术创新的影响［J］．经济地理，2004（2）：182－186.

［96］田皓森，温雪．金融一体化的区域经济高质量增长效应——基于全国12个重点城市群的实证研究［J］．宏观经济研究，2021（11）：

139－148，175.

［97］田霖. 区域金融成长差异——金融地理学视角［M］. 北京：经济科学出版社，2006.

［98］涂永红，李胜男. 金融创新支持新兴产业集群发展［J］. 中国金融，2020，942（24）：86－87.

［99］王成，王茂军. 中国跨国城市网络的结构研究——基于外资金融机构母子公司关系的讨论［J］. 城市发展研究，2021，28（12）：102－109.

［100］王国刚，冯光华. 中国地区金融生态环境评价（2013—2014）［M］. 北京：社会科学文献出版社，2015.

［101］王宏起，徐玉莲. 科技创新与科技金融协同度模型及其应用研究［J］. 中国软科学，2012（6）：129－138.

［102］王军，付莎. 金融一体化与城市群经济协调发展［J］. 财经科学，2020（10）：80－92.

［103］王林辉，赵景. 金融生态环境及其对企业创新效率的影响——以工业企业为例［J］. 海南大学学报（人文社会科学版），2017（3）：49－57.

［104］王伟，王硕. 公共科技金融研究述评与展望［J］. 科学管理研究，2021，39（2）：129－134.

［105］王霞，常婧，王启利. 我国科技金融区域发展差异研究［J］. 青岛科技大学学报（社会科学版），2013，（4）：84－88.

［106］王晓阳. 伦敦金融中心发展机制对上海的启示——一个关系地理学的视角［J］. 战略决策研究，2014，5（6）：70－79.

［107］王修华. 我国二元经济转换中的金融结构研究［M］. 长沙：湖南大学出版社，2010.

［108］王远征，徐晓东. 关于青岛进入国内科技中心城市前列的对策与建议［A］. 信息时代—科技情报研究学术论文集：第二辑，2006：359－367.

［109］魏清. 金融资源流动与长三角金融一体化研究［M］. 北京：中国商业出版社，2011

［110］魏守华，吴贵生. 我国跨行政区科技合作的成因、模式与政策

建议［J］. 中国软科学，2004（7）：100－105.

［111］吴昊旻，靳亭亭. 金融生态环境与企业创新效率［J］. 金融论坛，2017（12）：57－67.

［112］吴良镛. 城市地区理论与中国沿海城市密集地区发展［J］. 城市规划，2003（2）：12－16，60.

［113］吴敏，林乐芬. 银行业市场集中度、主体异质性与中小企业信贷可获性［J］. 金融论坛，2015，20（3）：26－35，61.

［114］谢家智，刘思亚，李后建. 政治关联、融资约束与企业研发投入［J］. 财经研究，2014，40（8）：81－93.

［115］邢乐成，梁永贤. 中小企业融资难的困境与出路［J］. 济南大学学报（社会科学版），2013，23（2）：1－7，91.

［116］徐飞. 银行信贷与企业创新困境［J］. 中国工业经济，2019，（1）：119－136.

［117］徐海龙，王宏伟. 科技型中小企业全生命周期金融支持研究——基于风险特征的分析视角［J］. 科学管理研究，2018，36（3）：56－59.

［118］肖久灵，汪建康. 新加坡政府支持中小微企业的科技创新政策研究［J］. 中国科技论坛，2013，211（11）：155－160.

［119］徐诺金. 论我国的金融生态问题［J］. 金融研究，2005（2）：35－45.

［120］徐小林. 区域金融生态环境评价方法［J］. 金融研究，2005（11）：39－45.

［121］徐玉莲，王玉冬，林艳. 区域科技创新与科技金融耦合协调度评价研究［J］. 科学学与科学技术管理，2011，32（12）：116－122.

［122］徐玉莲，王玉冬. 区域科技创新与科技金融系统协同发展运行机理分析［J］. 科技进步与对策，2013，30（20）：25－29.

［123］徐玉莲，王玉冬. 区域科技金融资金的配置效率研究［J］. 科学管理研究，2015，33（2）：93－96.

［124］徐玉莲，于浪. 基于 CAS 的区域科技金融网络演化仿真研究［J］. 科技管理研究，2020，40（3）：46－56.

［125］徐悦，张桥云. 金融资本集聚与区域金融中心形成——基于空间网络的分析视角［J］. 财经科学，2021，398（5）：13－27.

［126］杨安华，赵昌文，白广斌. 基于信贷配给模型的高科技中小企业融资能力提升机制研究［J］. 管理学报，2012，9（7）：1001－1006.

［127］杨宜，徐鲲，王俊文. 亚洲著名科技园区金融支持体系比较研究［J］. 科学管理研究，2013，31（5）：117－120.

［128］杨宜. 科技金融网络的结构、演化及创新机制的研究［M］. 北京：中国金融出版社，2017：43－45.

［129］杨寅. 行政区域利益冲突的法律规制［J］. 法学评论，2006（3）：46－55.

［130］杨凯瑞，申珊. 改革开放以来中国科技金融政策演变与启示——基于对中央政府政策文本的共词分析［J］. 中国科技论坛，2021（6）：105－118，148.

［131］姚亚伟，刘江会. 长三角区域资本市场一体化程度评价、测度及未来发展建议［J］. 苏州大学学报（哲学社会科学版），2021，42（3）：18－31.

［132］叶德磊. 论我国金融生态圈优化与金融创新的功效［J］. 当代经济科学，2006（4）：34－39，125.

［133］叶勇，胡培，何伟. 上市公司终极控制权、股权结构及公司绩效［J］. 管理科学，2005（2）：58－64.

［134］亿欧. 2020中国硬科技创新白皮书［R］. 北京：亿欧，2020.

［135］易纲. 再论中国金融资产结构及政策含义［J］. 经济研究，2020，55（3）：4－17.

［136］易纲. 上海国际金融中心正建设成为“五个中心”［J］. 中国金融家，2020（7）：20－21.

［137］易明. 科技金融系统理论与实践［M］. 北京：科学出版社，2019.

［138］尹志超，钱龙，吴雨. 银企关系、银行业竞争与中小企业借贷成本［J］. 金融研究，2015（1）：134－149.

［139］英国Z/Yen集团，中国（深圳）综合开发研究院. 第22期～

第33期全球金融中心指数（GFCI22 ~ GFCI33）［R］. 深圳：中国（深圳）综合开发研究院，2017 ~2022.

［140］俞颖，苏慧琨，李勇. 区域金融差异演进路径与机理［J］. 中国工业经济，2017（4）：74 –93.

［141］约瑟夫 · 熊彼特. 经济发展理论［M］. 北京：华夏出版社，2015.

［142］约翰 · 戈德史密斯. 金融结构与金融发展［M］. 上海：三联书店，1995.

［143］张凤超. 金融地域运动：研究视角的创新［J］. 经济地理，2003（5）：587 –592.

［144］张凤超. 金融一体化理论的建构［J］. 东北师大学报，2005（4）：45 –48.

［145］张浩然. 中国城市金融集聚的演进趋势与影响因素：区域异质性视角［J］. 广东财经大学学报，2016，31（3）：56 –63.

［146］张恒龙，袁路芳. 科技金融：国际经验与本土挑战［J］. 上海经济研究，2015（5）：34 –40，94.

［147］张华. 科技金融创新生态系统的规划框架与协同创新机制［J］. 科学管理研究，2016，34（5）：89 –93.

［148］张建刚，张云凤. 金融生态环境、区域差异与科技创新效率——基于异质性随机前沿模型的分析［J］. 科学与管理，2017，37（5）：7 –13.

［149］张杰，芦哲，郑文平，陈志远. 融资约束、融资渠道与企业R&D投入［J］. 世界经济，2012，35（10）：66 –90.

［150］张杰. 经济的区域差异与金融成长［J］. 金融与经济，1994，（6）：16 –19.

［151］张明喜，魏世杰，朱欣乐. 科技金融：从概念到理论体系构建［J］. 中国软科学，2018（4）：31 –42.

［152］张明喜，郭滕达，张俊芳. 科技金融发展40年：基于演化视角的分析［J］. 中国软科学，2019，339（3）：20 –33.

［153］张明喜，周代数，张俊芳等. 金融支持国家创新体系：中美比

较［J］. 中国软科学，2023，388（4）：33－42.

［154］张末冬. 上海银监局：推动银行业开展科技金融服务　支持上海科创中心建设［N］. 金融时报，2018－01－26（003）.

［155］张天舒，唐一鸣，马靖淳. 金融集聚对实体经济发展的影响机制分析——基于长三角和珠三角城市群的实证研究［J］. 东北师大学报（自然科学版），2022，54（4）：144－154.

［156］张璇，刘贝贝，汪婷，李春涛. 信贷寻租、融资约束与企业创新［J］. 经济研究，2017，52（5）：161－174.

［157］张一林，郁芸君，陈珠明. 人工智能、中小企业融资与银行数字化转型［J］. 中国工业经济，2021（12）：69－87.

［158］张颖熙. 区域金融发展与金融一体化问题研究——基于中国的实证与分析［J］. 中央财经大学学报，2007（5）：33－37.

［159］张玉喜，张倩. 区域科技金融生态系统的动态综合评价［J］. 科学学研究，2018，36（11）：1963－1974.

［160］张玉喜，赵丽丽. 中国科技金融投入对科技创新的作用效果——基于静态和动态面板数据模型的实证研究［J］. 科学学研究，2015，33（2）：177－184，214.

［161］中共中央，国务院. 长江三角洲区域一体化发展规划纲要［EB/OL］.［2019－12－01］. http：//www.gov.cn/zhengce/2019－12/01/content_5457442.htm.

［162］赵昌文，陈春发，唐英凯. 科技金融［M］. 北京：科学出版社，2009.

［163］赵伟，马瑞永. 中国区域金融发展的收敛性、成因及政策建议［J］. 中国软科学，2006（2）：94－101.

［164］周昌发. 科技金融发展的保障机制［J］. 中国软科学，2011（3）：72－81.

［165］周辉，罗良文. 科技金融推动低碳产业发展模式研究［J］. 科技进步与对策，2011，28（24）：78－81.

［166］周立，胡鞍钢. 中国金融发展的地区差距状况分析（1978—1999）［J］. 清华大学学报（哲学社会科学版），2002（2）：60－74.

[167] 周振华. 全球城市：演化原理与上海2050 [M]. 上海：格致出版社，上海人民出版社，2017.

[168] 周振华. 全球城市的理论含义及实践性 [J]. 上海经济研究，2020 (4)：99 -108.

[169] 周振华，张广生. 全球城市发展报告 2020 全球化战略空间 [M]. 上海：格致出版社，2021.

[170] 周振华. 全球化、全球城市网络与全球城市的逻辑关系 [J]. 社会科学，2006 (10)：17 -26.

[171] 周振华. 现代服务业研究 [M] . 上海：上海人民出版社，2003.

[172] 朱佳慧，于丽英. 我国科技创新与金融发展的耦合协同测度——基于 VIF - 变异系数的筛选 [J]. 上海大学学报（自然科学版），2021，27 (4)：785 -794.

[173] 卓凯，殷存毅. 区域合作的制度基础：跨界治理理论与欧盟经验 [J]. 财经研究，2007 (1)：55 -65.

[174] 邹克，倪青山. 公共科技金融存在替代效应吗？——来自 283 个地市的证据 [J]. 中国软科学，2019 (3)：164 -173.

[175] Alonso W. Urban Zero Population Growth [J]. Daeduale，1973，103：191 -206.

[176] Arrow K. Economic Welfare and the Allocation of Resources for Invention [M]//Universities-National Bureau Committee for Economic Research. The Rate and Direction of Inventive Activity：Economic and Social Factors. Princeton University Press，1962.

[177] Back T. Financing Constraints of SMEs in Developing Countries：Evidence，Determinants and Solutions [C]. In KDI 36th Anniversary International Conference，2007：26 -27.

[178] Baele L. , Ferrando A. , Hördahl P. , Krylova E. Measuring Financial Intergration in the Euro Area [J/OL]. http：//www. ecb. int，2004.

[179] Beaverstock J. V. , Smith R. G. , Taylor P. J. A Roster of World Cities [J]. Cities，1999，16 (6).

[180] Berger A. , Udell G. Relationship Lending and Lines of Credit in Small Firm Finance [J]. Journal of Business, 2006 (68): 351 -381.

[181] Bonfiglioli A. Financial Integration, Productivity and Capital Accumulation [J]. Journal of International Economics, 2008, 76 (2).

[182] Britannica Academic. Biosphere [EB/OL]. academic. eb. com/levels/collegiate/article /biosphere/117266. 2013 -08 -03/2018 -01 -24.

[183] Britannica Academic. Ecosystem [EB/OL]. academic. eb. com/levels/collegiate/article/ ecosystem/31944. 2017 -12 -20/2018 -01 -24.

[184] Brown E. , Catalano G. , Taylor P. J. Beyond World Cities: Central America in a Global Space of Flows [J] . Area, 2002, 34 (2): 139 -148.

[185] Brown H. Douglas. Teaching by Principles: An Interactive Approach to Language Pedagogy [M]. New York: White Plains, 2007.

[186] Caprio G. , Honohan P. Beyond Capital Ideals: Restoring Banking Stability [M]. Policy Research Working Paper Series 2235, The World Bank, 1999.

[187] Carlota Perez. Technological Revolutions and Financial Capital: The Dynamics of Bubbles and Golden Ages [M]. Edward Elgar Pub, 2003.

[188] Castells. The Rise of Network Society [M]. Oxford: Blackwell, 1996.

[189] Castells M. Grassrooting the Space of Flows [J]. Urban Geography, 1999, 20 (4) : 294 -302.

[190] Cesa-Bianchi A. , Imbs J. , Saleheen J. Finance and Synchronization [J]. Journal of International Economics, 2019, 116: 74 -87.

[191] R. J. Chorley, P. Haggett. Trend-Surface Mapping in Geographical Research [J] . Transactions of the Institute of British Geographers, 1965, 37: 47 -67.

[192] Cohen B. J. The Geography of Money [M] . New York: Cornell University Press, 1998.

[193] Douglas C. Government Policy Towards Entrepreneurial Finance: Innovation Investment Funds [J]. Journal of Business Venturing, 2007 (22):

193 –235.

[194] Eijiffinger S. C. , Lemmen J. International Financial Integration [M]. UK: Edward Elgar, 2003.

[195] Fazzari S. , Petersen B. , Brown J. Financing Innovation and Growth: Cash Flow, External Equity, and the 1990s R&D Boom [J]. Journal of Finance, 2009 (64): 151 –185.

[196] Feldstein M. , Horioka C. Domestic Savings and International Capital Flows [J] . NBER Working Paper, 1980, 90: 314 –329.

[197] Franklin Allen and Douglas Gale. Comparative Financial Systems: A Survey [EB/OL]. http: //finance. wharton. upenn. edu/-allenfdownload/Vita/PublishedPapers. htm. [2020 –06 –17]. Working Paper, 2001.

[198] Friedman J. Where We Stand: A Decade of World City Research. In Knox, P. L. and Taylor, P. J. (eds.) World Cities in a World-System [M]. Cambridge: Cambridge University Press, 1995.

[199] Friedmann J. Regional Development Policy [M]. Massachusetts: MIT Press, 1966.

[200] Friedmann J. The World City Hypothesis [J]. Development and Change, 1986, 17 (1): 69 –83.

[201] Fry-McKibbin, Renée, Hsiao Y. L. , Martin V. L. Global and Regional Financial Integration in East Asia and the ASEAN [J]. The North American Journal of Economics and Finance, 2018, 46: 202 –221.

[202] Ghadge R. Toward a Critical Understanding of the World /Global City Paradigm [J]. The Journal of Public and Professional Sociology, 2019, 11 (1).

[203] Geddes P. Cities in Evolution: An Introduction to the Town Planning Movement and to the Study of Civics [M]. London: Williamsand Norgate, 1915.

[204] Gur N. Does Financial Integration Increase Exports? Evidence from International Industry-Level Data [J]. Emerging Markets Finance and Trade, 2013, 49: 112 –129.

[205] Gurley J. G. , Shaw E. S. Money in a Theory of Finance [M]. Washington D. C. : Brookings Institution, 1960.

[206] Guru B. K. , Yadav I. S. Financial Integration in Asia: A Macroeconomic Perspective [J]. The Developing Economies, 2021, 59 (1).

[207] Hall B. H. , Lerner J. The Financing of R&D and Innovation [J]. Handbook of the Economics of Innovation, 2010 (1): 609 - 639.

[208] Hall P. , Global City-Regions in the Twenty-First Century, In Scott, A. (ed.). Global City Regions [M]. New York Oxford University Press, 2001.

[209] Hall P. The Word Cities [M]. London: Weidenfeld and Nicolson, 1966.

[210] Henry P. B. Stock Market Liberalization, Economic Reform, and Emerging Market Equity Prices [J]. Journal of Finance, 2000, 55 (2): 529 - 64.

[211] Herrera A. M. , R. Minetti. Informed Finance and Technological Change: Evidence from Credit Relationships [J]. Journal of Financial Economics, 2007, 83 (1): 223 - 269.

[212] Hoffmann P. , Kremer M. , Zaharia S. Financial Integration in Europe Through the Lens of Composite Indicators [J]. Economics Letters, 2020, 10 (9).

[213] Hsu P. H. , Wang C. , Wu C. Banking Systems, Innovations, Intellectual Property Protections, and Financial Markets: Evidence from China [J]. Journal of Business Research, 2013, 66 (12): 2390 - 2396.

[214] Hymer S. The Internationalization of Capital [J]. Journal of Economic Issues, 1972, 6 (1): 91 - 111.

[215] Imbs J. The Real Effects of Financial Integration [J]. Journal of International Economics, 2006, 68 (2): 296 - 324.

[216] Imbs J. , Romain W. Stages of Diversification [J]. American Economic Review, 2003, 93 (1): 63 - 86.

[217] International Monetary Fund (IMF). Financial Integration in Cen-

tral America: Prospects and Adjustment Needs [R]. 2003.

[218] Jeanne O. Why Do Emerging Economies Borrow in Foreign Currency? [J]. IMF Working Papers, 2003 (3): 177.

[219] Kamien M. I., Schwartz N. L. Self-financing of an R&D Project [J]. American Economic Review, 1978, 68 (3): 252-261.

[220] Kearney C., Lucey B. M. International Equity Market Integration: Theory, Evidence and Implications [J]. International Review of Financial Analysis, 2004, 13 (5): 571-583.

[221] King R. G., Levine R. Finance and Growth: Schumpeter Might Be Right [J]. The Quarterly Journal of Economics, 1993 (108): 717-737.

[222] Knox P. J. World Cities in a World System [M]. Cambridge: Cambridge University Press, 1995: 132-155.

[223] Kose M. A., Prasad E. S., Terrones M. E. How Does Globalization Affect the Synchronization of Business Cycles? [J]. American Economic Review, 2003, 93 (2): 57-62.

[224] Levine R. International Financial Liberalization and Economic Growth [J]. Review of International Economics, 2001 (9): 688-702.

[225] Leyshon A., Thrift N. Geographies of Financial Exclusion: Financial Abandonment in Britain and the United States [J]. Transactions of the Institute of British Geographers New Series, 1995, 20: 312-341.

[226] Maleck E. J. Regional Social Capital: Why it Matters [J]. Regional Studies, 2012, 46 (8): 1023-1039.

[227] Malecki E. J. The Economic Geography of the Internet's Infrastructure [J]. Economic Geography, 2002, 78 (4): 399-424.

[228] Manuel Castells. Grassrooting the Space or Flows [J]. Urban Geography, 1999, 20 (4): 294-302.

[229] McKinnon R. Money and Capital in Economic Development [M]. Washington DC: The Brooking Institute, 1973.

[230] Meyer, Laurence H. The Present and Future Roles of Banks in Small Business Finance [J]. Journal of Banking & Finance 1998 (22): 1109 -

1116.

[231] Naughton B. How Much Can Regional Integration Do to Unify China's Markets? // Hope N. C., Yang D. T., Li M. Y. How Far Across the River [M]. Stanford: Stanford University Press, 2003: 204 - 232.

[232] Niedzielski M. Malecki E. Making Tracks: Rail Networks in World Cities [J]. Annals of the Association of American Geographers, 2012, 102: 1409 - 1431.

[233] Peter Hall. The World Cities [M]. New York: McGraw-Hill, 1971.

[234] Pukthuanthong K., Roll R. Global Market Integration: An Alternative Measure and Its Application [J]. Journal of Financial Economics, 2009, 94 (2): 214 - 232.

[235] Rahman M. S., Shahari F. The Nexus Between Financial Integration and Real Economy: Solow-growth Model Concept [J]. Research in International Business and Finance, 2017, 7 (C).

[236] Ravi Ghadge. Toward a Critical Understanding of the World/Global City Paradigm [J]. Journal of Public & Professional Sociology, 2019.

[237] Reed H. C. The Pre-eminence of International Financial Centers [M]. New York: Praeger, 1981.

[238] Robert C. M., Myron S. Scholes. Fischer Black [J]. The Journal of Finance, 1995 (50): 1359 - 1370.

[239] Rosenberg N. Innovation and Economic Growth [M] //OECD. Innovation and Growth in Tourism. Renouf Pub Co Ltd, 2006: 43 - 52.

[240] Ross Levine, Financial Development and Economic Growth: Views and Agenda [J]. Journal of Economic Literature, 1997, 35: 688 - 726.

[241] Rughoo A., You K. Asian Financial Integration: Global or Regional? Evidence from Money and Bond Markets [J]. International Review of Financial Analysis, 2016, 48.

[242] Sadler R. The Global Economy in Transition [J]. Economic Geography, 1998, 74 (3): 316.

[243] Saint-Paul G. Technological Choice, Financial Markets and Economic Development [J]. European Economic Review, 1992 (36): 763 -781.

[244] Sakia Sassen. Global Networks, Linked Cities [M] . New York: Routledge, 2002.

[245] Sassen S. Losing Control? Sovereignty in an Age of Globalization. [M]. Chichester: Wiley, 1997.

[246] Sassen S. Cities in a World Economy [M]. London: Pine Forge Press. 1994: 109 -235.

[247] Sassen S. The Global City: New York, London, Tokyo [M]. Princeton N. J. : Princeton University Press, 1991.

[248] Schumpeter J. A. The Theory of Economic Development [M]. New Jersey: Transaction Publishers, 1982.

[249] Scott A. J. Globalization and the Rise of City-regions [J]. European Planning Studies, 2001, 9 (7): 813 -826.

[250] Scott A. J. Global City - Regions: Trends, Theory, Policy [M]. Oxford University Press, 2001.

[251] Shaw E. S. Financial Deepening and Economic Development [M]. New York: Oxford University Press, 1973.

[252] Short J. R. , Kim M. et al. The Dirty Little Secret of World Cities Research: Data Problems in Comparative Analysis [J] . International Journal of Urban and Regional Research, 1996, 20 (4): 697 -717.

[253] Stiglitz J. E. , Weiss A. Credit Rationing in Markets with Imperfect Information [J]. The American Economic Review, 1981, 71 (3): 393 -410.

[254] Saskia Sassen. Global Networks, Linked Cities [M]. London: Routledge, 2002: 215 -238.

[255] Taylor P. J. Urban Economics in Thrall to Christaller: A Misguided Search for Hierarchies in External Urban Relations [J]. Environment and Planning A, 2009, 41 (11): 2550 -2555.

[256] Zhang X. C. , Sun Y. . Investigating Institutional Integration in the Contexts of Chinese City-regionalization: Evidence from Shenzhen-Dongguan-

Huizhou [J]. Land Use Policy, 2019, 88.

[257] Z. Bodie, R. C. Merton. Finance [M]. Preliminary Edition, Prentice Hall, Inc, 1998.

[258] Zhao S. X. B., Zhang L., Wang D. T. Determining Factors of the Development of a National Financial Center: The Case of China. Geoforum [J]. 2004, 35: 577 – 592.

[259] Zook M. A., Brunn S. D. From Podes to Antipodes: Positionalities and Global Airline Gographies [J]. Annals of the Association of American Geographers, 2006, 96 (3): 471 – 490.

致　谢

从中央政府到地方政府都高度重视构建更好地为科技创新服务的科技金融体系，中国全球城市和全球城市区域的科技金融实践，更是为科技金融研究贡献了中国智慧和中国特色的鲜活案例和素材。因为热爱，所以关注。正是因为对科技金融与全球城市相关领域研究的兴趣和持续深耕，才有了将其结合的现实思考，也就有了写作这本书的构想。而国家社会科学基金项目的资助，为我提供了良好的契机，进一步思考并探索科技金融研究的新视角，可以多学科交叉融合研究新问题。

但理想变为现实的过程总是充满曲折，撰写过程中曾几易其稿，绞尽脑汁，伏案苦思，可谓“衣带渐宽终不悔，为伊消得人憔悴”。当然，也有做科研的乐趣，当思如泉涌、直抒胸臆时也为此欢欣鼓舞。历时五载，终将多年研究积累撰写成书，完稿时如释重负。

在最迷茫的时候，有幸得到我敬仰的国内全球城市研究专家周振华研究员指点迷津，帮我厘清了思路，顺利完成全书理论架构与脉络搭建。最终，形成了从科技金融—全球城市的科技金融—全球城市区域的科技金融这一清晰的思路，并按照理论基础—全球城市（区域）经验—中国实践这一叙事逻辑展开论述。诚挚感谢周振华研究员的指导和支持！在确定书名和厘清研究思路的过程中，上海海事大学经济管理学院党委副书记、院长吴先华教授和上海师范大学全球城市研究院执行院长茆训诚教授也提出了宝贵的意见和建议！感谢专家们的指导和支持！

在撰写过程中，我的领导和同事也给予了莫大的支持和鼓励，感谢上海师范大学商学院院长刘江会教授、上海师范大学商学院副院长姚亚伟副教授、上海师范大学商学院鲍晓晔副教授在项目研究与部分章节的撰写和修改方面提供的宝贵意见和建议！

此外，曾经承担的一些项目研究，如上海市“科技创新行动计划”软科学重点项目《长三角区域科技金融联动路径和引导机制研究》（项目编号：21692102200）和《构建上海科技金融生态圈的思路研究》（项目编号：18692102700）为全球城市和全球城市区域视角下的科技金融研究奠定了坚实基础。上海师范大学商学院出版资助，使得本书能够最终付梓。

在本书撰写过程中，我竭尽所能严格按照学术规范要求进行，所有引用的数据、资料、图表都尽可能明确标示资料来源与注释。在此谨向所有引用与参考的著作者们致以诚挚的谢意！但是，写作过程几经波折，历时较久，可能难免有疏漏，诚挚希望得到著作者的谅解！

学生、家人和朋友的支持，更是我不竭的动力源泉。研究生们思维敏捷、活力四射，具备非常好的学习能力和研究能力，李晓、庄乾燕、卢海燕、梁乐然、李悦、林玉琦、袁亚芳、陈雷、唐瑶琦、栗凡、王明弦、熊奇、赵泾、丁佳雯、万洋洋、彭媛琦等研究生在本书的资料收集整理、校对、修改过程中给我提供了莫大的支持和帮助，在此一并致谢！

感谢家人的支持，在我奋笔疾书的无数日夜，我的先生为我撑起家里的一片天，做我坚实的后盾，让我不用担心生活的柴米油盐和孩子的教育。女儿的独立、自律与努力成为我的榜样，也给了我坚持下去的勇气。每当我疲惫懈怠之时，家庭平实的温暖缓解了我的紧张和焦虑，让我有了扬帆起航的动力，也让我能如向日葵般蓬勃向上、向阳而生，热爱自己感兴趣的学术研究，面对重大挫折能坦然笑对生活，增长勇气和智慧，变成更好的自己！前行的路上仍充满挑战，为美好的明天，我们一起加油！

研究无止境，相关理论与实践都在不断发展和丰富，撰写过程中难免有局限和疏漏，恳请读者批评指正。希望本书能给读者带来一些思考和启示。

黄国妍

2022 年 12 月